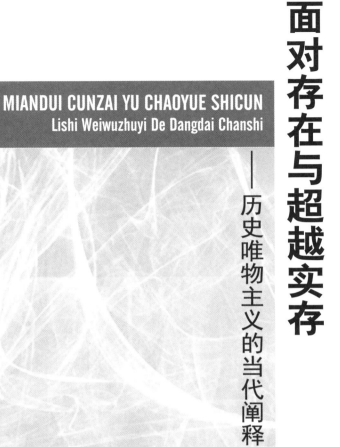

面对存在与超越实存

MIANDUI CUNZAI YU CHAOYUE SHICUN
Lishi Weiwuzhuyi De Dangdai Chanshi

——历史唯物主义的当代阐释

罗　骞◇著

人民出版社

目　　录

序　言

　　记得在 2006 年通过答辩的博士论文后记中,我曾经交代自己研究马克思思想的思路。这一思路包括三个步骤:"首先,从元哲学的角度阐释马克思思想的基本境域,以确立马克思现代性批判的哲学基础,形成了以现代性哲学批判为主题的《马克思的存在概念——对马克思思想的总体性解读》这一书稿。由于马克思的现代性批判不是停留于对现代性哲学的批判,或者说探讨哲学本身的现代性特征,而是以哲学的方式批判现代性,批判形态学意义上的现代社会和现代历史,因此,我的研究推进到博士论文《论马克思的现代性批判及其当代意义》,目的在于揭示马克思现代性批判与当今现代性批判思潮之间的基本差异,揭示马克思思想维度在现代性批判中的重要地位,同时以现代性批判为基本视角,重建对马克思思想的阐释。我的思考和研究进一步发现,现代性问题在本质上关联着政治问题,政治哲学是现代性问题的基本维度,当代西方思想界对马克思的批判也是从这一关联入手的。为此,在前两部著作的基础上,我形成了进一步的研究计划,研究现代性政治的本质或者说现代性与现代政治之间的内在关联,这一规划已经成型,初步命名为《现代性政治及其批判——从马克思思想的视角看》。这一系列探索都指向马克思思想当代意义的阐释,由此可以初步廓清我自己的思想基础和学术平台。"

　　博士论文后记中的这段话,可以看成我进入马克思主义学徒期的研究计划。2007 年博士论文《论马克思的现代性批判及其当代意义》出版时,我删除了这份后记,但在出版前提交图书馆的论文电子版中应该还看得到。博士毕业工作以后,我想在这三步计划完成之后,写一本总体性地阐释马克思思想的专著。这是一条清晰的学术发展道路,也是我这些年的所谓雄心壮志。然而,生活的现实总是超出自己的美好愿望。岁月蹉跎,除了时光的飞速流逝、人进中年而外,一切进展得如此缓慢!博士论文作为一个中间的结果已经较早就出版了,而其他的几项研究却步履艰难。套用一首流行歌曲的歌词,我想飞得更高,不过生命却没有怒放的迹象。经过近十年的曲折和延宕,第一步研究的成果《马克思的存在概念》终于变成了《告别思辨本体论——历史唯物主义的存在范畴》一书;第三步政治哲学的研究规划,以有所变形的方式成了国家社科基金课题"历史唯物主义视野中的后现代政治哲学研究"。该课题现在也已经结项,最后命名为《走向建构性政治——历史唯物主义视野中的后现代政治哲学研究》。两本书都将由华东师范大学出版社出版。

现在,我放弃了在这些研究基础上专门写一部总体性著作的方案,本书就是这个方案的替代物。因为,在初步完成了前面的计划,准备着手这个方案的时候,我才发现,想说和要说的东西其实已经内在地包含在发表过的重要文章中了,所有的研究实际上都指向了这种内在的总体性,现在需要做的只是赋予它们连贯统一的形式。通过本书,《告别思辨本体论——历史唯物主义的存在概念》、《论马克思的现代性批判及其当代意义》和《走向建构性政治——历史唯物主义视域中的后现代政治哲学研究》这三本著作之间的逻辑和各自的位置就十分清晰了。当然,这样一种处理带来的问题是本书总免不了存在与这三本著作交叉的部分内容,这种情况主要涉及第三章、第八章和第十二章。

说到这里,我想向熟悉马克思主义哲学发展史的读者们坦陈,卢卡奇的《历史与阶级意识》像一座路标,给了我足够的鼓励。这种鼓励,不仅是就其思想原则而言,而且是就该书的形式而言。虽然卢卡奇在《历史与阶级意识》的序言中说,他将这些论文汇集出版不是为了获得比作为单篇存在时更大的重要性,并且多次指出《历史与阶级意识》缺乏系统的科学的完整性。但是,在这部收集了八篇论文的著作中,我们还是看到了内在贯穿的总体性原则。这种总体性甚至强大到我们从根本上遗忘了《历史与阶级意识》是一部文集。总体性当然不是被形式地给出的,而是内含于丰富的具体中。但我们无法以卓越的卢卡奇自况,所以不得不按照现今的惯例,赋予本书章节化的体系形式,突出各章之间的内在逻辑与关联,并以《面对存在与超越实存——历史唯物主义的当代阐释》之名出版。本书代表了我在后形而上学思想视域中对历史唯物主义进行的存在论阐释,具体内容上涵盖和浓缩了我提出的后形而上学的存在论概念、存在论视域中的现代性批判以及作为存在论范畴的革命政治等相关主题,核心是将历史唯物主义阐释为后形而上学的存在论视域,以此为哲学存在论的一般阐释奠定思想基础。

在我看来,以实践为核心范畴,历史唯物主义作为实践贯穿的历史内在论,既避免了哲学本身在抽象二元论基础上的第一性和同一性问题的困扰,也避免了在对思辨哲学的批判中非反思地认同科学主义的实证原则,强烈地保持着哲学批判的、超越的思想本质,因此成为后形而上学思想视域的真正开启者。在这一视域中,历史不仅是解释对象,而且成为根本的解释原则,思想与现实的相互贯穿和相互推动展开了历史。思想向存在开放,存在因此能向超越的未来开放。事关人作为个体和作为类如何存在,并且如何去存在,历史唯物主义作为存在论将存在的思考导向社会性和历史性的维度上去了。本体论被终结,现象学由于实践范畴的引进真正获得了存在论的基础,成为历史现象学,或社会现象学。通过这种阐释,我试图越过海德格尔的存在论,确立马克思思想的某种优势,并将它作为新思想的起点。本书各章内在相关地展开了这一基本看法,以《面对存在与超越实存》为名正是为了表明历史唯物主义作为存在论的这种实践特征。

由于各章内容写作时间比较分散,在行文风格上存在着一定的差异。形成这种差异的不只是时间因素,其中还包括写作时不同的外在目的。坦率地说,个别章节还有根据当时发表的刊物、项目或会议定制改造的痕迹。比如说导论"哲学的改造",曾经用作"第八届马克思主义哲学创新论坛"的参会论文,会议的主题是"马克思主义哲学:继承与创新",因此表述上显得随意、自由而张扬,几乎没有引用任何文献作为论证。再比如说"发展的存在论根据及其本质"一章,我有意识地模仿了海德格尔晚年絮絮滔滔的风格,在一些同事那里,它甚至引起是不是马克思主义的质疑。在这里提到这些,是希望表述上的差异不要被看得太重,以至于忽视了它们之间内在的总体性。

　　导论"哲学的改造"可以看成是通过研究历史唯物主义,我所获得的对哲学的一般见解和热烈期待。它在一般哲学存在论的立场上体现了历史唯物主义的思想原则,也可以说是在历史唯物主义的思想立场上对哲学作为存在论的一般阐释。正是在这个意义上,在其中得到阐释的"面对存在"与"超越实存"成了本书的书名,并因此将它作为整本书的导论。第一章"实践贯穿的历史内在论"在反对抽象本体论的意义上阐释历史唯物主义的基本性质和意义,历史唯物主义被阐释为后形而上学的存在论视域,是从本体论、辩证法和认识论方面对形而上学思维方式的根本性突破,由此全面终结了西方传统的认识论哲学路线。这样一种对于历史唯物主义的阐释并不是没有思想史的依据,而是较早蕴含在一些重要的理论著述中了。为此,接下来的两章实际上是分别讨论卢卡奇的《历史与阶级意识》和施密特的《马克思的自然概念》对马克思哲学的阐释。它们分别从一头一尾代表了西方马克思主义对马克思思想进行存在论阐释的基本成果。正是通过对这两本著作的批判性研读,我形成了自己阐释历史唯物主义的思想原则。这两章为第一章的核心观点提供思想史的根据,充分地说明了历史唯物主义在何种意义上超越了传统形而上学,同时也尽可能地揭示两位马克思主义理论家阐释历史唯物主义时各自的成就与限度。

　　交代了这一点,后面的逻辑就比较清楚了。历史唯物主义虽然以实践思维方式超越了传统形而上学,开启了一种后形而上学的思想视域,但是,马克思并没有停留于对形而上学本身的批判,而是立足于后形而上学的思想视域,对现代人类存在状况及其发展趋势展开批判和建构,其理论主题和旨趣就是"面对存在与超越实存"。"面对存在"意味着作为后形而上学视域中的历史存在论,历史唯物主义成为超越精神本体论和物质本体论的真理,它将存在理解为实践中统一的现实,现实存在不仅被阐释为思想的基础,而且成为思想本身的对象,历史唯物主义由此决定性地超越了思辨的形而上学;"超越实存"意味着作为后形而上学思想视域中的历史存在论,历史唯物主义超越了自在和实在的存在概念,将存在看成是实践中实然和应然辩证统一的生成过程,由此从理论原则上超越了乌托邦构想与实证主义之间的抽象对立。确立了面对存在与超越实存这一历史唯物主义的理论品性,这样,我们就有充足的理由将现代性、主体性、革命和政治等问题的阐释看成是历史唯物主义存在论的具体展开:一方面,在对这些相关问题的讨论中我们力图贯穿历史唯物主义的思想原则,将这些问题的讨论奠定在历史唯物主义存在论变革的基础之上;另一方面,通过这些问题的展开有效地巩固历史唯物主义作为实践贯穿的历史存在论这一根本命题。这就是第四到第九章的主要内容和任务。

当然,对历史唯物主义的崇尚决不是原教旨主义式的。恰恰相反,它必须依据历史唯物主义本身主张的历史性和实践性原则,对自己做出批判的理解。这是历史辩证法的本质要求。因此,在这些基本问题得到讨论之后,后面接着的两章涉及的是,历史唯物主义作为实践贯穿的历史内在论,作为一种关于人类如何存在并且如何去存在的思想智慧,它本身如何向现实开放,并且如何向未来开放。这两章结合当代人类的生存发展处境,立足于历史唯物主义思想原则进行探索,目的是在新的历史条件下赋予思想基本的存在论性质和存在论担当,使它能够面对当代的现实,并有效地思考可能的未来道路。这种探索在理论主题和表述方式等方面与传统的历史唯物主义都有了很大的差异。这种差异尤其表现在《发展的存在论根据及其本质》这一章中。表面上看这一章有较多海德格尔的影子,实际上不如说是历史唯物主义戴上了某种海德格尔式的面具。就像衣服就是人的存在一样,毕竟思想总不能始终是赤裸裸的。装点在遮蔽中显示,隐喻在模糊中澄明。这一章也可以看作是越界或者说跨界的努力,通过链接和跨越,思想在摇摇晃晃中迈出自立的步伐。

然而,这一步伐的迈出,要求自己对马克思主义学徒期进行思想小结。作为本书结论的最后一章《历史唯物主义的当代阐释》,就是一份思想汇报。本章以较为体系化的方式重释我对历史唯物主义的当代理解,总结和再现了前面章节的思想指向。这一阐释的基本策略就是通常所说的"时代化"和"中国化"概念。历史唯物主义从来不将自己看成是不受时间和空间限制的绝对教条。当代人类的共同境遇和中国的具体实践是历史唯物主义自我转型的历史语境,"时代化"和"中国化"成为再度激活历史唯物主义的根本要求。至于通常说的"大众化"则只是形式而不触及理论的内在因素,因此没有成为我们的目标。读者当然可以从"时代化"和"中国化"策略中看到政治的隐约身影,但本质上要把这些范畴看成"理论"策略,看成理论的实践形式。它们更多表明的是作者的思之取向,因此并不是任何意义上的"曲笔"。

　　记得 2005 年 10 月的一天,早上我进行了博士论文的预答辩,下午便赶到上海社科院旁听了一次关于马克思主义哲学的小型会议。有几位学者很投入,讲得少有的动情。我深受感染。晚饭的时候,坐在我旁边的一位老学者,很谦虚地聆听我意气风发的阐释和对马克思表达的崇敬。期间,他问及我是哪里的人,当我回答是贵州来的时候,他恍然大悟般地说:"贵州仍然是一个经济落后的贫穷地方,难怪你那么热衷于马克思的思想。"当时我一下懵了,激情立刻冷却,像坠入了冰冷的深渊!难道我们的理性和理智就是这样原始地被非理性的物质因素决定着吗?难道马克思的思想就这样朴素地是一种穷人的理论,因此只配得上穷人的喝彩吗?回想起自己对马克思的最初认同正是发生在艰难的高中时代,因此高考时以第一志愿考上了"马克思主义基础专业"。听了这话,我的震惊可想而知。这根本不是什么颜面不存的问题,它涉及的是思想,是原则!问题纠缠着我:难道我对马克思思想的崇敬原来只是自身处境的一个虚幻的镜像,而不是理智的结果?难道历史唯物主义社会存在决定社会意识的基本原则就是这样"决定"的?

　　这次简单的对话让我深刻地感受到,思想在思想中走过的道路,不意味着思想在实践中就必然地走过了。历史总落在思想的后面。这是思想的优势也是思想的无奈。马克思早已穿越了形而上学的困境,扬弃了抽象的唯物主义,人们却在形而上学中理解马克思,在抽象唯物主义中理解马克思,不论是崇尚还是批判,离马克思都是那样的遥远。马克思说自己不是一个马克思主义者,今天言必称马列的人,有多少是马克思主义者呢?

　　我曾经产生这样一种难以言表的体验:在你思想的澄明之外,始终绵延着难以穿透的黑暗。问题是,我们是居留于这样的自我澄明中,还是去穿越这个无法最终穿越的黑暗呢?有一段时间,我厌烦了写作和讲授那些在我看来已经至关明朗的马克思思想,却又有那么多的无知者在攻击他和误解他。海德格尔黑森林的小木屋在这段时间成了我思想的喻像,我在马克思走出阿门塞斯冥国的呼唤和海德格尔自我沉思中摇摇晃晃。我认同了海德格尔间接批判马克思的说法，哲学不可能造成一种此在的历史状态，甚至认为它也不能造成一种思想的历史状态，许多在马克思名义下展开的思想阐释其实与马克思没有太大关系。这样一来，在我这里，有好长一段时间思想变成了思想者自己的事情，自己的存在状态，它跟外面没有关系。

　　然而，对马克思思想本真性的坚持怎么就变成了这种违反马克思实践原则的自我封闭呢？我终于发现，在坚持思想原则的时候，却将思想导向了唯灵论。我以马克思思想具有的内在高度拒绝了"历史"，历史中的阐释被我看成了掺水和淡化。思想在哪里有其生命呢？在对现实的直观，在对绝对真理的把握之中吗？这时，马克思的实践概念，卢卡奇的历史概念再次拯救了我。我理解了思想的实践性、历史性，理解了思想的生命。我之所以害怕现实，拒绝现实，是因为我对思想具有一种形而上学的无意识诉求，思想被我理解为没有时间的静止原则了，它的那种纯洁和绝对容不得现实的感染和玷污。我终于认识到，放弃这种抽象的绝对，思想才能向历史开放，向未来开放。只有在历史中思想才有历史，才成为历史的。那些所谓的误解、曲解以及正解都是思想的存在方式，是思想在历史中的展开形态，因此是思想本身的"命运"。

　　在现象和假象之外没有存在本身。通过自己的思想经历，我真正认识到，阐释中的偏见总是难以避免的。某些偏见正是因为历史性而获得了实践中的现实性和力量。确定性与变异性，相对性与绝对性只有在具体的历史中才会消除抽象的对立。历史是思想的居所。在我这里，这一点已经不再是一种理论认识，而是成为真正的思想原则，成为"理论实践"的基础了。正是在这个意义上，我理解了第二国际，理解了列宁，理解了毛泽东，也理解了西方马克思主义，理解了它们的历史性。我们摆脱不了历史性，只是如何去获得自己的历史性。

　　这样一来，我发现自己通过另一条道路亲近了伽达默尔的解释学循环。这就是实践概念。不过在我这里，问题不再是阅读或认识，而是存在本身就是循环，就是卢卡奇意义上的主客体辩证法在历史中的展开，也就是历史地展开。马克思说，单是思想趋向现实是不够的，现实本身也应该趋向思想，表达的也是这样一种存在论循环。实践范畴使这个循环是开放的,只要人类存在,它就是一种永恒的循环,就是存在结构本身。通过这样一种理解,不仅思想的形而上学被打破了,而且历史的形而上学目的论也被清除了。未来在实践中被理解为一个可能性的领域,而不是封闭的决定论过程。因此,关于未来的理论本身,关于未来的道路被重新检视。这个检视的目的是将它们从形而上学的重负中解放出来,呼吸历史的新鲜空气,获得新的生命力。未来被理解为生存实践中对于现实的超越性。

这种超越表现为立足于现实对现实的克服,是时间中的过程,是时间辩证法。实践概念的存在论意义还不只是说在改造现实中对于未来的开放,而且是指对于物性实存的超越,展开一个充满人韵的意义空间。也就是说,实践概念让我们把握到存在的世界,是对象化,是将属人的尺度赋予对象,营造属人的世界,将人的存在在物性的实存中升华,亦即是按照美的、善的尺度生存。"志士不饮盗泉之水,廉者不受嗟来之食"历来受到尊崇,乃是因为人的生存在难以超越的物性中保持着超越,由此才有了历史,有了社会,有了人的世界。历史唯物主义决不是用自然物性的逻辑来理解历史,不是将存在的世界、我们生活于其中的世界还原为物质的世界。人在世界中存在,世界因此也在人的存在之中存在。马克思和恩格斯既批判费尔巴哈的历史唯心主义,也批判了费尔巴哈的自然唯物主义,讲的就是他割裂了自然和历史,看不到二者居于感性实践活动中的现实的联系,因此陷入抽象。在我这里,作为立足于实践的超越性领域,历史和社会被理解为本质的存在范畴,历史唯物主义就被阐释为一种后形而上学的存在论思想了。它从本质上关注人作为类如何存在,是一种本质的存在智慧,而不是实证科学,更不是抽象的本体论形而上学。

这个阐释看似海德格尔式的,确实也有海德格尔思想的影响,实际上却是想克服海德格尔的限度。海德格尔的此在存在论中,时间性是没有历史性和社会性的,甚至他关于死亡的概念也只是一种本体论的结构,因而没有历史。相对而言,在社会性和历史性的层面上开掘存在论的马克思具有了某种独特的优势。由于这种社会性和历史性成为存在论的本质范畴,马克思不仅在一般的意义上置身于超越抽象本体论的后形而上学视域中,同时与海德格尔以此在为出发点的基础存在论具有基本差异。历史唯物主义能够避免本体论化趋势对存在范畴的强大吸引，真正保持现象学作为存在论的成果。在历史唯物主义视域中，具体在社会历史中成为总体的存在，因此成为真正的具体。我从自己的视角出发，达到了马尔库塞和蒂里希等人对海德格尔存在论是一种"伪具体"的哲学这样一个基本判断。当然，这样一种判断既不是为了也不会动摇海德格尔哲学在20世纪的旗帜性地位。毋宁说，我们是想在后形而上学存在论视域中，通过与海德格尔的潜在对话，理解历史唯物主义超越形而上学本体论的地位和性质。

不过，十分值得注意的问题在于，马克思在思想上超越了形而上学，却没有将对形而上学的超越当作自己的本质任务，去阐释这种超越本身，而是跳过这种阐释，直接站在这一成果基础上展开对于现代社会历史的存在论批判，探索人类未来可能的存在状态和存在方式。因此，资本主义、劳动异化、生产方式、革命解放、共产主义等成为基本范畴。这一思想"跳跃"的结果是，马克思的这些重要范畴没有在新的存在论的视域中得到理解。相反，形而上学的框架在马克思思想阐释中占据主导地位，使它变成了脱离这些具体社会历史范畴的抽象哲学，不仅被置于近代哲学的框架而且被置于近代哲学的基本原则之中。

当然，这种解释自有它的历史性，自有它的存在"天命"。但是，在新的思想和历史语境中，慎重地理解这种历史性，再次重读马克思并揭示他走出形而上学困境的思想逻辑就显得十分必要。前面我们讲过，在本书中这一工作是通过阐释卢卡奇和施密特的著作来完成的。我之所以选择卢卡奇的《历史与阶级意识》和施密特的《马克思的自然概念》，在我看来，形式上是因为他们分别是西方马克思主义相互照应的首尾，重要的是他们都从根本上论及了马克思对本体论抽象形而上学的批判，虽然各自的视角以及取得的成果是不大一样的。遗憾的是，在我们这里，现在才开始经历他们早已走过的阐释马克思思想的道路，并且有时还被看成"大胆"和"冒进"，这实在是有些可怜并且可悲了。当然，这种状况，并不是因为我们这个民族的思想智力不够，而是历史本身的规定，它在历史中有其根源。

　　研究历史唯物主义,返回只是基本的步骤,在返回中探索历史唯物主义本身的语境化,才真正符合历史唯物主义的基本精神。反过来说,这个问题本身也就是对时代处境和状况进行概念化的过程。思想的进展总是发生在概念的传承和存在概念化的交汇之中,因此在实践之中。在我看来,马克思思想的实践性,不是说马克思将实践做成了终结形而上学的哲学范畴,我们已经说过了,马克思恰恰没有、也拒绝这样做;这种实践性当然也不是说绝对真理被掌握之后外化为对象的过程,将观念做成实在。基本的方面在于,马克思通过实践思维揭示了思想产生的机制,要求思想打破自我的封闭线,在存在中理解自身的根源并且向存在开放。在这个意义上,马克思甚至武断地说,意识形态没有历史。思想只有在存在的历史中有其历史。思想在历史中存在,历史地存在。思想是具体的,是历史总体中的具体。这个"具体"说的不是在先的原则逻辑地展开为过程,比如黑格尔意义上的真理是过程,真理因此是全体等等,它说的是历史中的生成。历史是思想的大地。

　　正是在这个意义上我认为,突出历史和历史性的历史唯物主义本身是一种可能性的思想。对于历史唯物主义的阐释,本质的问题不只是它是什么,而且是它可能成为什么。这个可能性的根据就是历史,就是历史性、社会性中介的时间化和空间化。比如说,今天被广泛言及的马克思主义"中国化"和"时代化"说的就是这样一个问题,就是马克思主义的成长问题,就是它在特定的社会历史土壤中能够长成什么,长出什么的问题。成长就是变化,就是连接和断裂的辩证法。所以,走进马克思的本质是迎候马克思,是让他有所改变地成为我们时代的同行者。我们在本书中也执著于改变,甚至可以说,在我们没有直接地谈到改变的时候也将改变贯注到所有的阐释中了。我们尝试展开历史唯物主义有待展开的可能性,在为它的生命力进行辩护的同时,将它作为新的思想和实践的出发点。

　　由此出发,我们能够走多远呢?我们不知道,关于未来只能想象而无法证明。以实践为中介的存在论意味着历史是可能性的存在领域。关于这种可能存在的思,绝不可止步于正确的知识,而是关于如何去存在的存在智慧,本质上谈的是超越实存和超越定在的自由。知识倒是下降为这种生存智慧的环节并且本质上从属于这种生存智慧了。因此,不仅作为绝对终点和目的的概念是形而上学的、非历史的,而且任何关于这个超越实存的自由领域的"自在逻辑"也是形而上学的、非历史的。历史唯物主义讲的是历史性的存在和历史性的规律,它应该拒绝任何非历史的、抽象的目的论和决定论逻辑,因此拒绝被作为思辨的形而上学,或与之相反的实证科学。作为实践贯穿的历史内在论,历史唯物主义在思想与现实、理论与实践的动态关联中领会自身的存在论使命,这就是存在的创造和守护,也就是人作为类的生存中的自我成就及自我规定。

　　所谓的自我成就和自我规定,要表达的不是狂妄,而是存在的谦卑,不仅是人作为个体,而且是人作为类的谦卑。在我看来,走在存在的途中,我们能抓住的也许与抓不住的一样多,生活和历史就在"也许"中展开。

导论　哲学的改造

　　一个多世纪以来，我们听多了为哲学送葬的钟声。如今我们知道，哲学永远终结不了哲学，宣布哲学死亡的哲学还是哲学。"哲学的终结"说的不过是一种哲学形态被替代，而这种替代是根本性的变革，即所谓革命性的转向。因此，我们与其说"终结哲学"，还不如换一个更恰当的说法"改造哲学"。"改造哲学"说的就是顺着思想发展的历史逻辑，迎候这样一种转向，在哲学内部推动哲学的变革。"哲学的改造"改造哲学的什么呢？如今在哲学的名义下进行的事情实在是太多了，而且不再像近代修鞋的哲学、理发的哲学那样粗陋，而是变成了一系列分支的专业和学科。"哲学的改造"当然不可能、说的也不是改变具体的哲学观点和哲学涵盖的内容。哲学变革本质上是哲学观的变革，因此是一种哲学形态的变革。作为世界观和方法论，哲学的改造不只是说我们如何改变对哲学的根本看法，真正重要的是哲学如何改变对于存在的根本看法。在这个意义上，哲学的转向和哲学的改造必然从根本上触及存在论，是一种存在观的变革，而不是枝节上的改变。据此而言，"哲学的改造"不可能成为一项工程，甚至也不可能成为一项可论证的课题，而是长期的历史进展。言及哲学应该如何并且可能如何等等，不过是对这一进程有所领悟的看法和期待而已。导论以《哲学的改造》为题，不过是表达这种期待，在哲学的变革中对哲学作为存在论的构想和探索而已。我们想表明的是，哲学作为存在论的基本性质和作为存在论的基本使命，这就是面对存在与超越实存。对哲学存在论的这一理解完全立足于历史唯物主义的思想原则，并且从根本上指引着本书阐释历史唯物主义的根本方向。就导论总是在著作的最后写成而言,导论中对于哲学和存在论的阐释,毋宁说是我们研究历史唯物主义的过程中获得的一些基本见识和体会。

一　面对存在

哲学曾一度将抽象的概念当作存在本身,诸如本体、逻各斯、至善、上帝,等等。它们实际上是思想的产物,不是现实抽象的观念残余,就是思维幻想中的绝对。观念建构了绝对存在并且去寻找这个绝对。这就是本体论的形而上学。柏拉图的"洞喻"巩固了古希腊哲学的这个形而上学趋势。从此,理念成为本质、实体、基础、原则……这一传统一直以有所改变的方式延续至黑格尔的绝对精神。及至后黑格尔哲学在批判形而上学的名义下揭示出这一点之后,本体论哲学的观念论本质才根本暴露出来。现象界之外的、之先的本体和本质,实际上是头脑思维的产物,但却被赋予了自在性和实在性。

近代以来,"存在"概念逐渐从观念抽象的统治中解放出来,指向具体的实存,现象就是存在,而不是本真存在流溢出来的衍生物。超验的观念世界由此崩塌了。哲学津津乐道的那个世界本身是哲学自己的建构,超验的存在事实上不存在,而是存在世界的观念异化。这是一次重大解放,击碎了思辨幻想,经验实存被提升为原则。但与此同时,存在概念狠狠地坠入实在,被还原为物性,思维也变成了物性的思维。人是机器,社会是机器,思想是物质的分泌物,如此等等。

思想曾经以超验的方式提升了存在世界,实存成为意义的世界,而如今,在反对抽象观念统治的祛魅中,存在的世界从超验思想挣脱出来回到自身,回到了当下,回到此时此刻物性的实存。存在成为"物",思想成为关于物的科学。这是一个世俗的、去神圣和去崇高的时代,实证性和实用性成为根本的原则,拒绝抽象建构,信仰、理想、价值也因此日渐零落。传统哲学本体论抽象的根基被动摇了,时代同时也放弃了超越实存的原则,进入一个无根的,即虚无的时代。

哲学是否因此回到大地,成为存在之思呢?

情况正好相反。哲学面对的仍然是思想,而且哲学思想成为本质的对象。哲学过去曾经面对思想,将概念的抽象当作本真存在,执著于这个本真世界的认识与发现;如今,这个抽象的世界塌陷了,但留下了思想遗产。从事哲学变成了清点遗产,研究哲学思想,而不是哲学地思想,哲学地面对存在世界。哲学本身被对象化为一个有待研究的对象世界。我们从事哲学,像考古队、资料员,发掘再现,翻新修复,腾挪移植,本质工作是向后发掘而不是向前开拓。哲学在社会中成了迂阔、空洞的代名词,没有时代气息。

哲学不能再以真理说话。哲学工作者也就不再是生活中的哲人,他不生活在哲学思想之中,他不过一种哲学的生活却靠哲学过一种生活。当我说"离开了哲学我不能生活",好像是要表达一种崇高,实质却是彻底的世俗——我依赖哲学作为职业活着。研究远离了现实的哲学思想当然还有现实的意义,它能成为职业,并且作为一个小小的产业成为价值流动的物质承担者。我们讲课,我们发文章,我们开会,我们也进行话语战斗,抢占山头,争夺地盘……但目的已经指向了市场的交换价值。哲学真正远离了实践,远离了生活,不仅远离了马克思意义上变革现实的激情,而且远离了亚里士多德作为沉思的生活。"哲学家"在市场上打转,但不是为了哲人的真理,而是智者的小费。

其实,即便柏拉图确立理念的根本地位,本质上也是指向实践的,他要确立绝对理念对现实的统治。哲人以超验和神性说话,要求经验的现象界朝向和追求理念的世界,而不是蒙蔽于现象,受到意见的支配。这里,二元论的本质是一元论,用理念统治现实的观念一元论。伦理、政治和审美的超验原则曾经作为现实的规定,提升现实。如今,在抽象观念的统治被罢黜之后,哲学研究不再为思想谋取这样的统治,而是将哲学作为思想来研究。哲学思想史上的各种范畴、观点、命题、体系本身成为研究的对象。思想因此被封闭在思想的内部。思想只是思想,思想不再面对存在,不再是存在之思。哲学不再作为存在之思思及存在,而是将自身看成一种作为思想的思想,放逐到了存在之外,变成观念内部的自我操作。在现实面前,人们求助于法学、经济学、政治学等等,而不再信任哲学。是时代不需要哲学了,还是哲学自身远离了这个时代,蜷缩在沉重的哲学思想史之中? 毫无疑问,哲学研究不再是哲学地研究和面对存在的世界。哲学真正成了一门观念学,封闭了与现实存在的生命接口。

哲学离思想太远了,因为它离存在太远,放弃了对于存在的思想。存在乃是哲学的大地。哲学必须从面对思想转向面对存在,在对存在的呼应中守护存在。就像马克思说过的那样,意识形态本身没有历史。思想在存在中有其存在论上的根据。哲学应该面对存在,执著于存在。

思想使人克服了直接性和实在性,存在因此就是超越实存。只有人才是抽象的存在物,人能够抽象并且在抽象中存在。存在不是直接性的实存,而是超越实存。这个超越,立足于实在世界的抽象,是扬弃了直接性和具体性的观念建构。精神以观念建构的原则提供目的,创造意义。世界本无目的,也无意义。因此,思想的本质不是发现和寻找,而是发明和创造。思想建构了意义,使人生活在超越了直接性和实在性的空间之中。没有思想当然没有人的世界,只有实存。思想由存在发生,在存在中发生,并使存在超越实存。因此,如若思想无来源亦无指向地陷入观念内部的自我旋转,就会成为无本之木,无源之水。如若哲学不面向存在的大地,作为存在之思思及存在,并因此提升和改变存在的世界,而是困闭在思想的内在性中,哲学行将枯萎,不会有未来。正是在这个意义上,马克思说要消灭哲学,当然有的时候说的是实现哲学,其实一样。

马克思《关于费尔巴哈的提纲》第一条要讲的应该就是:思想在现实中有其根源,就如现实在思想中有其发端一样。现实的存在乃是观念世界与实在世界的联通交融,而不是自在精神或自在物质的自在运动。哲学中的本体只是观念的极端抽象,不是现实存在。哲学作为思想的本质形态,它不是在存在之外面对存在,而是在存在之中,在超越与实存共融的可能性空间中。思想使存在成为超越的空间,哲学曾经以超验世界的建构在此超越中有其存在论的意义。瓦解超验的世界,却必须守住对实存的超越,这就是哲学如今面对存在的存在论意义。哲学将面对存在,在可能性的存在空间中维护和拓展这个空间。哲学不再面对抽象思想,将观念提升为绝对,或将实存提升为绝对。哲学在将存在理解为能在的意义上面对存在,在反思本体论抽象之虚构的同时,坚决抵抗存在世界的物化,继续唤醒和守住超越的维度,将营建存在意义的生成空间作为哲学致思的存在论使命。果真如此的话,我们可以说,走出形而上学不意味着哲学的终结,而是哲学面对存在的新的启程。

二 创造意义

哲学必须通过面对存在来获得自身的可能性。面对沉重的思想史,哲学研究不应该一味地成为研究哲学,面对文本,面对材料,而应该哲学地研究,以哲学的方式面对存在,哲学地存在。哲学是爱智慧,生存的智慧,智慧地生存。以思想为志业的哲学家的存在,是存在的一种样态,一种生活的模式。思想使存在萦绕着超感觉的灵韵,实在的世界成为具有超越本质的意义世界,成为人的世界。哲学家是这个世界的标志,他不仅创造意义,而且按这个存在的意义生活。哲学本质上不应该是关于存在的正确知识。哲学生产意义,而不发现真理。哲学发明的观念是带有本质性意义的想象,而不是对世界的描述。诸如始基、至善、物自体、仁义礼智等都是观念的发明,思想的建构。

然而,在西方,哲学曾经一度自我规定为发现真理的活动。爱智慧成为爱真理——一种绝对正确的知识。这就从本质上要求自在存在的概念,不管这个实在是被理解为过程,还是实体,真理就是如其所是地将实在再现为观念,形成正确知识,尺度是一致与符合。真理问题是认识问题,以发现真理为本质任务的哲学就是知识论路线的哲学。哲学的任务被规定为发现与证明,指向对象,去接近、切中、符合这个对象,在认识中,从而也在实践中与它一致。即便是公平、正义、至善等概念的讨论都从属于这样的基本观念,似乎存在着绝对自在的原则或状态,哲学认识就是发现、揭示和证明。传统西方哲学以真理说话,真理就是绝对命令,不得违背的原则和规范,是逻各斯,是规律,等等。哲学的本质属性实际上是今天所言的科学性。因此,现代西方科学才能够从西方传统哲学中产生和成长起来,哲学显然就只是成了科学的准备阶段。现代哲学已然洞穿了这一点,向科学让渡了实证的真理。西方认识论哲学传统在这种让渡中遭遇了本质性的挑战。科学的成熟就意味着传统哲学的终结。

人在世界之中,世界是人在之中的世界,它不是一个自在的世界,不是自在物性的广延和持存,而是在实存中超越实存的人韵空间。在这个可敞开亦可封闭的不确定境域中,人悬浮在有与无之间。这个作为生存的悬浮本身就是不确定性,在实存与超越之间摇摆,舒坦和不适就在悬浮的摇摆中回旋。这是一个由精神和思想参与其中的不确定空间,而不是在思想之外等待思想稳稳抓住的实在。在观念中切中对象并与之符合是认识的任务。然而,人与世界的基本关系不是认识,而是构成,创造,是无中生有,因此是思想对于存在世界的提升,让世界从纯粹的物性中超拔出来,成为人化的意义世界。人的存在改变了自在的世界。思想在实践中产生而且应该成为改变现实的内在因素。

思想的本质并不只是发现真理,获得正确的认识,而是超越,是创造意义,发明观念,为存在的世界开启可能性的空间。因此,哲学思想本质上是想象,是一种关于可能性存在的观念建构。它指向超越实存,而不是与实存一致。将善恶美丑、好坏公正等超越实存的人化构造纳入实在论的框架,为它们寻找绝对尺度,传统哲学误解了思想的本质。传统哲学把思想创造的产物作为客观的存在,将思想的任务规定为发现真理,探寻不受时间和空间限制之绝对存在及其原则,它找到的只能是自身的回响,观念的产物。

随着科学实证研究的进展,认识真理的任务被科学接管。一方面,哲学的思辨不再被作为正确把握认识对象的科学方式,科学方法在哲学的孕育中成熟了,接管了发现真理的任务;另一方面,哲学中的思想不再被看成是科学性的,而是观念的创造,不符合与对象一致的真理本性。哲学一直以真理的名义说话,不仅是探索真理的理性方式,而且获得的也是绝对真理。然而,现代科学解除了哲学与真理的这种关系。哲学不能再以发现真理和捍卫真理来规定自身的使命。

在科学技术统治的时代,哲学何为?

虽然西方哲学走上了认识论的路线,但认识真理不是哲学面对存在唯一而本质的方式。不论西方还是东方,都有作为存在智慧的哲学。哲学的未来就是要从认识论任务之中解放出来，或者说在认识论任务由科学接管之后，重新开启这些已然存在但尚未充分实现的可能性，走上存在智慧的道路。科学的成熟是哲学重负的解脱，哲学不是无事可干，而是回到它的本质，通过发明观念来营建意义的世界，开启存在的可能性空间。哲学的任务不再是肯定实存，如其所是地表象实存，而是思想，是超越，是通过发明观念、创造意义而使存在的世界超越实存，成为人化的世界，而不是物的，动物的世界。这当然不是分开的两个世界，而是同一个世界的两个维度。它们始终处于爱与恨，聚与离的交织与对立中。超越的维度要保持超越，就需要思想的创造和开拓，需要本质性的发明和想象。哲学作为存在之思，将始终在能在、应在与现在、实在中来回地穿梭，发明观念，提升和拓展存在的意义空间。

不再声称发现真理、认识世界，哲学将自己看成是发明观念、创造意义的思想。哲学家不提供绝对的知识，但他探讨生存的智慧，并且智慧地生存。这是一个意义的世界，是真善美统一的世界，而不是唯真独步天下的世界。实证的真理是冰冷的，而存在的世界可以是温暖的。世界总有我们无法抓住无法改变的地方，但思想可以让你改变对待世界的态度，存在因此而改变。宇宙是物质的运动，但智慧超越物性。哲学热爱智慧，追求智慧。也许也可以将哲学的智慧看成一种真理，一种知识，但它是存在的真理，存在的知识。这种真理不是描述而是创造，不是实证而是超越，不是命令而是意见，不是直观而是共在。总之，它在面对存在中超越实存，在现实中探索能在、应在的存在智慧。通过发明观念和创造意义，哲学自觉地使存在超越实存。

三 超越实存

人是超越的存在，因为人有思想，人不是生活在当下的直接性中，而是在超越实存的观念世界中面对世界。人在实在世界之中，却依照超越实在的方式来营造这个世界，在这个世界上安家。这不是说人在这个世界上，而是说世界也在人之中，是人的存在之家。唯有人才与世界发生这种存在论上的对象性关系。物不与世界发生关系,或者说物与世界的关系不是作为关系存在的,它是自在存在,是其所是,因此本质上没有发展,没有超越。物的存在与自身和环境直接同一。花开花落,草长莺飞,寒来暑往,无人一片寥落。人类的存在超越了这种实存,使实存变成了一个意义的存在世界。人是自然的产物,但人的本质却是这种超自然性。人是思想的动物,精神的存在,本质不在于他是动物,而在于他会思想,具有精神,因此是超越性的存在,他的存在比实在更多。存在世界的原则不再是实在、自在,而是超越的能在、应在,是在是其所是中是其所不是,是实践中生成的可能性空间。哲学作为本质性的思想,通过创造意义,发明和塑造观念参与这个空间。

超越实存成为哲学最本质的存在论任务。哲学本质上是创造性的、批判性的,而不是实证性的。哲学思想在两种形式上超越实存:一是赋予具体的实在以存在的意义,让实在处在一个意义的因缘总体中。意义不是自在的实在,而是思想的创造,是在实在之上的添加和增补,是人为,使实在具有了人韵,超越了实在本身,处身于精神和观念构成的意义空间之中。创造意义是哲学思想的任务。我们讲的善、美、公平、仁义等都是这种思想的创造。哲学将这些范畴提升为基本的观念,并在构建超越实存的意义世界中起到了本质性作用。

另一方面,哲学以意义的创造为基础,想象出超越现实的可能世界,发明指引现实的观念,现实不断地否定自身而向着未来开放,因此有所谓的进步和发展,有历史过程。在创造的实践中世界成为不确定的可能世界,它也许存在,也许毁灭,也许上升,也许坠落,而不是完成了的定在。在今天人类的存在处境中,这种不确定的"也许"让我们倍感哲学智慧的重要。我们拥有希望,就可能去实现希望。如鲁迅所言,希望本无所谓有无所谓无的,这正如地上的路,只因为走的人多了,也便成了路。哲学就走在这条关乎存在之超越的路上,而且始终走在人迹罕至的地方。

将思想的创造当成实在,当作绝对规定现实,是哲学的形而上学,但它开启了超越的道路。上帝、至善、仁义、真理等都根本性地成为提升存在的力量,使实在朝向应在。当我们看到基督徒乐善好施,佛教徒普度众生的时候,我们看到了这种超越的力量,他们的虔诚显得崇高而纯洁,总是能打动人心。问题不在于真与实,而在于其中展现的那个超越的意义空间,人类存在在其中得到了巨大的提升。

将超越世界的观念建构当作实存,如今已在实证科学的冲击下零落不堪。虽然超验的信仰也许还在,但它的根基被动摇的了,它不再是活的。世界被看成事物的集合,思想被看成实证的科学。超验世界的崩溃意味着虚构被击穿,同时也意味着价值的没落。所以古代世界显得崇高,而现代世界显得庸俗。马克思以商品拜物教的概念表达了这种从神性向物性转移。

从超验回到实存,从思辨回到实证,从信仰回到科学。构建超验世界的哲学遭遇了本质的危机。现代解放从观念的抽象统治回到存在的时候,却没有回到现实的感性存在,而是回到了实在,物质性成为绝对的原则。然而,从物质到精神之间的跳跃仍然露出一个巨大的鸿沟,因为物质只是与精神对立的抽象绝对,而不是现实的存在。现实的存在本质上是超越,而不是实在。这也就是观念论批判唯物主义者庸俗的原因,因为它放弃了精神的超越性,只是从物质的实在性来理解存在。在这样的观念中,哲学因此也就顺应了科学实证性对哲学的批判,以科学性为自身辩护,而不是从实证真理的重压下解放出来,守住超越实存的思之本质。哲学需要抗拒这种批判,它不必宣称自己客观的实证性,而应守住创造的超越性,揭示存在世界的超越本质和实证原则的限度,以避免和挽救存在向实在的滑落。

如今实证和实用的原则已经成为存在世界的主导,本质就在于实在性和事实性。这是存在世界面临的挑战,哲学面临的挑战,也是哲学再现超越之存在论意义的机遇。作为超越的存在,人作为人就无法变成一条虫子,选择不做判断也是一种判断,不选择也是一种选择。哲学的任务就在于自觉,在于保持存在世界对于自在存在的有意义的超越,避免存在世界向自在的坠落,甚至坠入自在之下。有一种激进的倾向认为,21世纪解放的主题是人类本能的复归。这实际就是说,在现代解放抛去了神圣性,人成为人之后,新的解放将解除加诸本能之上的那些属人的人性,诸如道德、婚姻等都仅仅被看成生命的束缚,新的解放被看成是放弃各种超越的维度,回归物性。按自然本能的生存倒成了至高的“理想”。因此,我们看到情变成了色,色变成了性,性变成了欲,恋爱叫做"脱光"。

哲学必须在抗拒这种坠落中获得意义,就像它曾经以绝对原则的形式提升了存在的世界一样。不同只在于,如今它明确这种超越是人为的构造,而不是绝对的命令,也不是上帝的赐予。唯其如此,保持这种超越就是哲学的存在论使命,是真理由科学接管之后,哲学在科学之后作为存在之思的存在论使命。

哲学面对存在,发明观念,超越实存。

如果没有超越实存的意义建构,没有向未来开放的希望,就不会有人的世界,不会有属人的政治、伦理、审美,等等。思想的建构可能成为异化的统治力量,但是没有思想超越的世界就是物的世界。思想的本质就是保持对实存的超越,使存在永远走在是其所不是的存在的路上。哲学发明本质性的思想,就其是想象来说,它就是批判,是以观念的建构批判实存和现实,内含创造存在和守护存在的辩证法。发明、想象、批判、超越,这是哲学思考的方式,不仅是哲学面对存在世界的方式,也是哲学面对自身的根本方式。今天,哲学更需要在自我否定中具备自作主张的气魄和自信,唯有如此,才能在面对的巨大挑战中实现自我改造。

四   自作主张

"研究"这个概念,总是与有着特定对象的科学联系在一起,目的是获得正确的知识和普遍的真理。因此,需要与对象符合,也要同还没有被驳倒的权威一致。哲学是否具有这种特点呢?哲学研究什么?评判哲学的标准是否也是这种符合?哲学的真理性和力量来自何方?既然哲学面对的是存在的世界,是在创造意义中超越实存,而不是正确表象对象。哲学是思,是存在之思,是对存在世界之呼唤感同身受的呼应之表达。诗意地思及存在的哲学应该特立独行,自作主张。

然而,哲学研究变成了研究哲学,研究自成一体的哲学观念。哲学因其丰富的思想史而成为一种研究的对象。在现代学科分化和科学性思维的主导下,哲学本质上变成了关于哲学思想史的学科,困在思想的内部,而不是面对鲜活生动的存在世界,哲学地思考存在的世界,并提出关于存在世界的创造性思考。哲学著作因此本质上成了思想史著作。这些专著、论文并不直接面对存在,而是面对存在的观念论副本,研究就成了如实地陈述、再现和转达作为思想的思想。普遍的句式便成为:"某某认为……","某某曾经说过……","某某还指出……",或者是"长期以来……",等等。这里往往只有关于哲学知识的再现,只有对思想史的回溯。

一个范畴,一个命题,如此多的人在如此多的场合有过如此多的说法,我们研究中生怕漏掉其中哪一个的哪一次用法,从而落得学问不扎实,资料不充分的评判。我们更怕哪一个说法,哪一个片语,哪一种见解无意中忘了出处,忘了注释,落得个学问不严谨,甚至学术不端的恶名。哲学作为本质性的思想,变成了资料的收集,信息的整理,文献的考证和材料的发掘。在著作中,我们看得到权威,看得到数不清的知名或不知名的说话者,他们超越时空在我们的著作中聚会,相互交谈,滔滔不绝,而作者只是穿插连接,引头结尾,在人群中穿梭来回,忙得不亦乐乎!

研究变成了让我们的头脑给他人跑马。因为千篇一律,我们看不到偏执,看不到激情,看不到个体的鲜活想象,看不到对于存在世界本身的言说,看不到我们如何存在于这个世界上并且应该如何存在的思想。客观中正,不愠不火,文质彬彬,我们躲在权威的背后成为思想的译员,生怕说多了话,说漏了话,或说错了话。研究就是准确再现,客观转述,绝不允许添油加醋,自说自话。不再有个体性、创造性和想象力,因为目的已经不是探索创造,无中生有,而是清洁整理,发掘陈列。问题不在于你怎么想,而在于你知道那些先哲怎么想,权威怎么说。研究仅仅变成了解释、介绍和传播。

人人都会思想,人人都在思想。但思想中却可能没有思想,而只是搬运转场。哲学的创新需要哲学家自我表达,表达自己独特的存在感受和观念创造。真正的哲学家总是能从后台走向前台,将权威和众神请到思想的实验室中为自己的思想作注。生活是我们的生活,思想亦是我们在思想。每一时代的新哲学总是哲学家们挣脱先哲的束缚,破除迷障,自说自话。在思想的道路上,创造性的哲学家并不戴着权威的沉重面具说话,当演员,而是成为自己,自作主张。如若只知道回望和膜拜辉煌的思想历程,伟大的先哲们将像一座座高不可攀的山峰,让我们永远生活在巨大的阴影下,双腿打颤,口齿哆嗦。然而,虽然不是每一个人都能成为思想英雄,但每一个人应该成为自己,学会生活,学会思想,不是模仿再现,而是创造生成,哲学就在创造性的生活和思考之中。

创造性的时代必有创造性的思想。没有伟大思想的时代不可能成其为伟大。在一个变革的时代,需要并且能够产生变革的哲学,创造思想,引领潮流。思想要成为自己时代的思想,成为时代精神的精华,就必须自作主张,六经注我,而不是我注六经。从古到今,从西到东,我们的哲学库存太多,负荷太重,哲学研究忙碌中忘却了本质的工作是生产和创造。面对沉重的历史,哲学需当机立断、截断众流、自辟新路、自作主张。无此,哲学便无发展。

今天,我们感受到了存在世界的脉动,也许这是一次人类文明的巨大变局,也许思想能迎来另一个伟大的轴心时代。人类作为总体的生存与毁灭,上升与下降,让我们面临前所未有的存在境遇。作为本质之思想的哲学,应该站在时代前列,感受和呼应这样一个变动的时代,本质地思想,创造观念,而不是频频发出今不如昔的哀叹,沉溺或沉醉于思想史的汪洋大海之中。创造于守护之中,思想的创造当然要立足于思想的历史,但走出历史,我们才能走向未来。

在我看来,在存在对思想的呼吁中,在思想的自我超越中,当代中国具有显著优势和自我成就的可能性。这种可能性来自当今时代的变迁和中国实践本身,更来自当代中国思想承受着的多重重压,层层包裹。一旦我们能够解除重压,突破多层束缚,将它们变成自我确立的条件而不是被其吞噬,新的思想必然能够破茧而出,熠熠生辉。到那时,也许就可以坦然言及中华文明的伟大复兴及其世界历史意义了。

哲学不应该会也应该不会没落在其辉煌的历史中。回应时代的呼唤,哲学需要并且也能够自我澄清和自我改造。哲学史家守护哲学,哲学家创造哲学。哲学史家面对过去,面对思想,哲学家面对存在,发明思想。发明就是超越,就是自立新说,自作主张。为回应存在的呼唤,我们期待着哲学在面对存在与超越实存的取向中,能够实现自我超越和自我改造。

第一章　实践贯穿的历史内在论

　　从世界观和方法论的层面来看,马克思以实践观点消解了抽象形而上学的问题框架,物质与精神、存在与思维以及自然与历史之间的抽象同一或抽象二分彻底地被辩证的实践思维终结。马克思对于存在世界的理解普遍地贯穿着历史意识和实践意识。在这种意义上,"历史唯物主义"可以理解为实践贯穿的历史内在论①。它从实践活动出发,把握具体的存在关系、存在方式、存在状态和存在过程,以立足于实践的历史性意识克服了建立在抽象主义、还原主义思维基础之上的传统哲学在本体论、辩证法和认识论领域遭遇的一系列困境。因此,相对于其他的哲学流派,历史唯物主义是率先使哲学进入后形而上学时代的思想之一。当然,这样理解的历史唯物主义范畴,与"唯物史观"的含义并不一致②,历史唯物主义获得了更为基础的意义。在世界观和方法论的层面将历史唯物主义理解为一种后形而上学的存在论思想,将极大地加重历史唯物主义在马克思主义思想体系中的分量,鲜明地表现了马克思主义理论内在的统一性。本章将从传统哲学本体论、认识论和辩证法三个基本的方面阐释历史唯物主义的基本原则,最终表明历史唯物主义的实践范畴如何

---

　　① 需要说明的是,葛兰西在《狱中札记》中讨论过实践与内在性问题。他强调内在性概念对于实践哲学的重要性,但没有进行系统阐释,而是一般地指出"内在性"一词在实践哲学中要加以界定并使之精确。本文深受这一提法的影响,可以看成是在葛兰西指示的方向上所做的努力。([意]葛兰西:《狱中札记》,曹雷雨等译,中国社会出版社 2000 年版,第 312、367 页等处)

　　② 我想顺便提出的是,不能抽象地追问"历史唯物主义是什么",好像它存在固定不变的规定,而应该说"历史唯物主义被用来指什么",亦即是说它在哪些意义上被使用,哪种使用好一些等等。

从根本上终结了形而上学的本体论思维方式,因此开启了后形而上学的存在论视域。

第一节 从抽象本体论到历史存在论

马克思指出,现代是"以物的依赖为基础"的时代。马克思说:"活动和产品的普遍交换已成为每一个单个人的生存条件,这种普遍交换,他们的相互联系,表现为对他们本身来说是异己的、独立的东西,表现为一种物。在交换价值上,人的社会关系转化为物的社会关系;人的能力转化为物的能力。"以这种"物"的依赖为基础的人的独立性,被马克思称为社会发展的第二大形态。①这当然不是说现代之前人类的存在不依赖于"物"。这里的物是指"可感觉而又超感觉"的物或社会的物,即人们之间普遍化了的客观交换关系,其本质是超越于我们直观感觉的社会存在,是通过可感觉之物承载的社会关系②。在谈到资本的时候,马克思也说:"资本不是物,而是一定的、社会的、属于一定历史社会形态的生产关系,它体现在一个物上,并赋予这个物特有的社会性质。资本不是物质的和生产出来的生产资料的总和。"③马克思的这样一些表述,蕴涵着特定的思想视角:任何意义上都不可能存在没有物质载体的社会历史,但是,物质载体本身却不是历史唯物主义的研究对象。历史唯物主义的立足点是"社会的物","社会存在",其本质不在于可感觉的实体性,而在于它超感觉的社会历史内涵,在于它所承载的人与人之间的社会历史关系。

我们当然生活在自然的物质世界之中,但是,正如马克思早年所指出的那样,在人类历史中,即在人类社会的形成过程中生成的自然界才是人的现实的自然界。"因为只有在社会中,自然界对人来说才是人与人联系的纽带,才是他为别人的存在和别人为他的存在,只有在社会中,自然界才是人自己的人的

---

① 《马克思恩格斯全集》第 30 卷,人民出版社 1995 年版,第 107 页。
② 参见《马克思恩格斯全集》第 44 卷,人民出版社 2001 年版,第 89 页。
③ 《马克思恩格斯选集》第 2 卷,人民出版社 1995 年版,第 577 页。

存在的基础,才是人的现实的生活要素。"①历史唯物主义视域中的这种自然概念,不是任何抽象本体论意义上的自然。卢卡奇在《历史与阶级意识》中以"自然是一个社会范畴"简洁地表达了这种"人化自然"的概念。他的意思不过是说,就其现实的存在方式和存在状态而言,自然总是在特定的社会历史关系中通过实践被认识、被改造的。脱离了对象化实践关系的自然是概念抽象中的"纯有",是与"精神"抽象对立的"物质"。现实的、真正感性的,因而由实践"综合"而来的存在乃是物质与精神的共属一体,是"物质—精神",这才是现实。

这意味着对于历史唯物主义来说,问题的关键绝对不在于物质自然是否存在,绝对不在于本体论意义上是否存在,而在于它如何存在,如何通过实践方式对人存在,并且如何通过社会成为"他为别人的存在和别人为他的存在"。将马克思主义哲学称为"实践哲学"的葛兰西指出:"物质本身并不是我们的主题,成为主题的是如何为了生产而把物质社会地历史地组织起来。"②马克思在《1844年经济学哲学手稿》中甚至极端地指出,自为的,被确定为与人分割开来的自然界,对人来说也就是无③。这当然不是自然物质在本体论的意义上不存在,因此陷入所谓的唯心主义,而是对人来说它不是真正的、现实的存在。马克思和恩格斯多次批判费尔巴哈的自然是抽象的,非历史的,因而不是我们真正生活于其中的现实的自然,我们生活于其中的感性世界是社会状况的产物,历史的产物④。晚年恩格斯更是在一般的意义上指出,法国唯物主义,包括费尔巴哈的唯物主义并不懂得"历史的自然观",因而只是停留于自然科学的唯物主义上。

历史唯物主义意味着以历史的、实践的观点来看待物质世界,而不是从自在世界的意义上、不是从抽象本体的意义上理解物质世界。"物质"向来就很"倒霉",总是被熔铸到人们现实生活的生产和再生产中,感染了社会的特性

① 《马克思恩格斯全集》第3卷,人民出版社2002年版,第301页。
② [意]葛兰西:《实践哲学》,曹雷雨等译,中国社会出版社2000年版,第384页。
③ 参见《马克思恩格斯全集》第3卷,人民出版社2002年版,第335页。
④ 参见《马克思恩格斯选集》第1卷,人民出版社1995年版,第76页。

并表现人们之间的联系。马克思当然说过,没有自然界,没有感性的外部世界,工人什么也不能创造。人靠自然界生活,自然界是人为了不致死亡而必须与之交互作用的、人的身体。①《德意志意识形态》还明确肯定"外部自然界的优先地位仍然会保持着"等等。经验地确认自然物质的存在并不需要任何高深的哲学,因为它们是"可以通过感觉直观的"。问题是,这种对自然物质实在性的一般肯定是构成历史唯物主义的真理呢,还是说历史唯物主义的真理恰好在于从方法论上扬弃了这种直观的实在性?人当然是物质的存在,并且立足于物质世界才能存在,但人的本质却不是作为物质的物质性。历史唯物主义当然要肯定物质的存在,但肯定物质的存在绝不是历史唯物主义的真理。

对于历史唯物主义来说,抽象地确认物质的存在已经没有任何积极的理论意义了。这种确认作为对有神论和唯心主义的批判,是近代唯物主义的任务,它只是构成历史唯物主义当然的出发点,从而是理论扬弃的对象,而不是核心和本质。马克思曾经指出,无神论(从而是唯物主义)在近代真正确立之后,对人和自然实在性的否定实际上已经不可能了,因此社会主义作为社会主义不再需要无神论这样的理论中介,它不再需要扬弃宗教②。在德国,对宗教和唯心主义的批判已经由费尔巴哈通过批判黑格尔完成,因此历史唯物主义的批判对象不再是一般的唯心主义,而是抽象否定唯心主义的唯物主义,以及由此形成的历史唯心主义,因此是费尔巴哈。对物质实在性的一般肯定,强调自然的外在性,远远没有达到理解"历史的自然观"和"唯物主义历史观"的高度。扬弃抽象的唯物主义和历史唯心主义成为历史唯物主义的理论任务,而不是相反,将对物质本体论的肯定作为首要的基本的观点。

相对于自然唯物主义而言,费尔巴哈的明智在于,确认了唯物主义是探讨人的本质和知识的基础,但基础不是大厦本身,因此不能依据这个基础本身的性质和原则来研究社会历史。遗憾的是,这一正确的立场没有使费尔巴哈走

---

① 参见《马克思恩格斯全集》第3卷,人民出版社2002年版,第269、272页。
② 参见《马克思恩格斯全集》第3卷,人民出版社2002年版,第310—311页。

向唯物主义的历史观,他正确地强调了差异,却割裂了自然和历史在实践中的相互中介,在历史观上陷入唯心主义。正如恩格斯指出的那样,费尔巴哈只知道机械的、自然的,或者说法国的唯物主义,而不知道"历史的自然观"和唯物主义的"历史观"。① 可以看出,在恩格斯这里历史成为解释原则,批判了"对自然界的非历史观点";同时,历史也是对象,"历史得到唯物主义的解释"。②

　　不过有的时候,恩格斯讲的"历史"主要还是指一般的"过程"、"发展"等等,批判认为自然界只有"并列",没有时间先后的观点,"历史"概念还只是偶然地同人的实践活动联系起来。事实上,历史唯物主义与自然唯物主义不同,它的立足点是"历史的自然观",而不是自在的自然。历史唯物主义不是在与精神、意识、观念相对的外在的意义上谈论物质和自然,并因而在这样的意义上突出强调世界的物质统一性。历史唯物主义当然建立在物质实在性的基础之上,但是,它以历史实践的过程意识同时扬弃了物质本体论和精神本体论。《关于费尔巴哈的提纲》第一条就明确地批判唯物主义与唯心主义一样,没有在感性实践中理解现实。由于没有历史实践的中介,费尔巴哈的"感性实体"与唯心主义的"思想客体"还是处于抽象的对立之中。在稍早的《1844年经济学哲学手稿》中,马克思就以标准的哲学语言表明了实践对于终结这种抽象对立的意义。马克思说:我们看到,主观主义和客观主义,唯灵主义和唯物主义,活动和受动,只是在社会状态中才失去它们彼此间的对立,并从而失去它们作为这样的对立面的存在;我们看到,理论的对立本身的解决,只有通过实践方式,只有借助于人的实践力量,才是可能的。③

　　对于历史唯物主义的实践性意识来说,以"先在性"、"外在性"为规定,追问存在的本体和本根,乃是一种非实践的还原主义的实体思维。实践的观点是在现实的、与人的活动相关的意义上讨论存在关系、存在形式和存在过程,超越了非精神的物质、非物质的精神这样一种观念抽象基础上的本体论框架,

---

　　① 　参见《马克思恩格斯选集》第4卷,人民出版社1995年版,第229—230页。

　　② 　恩格斯的相关论述见《马克思恩格斯选集》第4卷,人民出版社1995年版,第228—229页;亦见《马克思恩格斯选集》第3卷,人民出版社1995年版,第351页。

　　③ 　参见《马克思恩格斯全集》第3卷,人民出版社2002年版,第306页。

因此,我称之为由实践贯穿的历史存在论。放弃了本体论的抽象,也就放弃了抽象的本体论。这并不是说,康德通过"自在之物"揭示出来并且力图弥合的那个思维与存在的"裂缝"被理论的进展缝合了,而是说,放弃了产生这个裂缝的思维前提就不再有这个思维的裂缝。驻足于非历史的、非实践的还原主义、抽象主义思辨之中,始终就存在这个思维的裂缝,存在着思维无法确认思维之外的本体存在这样一个困境。科尔施的确有理由批判说,抽象的物质本体概念一定会将问题的争论拖回到康德之前。①

哲学的进展往往表现为提问方式和问题框架的转移。历史唯物主义的实践意识从根本上实现了这样一种转移。它终结了自在的、抽象的存在概念,也就是说存在不再被理解为抽象的并且自在的本体,而是实践中的对象性存在。因此开启了存在论的后形而上学视域。

当然,这种转移并不是哲学内部单纯逻辑演进的结果,而是与历史变迁之间存在着存在论上的关联。现代是一个生产主导的时代,在这个时代,作为主体的人不再被理解为消极的结果而是创造者和推动者。这种主体意识与商品资本规定的生产体系内在地关联着,自然生成的自然性让位于劳动实践的生产性,自然当然地被理解为生产实践的要素,而不再是自在②。正是在这样一个生产时代,存在通过实践并在实践中与人相关联而存在成为普遍的意识。问题不再是存在在抽象本体的意义上是否存在,而在于它们如何展示为生产实践中造成的存在关系和存在形态。生产实践中物质与精神、自然与历史相互规定,生成了社会历史存在和社会历史性的存在。在这个有限的意义上,历史唯物主义就是这个生产时代的哲学,是时代精神的精华。在超越抽象本体论的意义上,它与唯物主义之间的距离同与唯心主义一样遥远。在历史唯物主义的"唯物"这一用语中感受它与唯物主义的亲密关系,将历史唯物主义看

---

① 见［德］科尔施:《马克思主义和哲学》,重庆出版社 1989 年版,第 81—82 页。

② 马克思指出:"只有在资本主义制度下自然界才真正是人的对象,真正是有用物;它不再被认为是自为的力量;而对自然界的独立规律的理论认识本身不过表现为狡猾,其目的是使自然界(不管是作为消费品,还是作为生产资料)服从于人的需要。"(《马克思恩格斯全集》第 30 卷,人民出版社 1995 年版,第 390 页)

成是把"历史"安放在"物质"基座上,从而是自然唯物主义的一个推广运用,实在是过于质朴了。历史唯物主义本身确实远离了这种质朴。质朴就是纯粹的直接性,而历史唯物主义是在历史实践的中介中理解存在过程。

第二节　从自然辩证法到实践辩证法

将物质概念置于实践之外的理论体系,即便从本体论进展到普遍联系和发展,也不可能从根本上越出自然唯物主义的范围,因为它讲的是物质自身的自在联系和自在发展。唯物主义从来不是没有重视联系和发展,而是只将联系和发展看成自在的过程,并将这一自在原则用于理解人类及其历史,所以才有"人是机器"这样的命题,才有地理环境决定论和机械的经济决定论,等等。自在的联系与发展概念还不具备历史唯物主义的性质,就像物质本体论的物质还不是历史唯物主义视域中的物质一样,因为它本质上还是直接的,没有实践中介的抽象。

在历史唯物主义视野中,联系和发展不再是自在的过程,而是被理解为动态实践中主客体之间的辩证关联。这也就是说,物质世界通过实践的中介成为现实生活的内在要素,运动、发展和变化不再是自在的,而是受实践之目的性介入和干扰的社会历史性过程。随着现代实践主体性的拓展,这种"祛自然化"取得了普遍的形式,甚至连人的生命和身体的生产都变成了"技术—知识"主导的过程。当存在被看成是内在于历史的、动态实践中的过程时,事物之间的联系和发展也就不再是一种纯粹的自在性了。历史唯物主义远离这种抽象的自在性观念。在历史唯物主义的思想视域中,辩证法由此成为历史的辩证法或实践的辩证法,它突出的是人与环境,精神与物质在实践中双向改变的辩证运动,而不是事物自身的自在进展。从自然辩证法进展到历史辩证法,与从自然唯物主义走向历史唯物主义走的是同一条路。

历史唯物主义作为实践贯穿的历史内在论,并不是黑格尔辩证法与物质本体论的外在结合,将一种过程性的意识移入物质世界的阐释中,而是实践意识对二者的双向克服。在黑格尔那里,联系性、具体性、过程性概念反对康德意义上的先验实体,但是,全体和整体中的联系和过程还是逻辑的必然性,实际上是思想客体的无时间的思辨进展。马克思不无惋惜地说,黑格尔只是为历史找到了抽象的、逻辑的、思辨的表达①。为什么突出过程性、具有"伟大历史感"的黑格尔(恩格斯语)却没有抓住真正的历史,"不能深入理解历史的真正动力"②呢? 为什么在他的辩证法概念中恰好是非辩证的因素占据了主导呢? 在那里,过程性虽然强调全体、整体的概念,反对没有联系和发展的本体抽象,但思维中的逻辑进展还只是自我意识内部的旋转,还是没有具体实践中介的、封闭的自在过程。

马克思在《神圣家族》中深刻地揭示了黑格尔辩证法"扬弃"思想的观念论本质:"黑格尔在《现象学》中用自我意识来代替人,因此,最纷繁复杂的人的现实在这里只表现为自我意识的一种特定形式,只表现为自我意识的一种规定性。但自我意识的单纯规定性是'纯粹的范畴',是单纯的'思想',因此,我能够在'纯粹'思维中扬弃并且通过纯粹思维克服这种'思想'。在黑格尔的《现象学》中,人的自我意识的各种异化形式所具有的物质的、感性的、对象性的基础被置之不理,而全部破坏性工作的结果就是最保守的哲学,因为这种破坏性工作一旦把对象世界、感性现实的世界变成'思想的东西',变成自我意识的单纯规定性,一旦有可能把那变成了以太般的东西的敌人消融于'纯粹思维的以太'之中,它就自以为征服了这个世界了。因此,《现象学》最后完全合乎逻辑地用'绝对知识'来代替全部人的现实。"③黑格尔的观念论封闭了他的辩证法因素,他用绝对精神的自我进展代替了人类的现实,辩证法就成为非历史的逻辑公式。在这样的概念逻辑中,辩证法成为决定论,生成其实是虚假的④。在绝对必然的进展中,"新的"已经先在地内含于前提,因而没有任何新意。

① 《马克思恩格斯全集》第 3 卷,人民出版社 2002 年版,第 316 页。
② [匈]卢卡奇:《历史与阶级意识》,杜章智等译,商务印书馆 1996 年版,第 67 页。
③ 《马克思恩格斯文集》第 1 卷,人民出版社 2009 年版,第 357 页。
④ 张志扬:《偶在论》,三联书店 2002 年版,第 11 页。

费尔巴哈虽然批判了黑格尔的"思想客体",强调感性和自然,但割裂了自然和历史,没有看到实践中二者的统一。但是,对历史唯物主义来说,问题还不在于是否看到自然与历史的统一,而在于在什么意义上看到这种统一性。社会生活本质上是实践的,是主体与客体互动生成的空间。由于主体的超越性、目的性、选择性,人类历史不是封闭的绝对过程和观念中的逻辑进展,而是充满悬念的可能性领域,是有偶然性缺口的。历史唯物主义对于辩证法的真正改造在于引入实践概念,突出历史进程中主客体互相制约和相互作用的动态性和开放性,它强调的不是事物自在的运动发展,而是受实践中介的历史过程。就像自然的物质概念不可能直观地推广到历史领域一样,将物质运动的自在规律性推广到对社会历史的理解,结果一定是机械决定论的历史观,没有真正站到历史唯物主义的高度上。

在历史唯物主义看来,即便是自然科学意义上的规律研究也受到历史因素的普遍中介。就像历史唯物主义的物质不是本体论意义上的自在之物一样,历史唯物主义中的辩证法也不是实践关系之外的自然辩证法,而是历史的、实践的辩证法。所以我们看到,在对未来历史的理解上,马克思是在阶级的主体诉求与经济运动的规律性之间建立关联,力图克服唯意志论和机械决定论之间的对立。一种社会历史状态的产生一定是主体和客体双方面多种因素相互作用的结果,而不是一种自在逻辑的展开。如果自然和社会历史被看成是自在的无主体过程,理论的本质就只能是一种直观,而不是实践的先声。马克思早就指出:"直观的唯物主义,即不是把感性理解为实践活动的唯物主义至多也只能达到对单个人和市民社会的直观。"①历史唯物主义不是停留于这种理论的直观,而是在辩证的实践关系中看到了主体的能动性,并由此将改变现实作为根本的取向。因此,在黑格尔将哲学理解为黄昏才起飞的猫头鹰时,对于历史唯物主义来说,思想是洞穿历史并开创未来的先声,而不只是历史过程在观念中的直观再现。正是在这个意义上,《关于费尔巴哈的提纲》第十一条提纲才成为实践哲学的标志性语录。

---

① 《马克思恩格斯选集》第 1 卷,人民出版社 1995 年版,第 56—57 页。

在《反杜林论》中,恩格斯说马克思和他本人是把自觉的辩证法从德国唯心主义哲学中拯救出来并用于唯物主义的自然观和历史观的唯一的人。在恩格斯看来:"事情不在于把辩证法规律硬塞进自然界,而在于从自然界中找出这些规律并从自然界加以阐发。"①虽然没有像恩格斯这样直接,马克思的《资本论》第一卷第二版的《跋》似乎也表达了类似的观点。马克思说:"辩证法在黑格尔手中神秘化了,但这决没有妨碍他第一个全面地有意识地叙述了辩证法的一般运动形式。在他那里,辩证法是倒立着的。必须把它倒过来,以便发现神秘外壳中的合理内核。"②新辩证法的诞生就是一种实用范围的位移或倒转吗?如果只是在一般的联系与发展的意义上规定辩证法的本质,辩证法的范畴体系和基本规律就不可能会超过黑格尔,至多只是实用范围的转移罢了。所以恩格斯说:"概念的辩证法本身就变成只是现实世界的辩证法的自觉的反映,从而黑格尔的辩证法就被倒转过来了,或者宁可说,不是用头立地而是重新用脚立地了。"③但是,用脚着地的总还是原来的那个人,他本身没有内在地被改变。在这样一种倒转中,辩证法被命名为唯物辩证法或自然辩证法,然后又被推广到社会历史和思维领域,成为关于自然、人类社会和思维的运动和发展的普遍规律的科学。恩格斯甚至直接说,辩证法被归结为关于外部世界和人类思维的运动的一般规律的科学,而这两个系列的规律在本质上是同一的。④ 这种普遍性忽视了自然、历史和思维之间的本质差异,变成了极为稀薄的抽象。在这样的抽象中,人类实践的创造性、超越性、不确定性消逝于自在的过程概念中。这是在本质上确认黑格尔没有"缺口"的绝对辩证法。因此,晚年卢卡奇即便检讨了自己《历史与阶级意识》中的立场,但仍然批评恩格斯"不只是忽略了对存在关系逻辑化的必要批判,而且甚至有这种必然徒劳的企图,即通过从自然、社会和哲学中所列举的例子,来证明黑格尔的结构是可

信的。"①

从形式上看,恩格斯甚至马克思在一定程度上都笼罩在黑格尔辩证概念的阴影下,但是就其思想本质来说,他们并没有停留于对黑格尔辩证法的简单倒转。即便在恩格斯的《自然辩证法》中,虽然没有完全摆脱自然辩证法的范畴,但是也闪现着历史的辩证思想。他指出,在人类实践中"永恒的自然规律越来越变成历史的自然规律",批评那些自然研究家认为只是自然作用于人,只是自然条件到处决定人的历史发展,而忘记了人也反作用于自然界,改变自然界,为自己创造新的生存条件。② 恩格斯并非没有看到实践的作用,没有看到主客体辩证关系,而是没有明确地将实践概念提升为辩证法的阐释原则并由此研究辩证法的范畴和形式而已。也就是说,历史辩证法的思想在一定程度上还是以自在的形式存在着。在这样的意义上,施密特批评恩格斯超出了马克思对自然和社会历史关系的解释范围,倒退成独断的形而上学③这一判断本身就过于独断了,它与卢卡奇在《历史与阶级意识》中说恩格斯对于主客体实践关系连提都没有提到一样独断。

不能说恩格斯没有使用历史辩证法范畴,他的思想中就没有历史辩证法的因素。当然,为了与唯心主义对立,恩格斯过分突出物质本身及其自在过程。对于历史辩证法被降低到自然辩证法、历史唯物主义被降低到自然唯物主义方面,恩格斯的确是应该负一部分责任的。如果目睹了后来马克思主义哲学的教条,目睹了辩证法变成变戏法,我想他一定会感到遗憾。就像他回应机械的经济决定论时所说的那样:"青年们有时过分看重经济方面,这有一部分是马克思和我应当负责的。我们在反对我们的论敌时,常常不得不强调被他们否认的主要原则,并且不是始终都有时间、地点和机会来给其他参与相互作用的因素以应有的重视。"④

---

① ［匈］卢卡奇:《社会存在本体论导论》,沈耕、毛怡红等译,华夏出版社1989年版,第126页。

② 参见《马克思恩格斯选集》第4卷,人民出版社1995年版,第329页。

③ ［联邦德国］阿尔弗雷德·施密特:《马克思的自然概念》,欧力同等译,商务印书馆1988年版,第44页。

④ 参见《马克思恩格斯选集》第4卷,人民出版社1995年版,第698页。

环境的改变和人的活动的一致,只能被看作是并合理地理解为变革的实践,人创造环境,环境也创造人。① 这是一种内在的实践构成,相互作用,是历史生成的辩证法。社会历史是"物质"与"意识"相互贯穿而展现的辩证空间,一个可能性的领域,它拒斥任何封闭的、抽象的绝对存在。因为有人的实践,辩证过程成为历史性的联系,历史才可能是辩证性的过程。历史唯物主义社会存在决定社会意识的命题,就是建立在这种辩证观念的基础之上。如果没有实践贯穿的辩证观念和历史存在论,这一命题就会被阐释为还原主义或抽象二元论的命题,好像不包含社会意识的社会存在是可能的,先在并且外在地派生并决定着社会意识。不管怎么样,这样的阐释已经先行立足于非实践的、非辩证的立场上了。将社会历史看成是一个无主体的过程,从而忽视对文化、意识、心理、组织等主体因素的超越性,甚至将关于这些问题的研究和关注庸俗地驱逐到"唯心主义"阵营中去,只能导致庸俗唯物主义,导致社会历史观上的庸俗决定论,一种僵硬的、命定论的自然历史概念,内在构成的实践关系变成了外在的相互作用。不论怎样费力地强调辩证法,这一立场本身都是不辩证的。

作为实践贯穿的内在论,历史唯物主义超越了立足于自在存在概念基础上的辩证法思想,在实践中介的意义上理解现实的存在过程,联系和发展不再是逻辑必然性的展开,而是现实的生成。辩证法是实践中介的存在论,是主客体相互作用和相互构成中展开的存在论循环和可能性的存在过程。

第三节　从先验认识论到实践建构论

马克思说:"意识在任何时候都只能是被意识到了的存在,而人们的存在就是他们的实际生活过程"。② 马克思的这一论断原则性地规定了历史唯物

---

① 参见《马克思恩格斯选集》第 1 卷,人民出版社 1995 年版,第 55 页。
② 《马克思恩格斯选集》第 1 卷,人民出版社 1995 年版,第 72 页。

主义认识论的基本方向和基本性质,将认识论问题同人们的实际生活过程联系起来,突出了认识的社会历史本质和现实实践的中介性。在先验哲学中确立的以抽象本体论为基础的认识论框架被历史唯物主义彻底地置换了。从历史唯物主义的基本立场来看,先验主体如何跳到先验客体,或者相反,从先验客体如何跳到先验主体的认识论鸿沟,也就是所谓的内在如何走向外在的认识论困境,本质上只是抽象形而上学的理论后果。实践上并不存在这种"跳跃"的困难。那种离开实践的思维的现实性与非现实性的争论被马克思明确地判定为纯粹经院哲学的问题。马克思明确指出:"凡是把理论引向神秘主义的神秘东西,都能在人的实践中以及对这个实践的理解中得到合理的解决。"①列宁在《唯物主义和经验主义批判》中也强调:"生活、实践的观点,应该是认识论的首要的和基本的观点。"②历史唯物主义作为实践贯穿的内在论,以实践意识突破了认识论中建构的二元论困境,终结了传统认识论哲学中主客体的抽象对立,为认识论的改写奠定了全新的思想视域。

认识乃是奠基于历史实践的对象性关系。在历史唯物主义的视野中讨论认识,有两点是基本的:其一,认识的主体不是在近代反思哲学中确立起来的"先验主体",而是在人的感性实践活动中受其利益、地位、性格、情绪等纠缠和包围的主体,是实际生活过程中实践着的"现实的个人";其二,认识的对象是在实际生活过程中与人相关的对象性存在。历史唯物主义不是在抽象本体论的意义上确认对象的"外在性"、"先在性",并在此基础上确认它们的可认知性。《纯粹理性批判》是在非实践的先验立场上讨论主体和客体之间的认识关系,通过认识去证明认识之外的存在就蕴含着逻辑上的矛盾。因此,康德只能说"我承认在我们之外有自在之物存在。即是说,存在这样一些东西,这些东西本身怎么样固然不可知,但由于它们作用于我们的感性,便使我们知道它们,我们把这些东西叫做'物体'"。③"物体"既然已经是被我们的感觉所中介的,就是"为我的存在",是与我相互对象性的存在,因此又只能在内在的

---

① 《马克思恩格斯选集》第 1 卷,人民出版社 1995 年版,第 55、56 页。
② 《列宁选集》第 2 卷,人民出版社 1995 年版,第 103 页。
③ [德]康德:《未来形而上学导论》,商务印书馆 1997 年版,第 141—142 页。

"现象"上肯定它,认识之外的"自在之物"就只能是"相信"、"承认"。"内在"与"外在"之间的观念论对立,在康德哲学中以这种极端的方式表现出来,最终却以调和的方式解决。康德那里作为认识界限的"自在之物",发挥着一种调节性作用,蕴含了认识的相对性和过程性意识,但本质上还是没有历史和实践的。历史唯物主义的实践意识终结了这种先验认识论,转换了这种建基于抽象主义的认识论问题框架。

认识是内在于历史实践的一种对象性关系,实践始终是主体与客体之间现实的同一过程。历史实践之外的存在范畴是一种观念的抽象,纯粹的外在性不可能由对象性的认识活动确证。认识作为以实践为基础的对象性活动,意味着认识客体本身的内在性。如阿尔弗雷德·施密特正确指出那样,"仅仅由于实践——作为历史的总体——一般地构成人们的经验对象,即实践在根本上参与经验对象的内部组成,因而实践才成为真理的标准。"①在实践中,实在失去了纯粹客观,或纯粹主观的性质,它作为实践活动的结果,同时也作为实践的前提在历史中不断地变化和生成。"思维和存在是同一的,就不是说它们是互相'符合',互相'反映',它们是互相'平行'或互相'叠合'的(所有这些说法都以隐蔽的形式包含着僵硬的二重性思想)。它们的同一在于它们都是同一个现实的和历史的辩证过程的环节。"②要在对象性关系中确证关系之外的实在本身是不可能的,但它却是一切认识论上的不可知论、相对主义和怀疑主义隐含的思想前提。不可知论不是将人的感觉、实践、语言看成是辩证联系的中介,而是看成纯粹的内在因素,因而它不是否认外在的存在,就是将它推到无法到达的无边的黑暗之中。列宁对唯心主义不可知论的批判无疑是深刻的。他指出,不可知论"把感觉不是看作意识和外部世界的联系,而是看作隔离意识和外部世界的屏障、墙壁;不是看作同感觉相符合的外部现象的映像,而是看作'唯一存在的东西'。"③

---

①　[联邦德国]阿尔弗雷德·施密特:《马克思的自然概念》,欧力同等译,商务印书馆1988年版,第125页。

②　[匈]卢卡奇:《历史与阶级意识》,杜章智等译,商务印书馆1992年版,第299页。

③　《列宁选集》第2卷,人民出版社1995年版,第47页。

"全部社会生活在本质上是实践的",历史唯物主义不是在理论与实践的相互规定中理解实践的意义——好像实践本身也包含理论,从而导致循环定义,而是将实践概念提升到了基础性地位。人首先不是以认识的方式面对一个需要去认识的世界,而是在与世界的实践关联中产生了认识,认识不过是我们实践地与世界关联的一种方式。按照科西克的说法,实在最初不是作为直觉、研究和推论的对象,而是作为人的感性—实践活动的界域呈现在人们的面前的。① 人们并不是有一个先在的目的才与世界发生实践关系,而是在实践的原初关联中产生了认识。"为了什么而认识"已经是后起的理性反思了,它奠定在实践基础上。如果不能理解实践对于认识论的奠基性意义,只是在与理论相并列的意义上强调实践作为认识的目的和尺度,实践范畴就可能被粗陋地阐释为实用主义或实证主义的概念。

在历史唯物主义看来,认识能力和认识条件都根源于历史性的实践本身,认识的可能性不能在实践之外的先验条件中去寻找。卢卡奇在《历史与阶级意识》中指出,只有实践中的历史生成才真正地消除了事物和事物概念的独立性及因此而造成的僵硬对立,它打破了认识因素纯粹的独立性,把它们放到具体的总的历史过程本身之中去,这样认识才成为可能。② 这就是说,认识的对象和关于对象的认识在历史的总体中相互联系。在历史的具体的总体联系中认识得以可能,并且获得了相对性。任何一种认识总是相对于具体的特殊联系获得其内容。这当然不是说,认识失去了客观性,失去了确定性,变成相对主义,甚至是主体内部的任意构建。

恰恰相反,实践具有直接的现实性和客观性,作为对象化活动受到特定时空条件的制约,人类生存活动的现实条件规定着认识的相对稳定和动态发展,使之保持着与客观历史进程之间的内在联系,从而具有相对的确定性、客观性。诚如葛兰西所说的那样,认识的客观"总是指'人类的客观',它意味着正好同'历史的主观'相符合,换句话说,'客观的'意味着'普遍地主观的'。人

---

① [捷克]科西克:《具体的辩证法》,傅小平译,社会科学文献出版社 1989 年版,第 1 页。

② [匈]卢卡奇:《历史与阶级意识》,杜章智等译,商务印书馆 1992 年版,第 223 页。

客观地认识,这是在这个意义上来说的,即对被历史地统一在一个单个的一元文化体系中的整个人类来说,知识是实在的。"①这种"实在"意味着客观性、相对的确定性。认识论上相对主义和绝对主义的争论从历史唯物主义辩证的实践视野来看也只是一种抽象的对立。

认识本身是实践中的开放过程,所以列宁讲:"自然界在人的思想中反映,要理解为不是'僵死的',不是'抽象的',不是没有运动的,不是没有矛盾的,而是处在运动的永恒过程中,处在矛盾的发生和解决的永恒过程中。"②很显然,列宁虽然使用了反映这个概念,但从这种过程性的意义来讲,毋宁说列宁的认识概念包含了建构性的意识,认识并不是对现实的直观的反映。对认识结果的检验也不是简单的符合对象的问题。列宁指出:"实践标准实质上决不能完全地证实或驳倒人类的任何表象。这个标准也是这样的'不确定',以便不让人的知识变成'绝对',同时它又是这样的确定,以便同唯心主义和不可知论的一切变种进行无情的斗争。"③今天看来,正确地理解实践思维的认识论意义仍然十分重要。当然,这种对实践认识论意义的讨论,如前面所说,不是要将实践降格为认识论的一个环节,而是必须奠定在存在论和世界观这一基础的层面上。

第四节　以实践思维走出形而上学

费希特曾经说过:"哲学究竟从事实出发,还是从行为出发根本不像某些人觉得的那样是那样的不重要。如果哲学从事实出发,它就把自己置身于存在和有限的世界,它就难于找出一条从这个世界通向无限和超感性的道路;如果它是从行为出发,它就正好站在把这两个世界联结起来的,由此出发可以一

---

① ［意］葛兰西:《实践哲学》,曹雷雨等译,中国社会出版社2000年版,第362页。译文在此略作改动。
② 《列宁专题文集　论辩证唯物主义和历史唯物主义》,人民出版社2009年版,第137页。
③ 《列宁选集》第2卷,人民出版社1995年版,第103页。

眼通观这两个世界的那一点上。"①虽然费希特是从认识论路向出发的,要解决的问题和历史唯物主义存在着基本的差异,但他的行动哲学还是为走向历史唯物主义的实践概念走出了关键性的一步。在这里,实践作为内在世界与外在世界,实在世界与超越世界之间的统一被明确地揭示出来了,其中蕴含了将实践概念规定为存在论范畴的萌芽。这里将行动作为哲学的出发点不过就是说应该将实践作为理解存在过程的根本思路,以克服近代认识论哲学困境。

历史唯物主义的实践思维方式建立在统一性哲学的基础上,从根本上突破了西方认识论哲学传统,即将存在看成是自在存在,将运动看成外在过程,因此将认识看成是对自在存在及其过程的观念把握,这样一种哲学观念。历史唯物主义将存在看成是在人的实践中生成的现实过程,而不是抽象的本体及其自在运动。在对象化的对象性关系中理解存在和过程,以及对存在及其过程的认识,历史唯物主义在黑格尔之后开启了后形而上学的哲学路线。在这条路线上,哲学存在论不再是一种形而上学的本体论抽象,而是后形而上学视域中对于现实存在的存在论描述和存在论批判,因此存在论从本体论走向现象学,走向对社会历史存在和社会历史性存在的现象学。

对于历史唯物主义来说,社会存在就是人们现实生活的生产和再生产,就是实践过程,因此,对观念意识的批判变成了对现实生活实践本身的批判。哲学不在现实之外构建超越的观念世界,并将这样的观念世界误认为实在。哲学作为存在之思,不过是根源于存在并在存在之中的存在的环节。因此它是存在作为超越过程的内在因素,不能只满足于在存在之外对于存在的理论直观,而是要成为变革现实的本质力量。所以马克思说:"哲学家们只是以不同的方式解释世界,问题在于改变世界。"②

实践观点是马克思主义的根本观点,马克思以实践的思维方式走出了形而上学。这一命题具有双重含义:实践成为思想革命的理论范畴,同时,理论成为实践革命的思想先导。也即是说,一方面,实践思维走出了传统本体论哲

---

① [匈]卢卡奇:《历史与阶级意识》,杜章智等译,商务印书馆 1999 年版,第 194 页。
② 《马克思恩格斯选集》第 1 卷,人民出版社 1995 年版,第 61、86 页。

学的思维方式,实现了一场思想领域内部的变革,哲学由此走向了后形而上学的思想视域,实践可以理解为一个终结形而上学、实现思想史内部革命的理论范畴;另一方面,由于实践思维,马克思仅仅将思想理论看成是现实的构成环节,变革现实而不是对现实的理论直观成为历史唯物主义的根本指向,历史唯物主义成为一种改造社会的革命思想,为超越现实提供理论上的根据。不过,不论从批判本体论抽象,还是从理论走向变革现实的实践来说,对于现实存在的存在论分析和存在论批判都是历史唯物主义根本的理论任务。思想只有面对存在才能成为超越实存的本质力量。

理论家被实践的革命家扬弃了。掀起一场思想史的内部革命,从而成为思想史上的伟大英雄不再是马克思的目标所在,虽然他的确成了这样的英雄。所以,当费尔巴哈以"感性"批判唯心主义,只是从理论出发讨论世界的客观性或主观性、现实性或非现实性的时候①,马克思和恩格斯批判了费尔巴哈,说他的感性还不是感性活动,还不是实践,虽然他达到了理论家可能达到的足够高度,费尔巴哈毕竟还只是一位理论家和哲学家。《德意志意识形态》批判性地指出:"费尔巴哈关于人与人之间的关系的全部推论无非是要证明:人们是互相需要的,而且过去一直是互相需要的。他希望确立对这一事实的理解,也就是说,和其他的理论家一样,只是希望确立对存在的事实的正确理解,然而一个真正的共产主义者的任务却在于推翻这种存在的东西。不过,我们完全承认,费尔巴哈在力图理解这一事实的时候,达到了理论家一般所能达到的地步,他还是一位理论家和哲学家。"②马克思的意义,历史唯物主义的意义绝不是说在思想史上成为一座思想的丰碑,尽管成了这样的丰碑,而在于成就历史的存在状态。

从这样的观点来看,单纯凭借实践观点正确地获得了对世界的理解,即解释,我们仍然没有真正立于历史唯物主义感性实践的立场,或者说至多是理论地立于这一立场上。对于历史唯物主义来说,关键是以洞穿了历史的思想直

① 参见《列宁选集》第2卷,人民出版社1995年版,第102页。
② 《马克思恩格斯选集》第1卷,人民出版社1995年版,第97页。

接地介入和改变历史的实际进程。然而,无法排除的现实"分裂"总是纠缠着我们:"实践"越是宣称自己全面地坚持历史唯物主义,它离历史唯物主义的真理却越遥远;同样,"理论"越是深入地揭示出历史唯物主义的实践性,它离历史唯物主义的实践越发遥远。困扰于此种分裂的"苦恼意识",恩格斯对"书斋里的学者"的不屑还是不免让我们这些马克思思想的阐释者感到气短,虽然他批评的是较早的自然科学方面的学者。他说,他们不是第二流或第三流的人物,就是唯恐烧着自己手指的小心翼翼的庸人。①

我们不可能获得一种终极的绝对理论,同样也不可能达到一种终极完满的实践状态,那都只是观念中的抽象。实践的理论和理论的实践之间的对立和转化,始终一如既往地存在着,并且只要有人存在就会一如既往地存在下去。历史就在这个对立面的转化中展开,不仅思想追求现实,而且现实也要追求思想,因此是实践中辩证的生成过程。自在的存在概念及以此概念为基础的形而上学消解在流动的历史实践中。

---

① 《马克思恩格斯选集》第 4 卷,人民出版社 1995 年版,第 262 页。

第二章 实践中的总体化与总体性

在上一章中,我们将实践阐释为核心范畴,揭示了历史唯物主义在哲学几个重大领域中带来的根本变革,以此表明历史唯物主义开启了后形而上学的思想视域,存在论变成了社会现象学和历史现象学。在这个意义上,可以说实践在历史唯物主义这里成了基本的存在论范畴。历史唯物主义的实践观终结了形而上学本体论的还原主义和本质主义思维,存在被理解为实践中的生成过程,对于存在的认识也被理解为在实践的对象化过程中形成的对象性认识。这样一种对于实践基本意义的理解,在存在论的层次上对于实践的理解,在马克思主义的阐释史上有其本质的开创者,这就是卢卡奇的《历史与阶级意识》。为此,本章将结合卢卡奇的阐释,进一步在存在论的意义上阐释历史唯物主义的实践思维,在实践范畴的中介中讨论社会历史的总体化过程和总体性特征,重申历史唯物主义作为一种世界观的总体性思维。通过这一阐释,进一步为把历史唯物主义定位为"实践贯穿的历史内在论"提供思想史的根据。

第一节 拯救历史性原则

马克思思想的阐释者大都抓住马克思思想的某一方面,认为只有自己才抓住了本质,然后相互批评。马克思遭到了他当年所说的被当作死狗肢解的黑格尔体系相同的命运,而不是被总体性地理解。他甚至被作为幽灵和怪影,到处以在场的方式不在场。如何总体性地理解马克思?能否超越以及如何超

越对马克思的"实践"作实证主义的理解？能否克服以及如何克服将其置于
理论与实践、科学与批判、实体与主体等二元认识论框架中进行的理解？这是
问题的关键。

　　置身于特定历史处境，卢卡奇的《历史与阶级意识》以"具体的总体性"来
理解马克思哲学，在马克思哲学的阐释史上具有重要的开创性意义。《历史
与阶级意识》中的具体性和总体性范畴都建基于实践中介的"历史"视域，从
而将历史唯物主义从"科学主义"（即实证主义）的冷宫中解放出来。① 很显
然，《历史与阶级意识》中的"历史"，并不只是理论阐释的对象，而且是重要的
方法论原则。它意味着历史地看问题，在对象化的历史关系中把握具体与总
体之间的辩证关系，而不是脱离具体的历史和实践语境导致二者之间的抽象
对立。"具体的总体性"在早期卢卡奇那里作为一个内含"历史意识"和"实践
意识"的范畴，不仅具有现实历史的存在论基础②，而且是思想史发展的结果。
它从本质上突出了马克思哲学的实践思维，突出了历史性范畴的方法论意义。
历史性成为方法论原则，取代了马克思主义阐释中抽象性的物和物性逻辑。
因而真正将历史唯物主义的阐释引向了后形而上学的存在论视域，超越了本
体论形而上学，使其在当代存在论思潮中占据了重要的地位。这一点只有放
置到现当代哲学存在论思想中才能得到深刻的理解。

　　近代以来的哲学史，就是在哲学终结声中不断地为哲学奠基、不断地书写
哲学的历史。在这个意义上，我们不得不宣布哲学终结话语本身的终结，在哲
学的内部只能以一种哲学的方式来告别另一种形态的哲学。海德格尔说：
"我们根本不能把自身放到形而上学中去，因为，只消我们生存，我们就总已
经是处于形而上学中的。人在他的天性中就包含着哲学的成分。只要人生
存，哲学活动就以一定方式发生。"③在这里，海德格尔讲的形而上学就是指哲

　　① ［匈］卢卡奇：《历史与阶级意识》，杜章智等译，商务印书馆1999年版，第15页。
　　② 卢卡奇在《历史与阶级意识》中强调实践范畴，突出主体能动性，呼唤无产阶级的革命
意识，是对当时十月革命胜利而西方国家革命失败这一历史处境的理论回应。作者意识到，按
照经济决定论的马克思主义阐释无法解释当时的历史事实。
　　③ ［德］海德格尔：《海德格尔选集》，孙周兴选编，上海三联书店1996年版，第52页。

学本身。① 哲学根源于人的存在，从最为基础的方面来说哲学就是存在论，就是在对存在的生存领会中论及存在。海德格尔在《存在与时间》中说："任何存在论，如果它不曾首先充分澄清存在的意义并把澄清存在的意义理解为自己的基本任务，那么，无论它具有多么丰富多么紧凑的范畴体系，归根到底它仍然是盲目的，并背离了它最本己的意图。"②海德格尔的《存在与时间》就是对存在之意义的探索。他以此在为基点，从传统哲学的"存在是什么"转向"存在如何存在"，将现象学引入了存在论，存在论成为现象学。海德格尔将对此在的生存论描述作为基础存在论，试图为存在论奠基，以此走出西方传统本体论形而上学的困境。

　　然而，像海德格尔所说的那样，每个形而上学问题总是包括形而上学问题的整体，在每个形而上学问题中，发问者本身总是被包括到问题中去了。海德格尔说："形而上学的追问，是必须就整体来进行，并且必须从发问者此在的本质的处境中来进行的。"③这一说法，意味着哲学不可能存在本源意义上的起点，作为追问者的此在也只是基础存在论一个叙述上的入口。我们对于存在整体的追问，本质上与追问者自身的语境本质相关。在海德格尔的这一思想中，超越本体论思维方式的后形而上学的对象性、历史性意识已经有所显露了。我们关于存在的问之所问和所答都在对象性的关系之中，而不是抽象的自在绝对。很显然，海德格尔对存在的思考走到了具体性的门槛上。然而，海德格尔《存在与时间》最终还是错失了时间性和历史性。时间、死亡等还是不受具体历史因素中介的存在论范畴，成了本体论上的范畴建构。因此，在他那里，当代人类生存的异化变成了永恒的"人类状况"④。此在的存在论分析表

---

　　① 这里的"形而上学"是就一般的哲学而言，而不是我们说的哲学的一种形态。当我们把它作为一种哲学形态来讲时，是指西方哲学中以本质主义、基础主义和还原主义为特征的思维方式及以此思维方式为基础构建出来的思辨哲学体系，典型的形态就是抽象本体论。当然，在马克思主义哲学的解释传统中，恩格斯还在与辩证法相对立的意义上使用形而上学概念，即所谓用静止的、片面的、孤立的眼光看待世界。

　　② ［德］海德格尔：《存在与时间》，陈嘉映、王庆节译，三联书店 1999 年版，第 13 页。

　　③ ［德］海德格尔：《海德格尔选集》，孙周兴选编，上海三联书店 1996 年版，第 136 页。

　　④ 参见［匈］卢卡奇：《历史与阶级意识》，杜章智等译，商务印书馆 1999 年版，新版序言第19 页。

面上是具体的,本质上是一种非历史的抽象,我们基本看不到商品、交换、资本、分工等现代因素具有的存在论意义,"此在"的本质处境和情绪状态都没有历史性和社会性的中介。因此海德格尔的存在论虽然反对传统的本体论抽象,但仍然没有真正走向历史的具体。

关于这一点,曾经作为海德格尔的学生并受他的存在论深刻影响的马尔库塞晚年批评指出:"海德格尔哲学中的具体性在很大程度上是虚假的——我们再次碰上了先验哲学的变种(而且是在更高的层次上),在那里,有关存在的范畴丧失了它们的鲜明锐利,被中性化,最终消散于更大的抽象之中。"①著名神学家蒂里希也在同样的意义上评价过海德格尔。他说:"海德格尔的概念表面上显出[与超历史的概念]对立的一面,即历史性的概念。但他把人从一切真实的历史中抽象出来,让人自己独立,把人置于人的孤立状态之中,从这全部的故事之中他创造出一个抽象概念,即历史性概念,或者说'具有历史能力'的概念。这一概念使人成为人。但是这一观念恰好否定了与历史的一切具体联系。"②也就是说,海德格尔的历史性概念本身脱离了具体的历史关系,是非历史的。代表着 20 世纪存在论哲学高峰的海德格尔,没有真正以历史中的具体来理解"此在"。

这里涉及的关键问题是,存在如何被把握为具体,被把握为现象意义上的对象性存在? 也就是说,具体性如何真正成为理解存在的核心范畴? 历史性如何才能使具体性成为克服本体论形而上学的存在论范畴?

从本体论的抽象到历史性的具体概念,是一个艰难的思想历程。我们知道,近代哲学的问题框架是思维与存在、物质与精神的抽象对立及其和解。这个框架是以还原主义和本质主义的本体思维为基础的,它构成了内在性的思想与外在性的物质之间难以贯穿的对立,封闭在内部的意识如何可能认识外部的客观实在就成为根本的问题。在这里,物质和精神、思维和存在都不是具体的范畴,不是现实实践中对象性的存在,而是观念的抽象。它们之间的所谓

---

① Marcuse, *Heideggerian Marxism*, edited by Richard Wolin and John Abromeit, Lincoln and London:University of Nebraska Press,2005,p.176.

② [美]P.蒂里希著:《蒂里希选集》上卷,上海三联书店 1999 年版,第57—58、111 页。

对立实际上是思想的产物,而不是历史中的真实状况。因此,只要这种本体论的思维方式还在发挥作用,物质与精神之间的抽象分离不能被克服,唯物主义就只能是一种颠倒过来的唯心主义,反映论也不过是一种颠倒过来的回忆说。正是在这个意义上,前面一章我们阐释过,对于马克思哲学的本体论和反映论阐释,从根本上远离了历史唯物主义的实践思维,远离了历史唯物主义的历史性原则。它们没有将存在和认识看成实践中介的历史性过程。

对这种形而上学的本体论抽象,黑格尔已经有过明确的批判。他说:"纯粹的物质只是我们抽除了观看、感受、品味等等活动之后剩余下来的那种东西,即是说,纯粹物质并不是所看见的、所感受的、所尝到的等等东西;被看见了的、被感受了的、被尝到了的东西,并不是物质,而是颜色、一块石头、一粒盐等等;物质毋宁是纯粹的抽象;而这样一来,思维的纯粹本质,就昭然若揭了,思维的纯粹本质,或者说,纯粹思维自身,乃是自身无区别、无规定、无宾词的绝对。"①黑格尔在反对抽象对立中,通过思辨哲学建立起了物质与思维的同一性。黑格尔认为真理是全体,真理是过程,他利用过程意识,在同一性中容纳了具体性、差异性、连续性,以克服二元论哲学及其困境。也就是说,在黑格尔那里,存在已经不再被看成是抽象的本体了,而是具体展开的过程和全体。也就是说,具体性和过程性已经在黑格尔的哲学中占据了重要的地位。

不过,像我们已经指出过的那样,黑格尔哲学中的具体只是逻辑中的具体,具体之间的联系只是逻辑中的反思联系。范畴之间的扬弃关系表现为一种逻辑的自在进展。所以,在黑格尔的逻辑学中是没有"时间性"的,我们仍然看不到现实存在本身。黑格尔讲的联系不是实践中的联系,具体不是内在于历史的具体,而是逻辑总体中的过渡环节。范畴之间的演进实际上从属于一种思辨逻辑的强制。也就是说,实践中介的历史性还没有成为真正的原则,思辨的过程性还不是现实的历史性。相反,现实经历抽象,脱离具体,成了现实的反面,辩证的方法构筑了一个封闭的庞大体系。所以恩格斯指出,在黑格尔那里,现实历史的开放性与体系的封闭性之间构成矛盾。反对二元论抽象

---

① [德]黑格尔:《精神现象学》下卷,贺麟、王太庆译,商务印书馆1997年版,第109页。

对立的黑格尔最终只是在思辨哲学的框架中完成了统一的任务,所以成为近代哲学乃至于整个西方柏拉图主义哲学的完成者,而不是新思想的开启者。

　　存在和对于存在的认识都是受具体的历史实践中介的,因此我们要历史地看问题。这是历史唯物主义的根本原则。正是这种实践中介的历史性观念,走出了黑格尔思辨的过程性,具体与总体在历史过程中被把握,具体的总体性成为后形而上学的重要方法论原则。存在过程不再被看成是逻辑抽象中的反思联系,逻辑推演中的必然进展,而是与人的实践活动(包括认识)相关的对象性过程,是历史中具体与总体的辩证关联。离开了现实和历史,观念论内部的范畴具体在本质上说仍然是虚伪的。所以马克思说黑格尔"只是为历史的运动找到抽象的、逻辑的、思辨的表达"。①　在卢卡奇看来,"由于马克思和恩格斯认识到历史过程中的决定性因素归根到底是现实生活的生产和再生产,他们才获得了清算一切神话的可能性和立足点"②,作为古典哲学之终结的黑格尔哲学就是这些辉煌的神话形式中的最后一个。在这个意义上,所谓哲学的终结只能是抽象的、非历史的传统形而上学的终结。马克思以历史性和实践性思维终结了形而上学,存在论从传统的本体论形态走向了后形而上学的现象学,不过是社会现象学和历史现象学,而不是意识现象学。存在被理解为社会和历史中介的具体,而不是抽象的事实或抽象的个体存在。在这一点上,历史唯物主义显然优越于西方其他的后形而上学思潮,拯救了历史性原则。

　　在马克思之前,孔德早就在《实证哲学教程》中明确地提出过形而上学的终结。在孔德看来,由于人类思想与社会发展阶段的匹配,资本主义工业社会的到来必然导致哲学由抽象的形而上学转向实证哲学。孔德本真地领悟到了现代社会存在与思维最根本的特质,坚持科学性和实证性,"拒斥形而上学",为哲学中的科学主义思潮奠定了思想基础。然而,在反对形而上学的总体性抽象,守住现象、经验和事实的时候,实证哲学同样没有真正抵达具体,而是抽

---

① 《马克思恩格斯全集》第 3 卷,人民出版社 2002 年版,第 316 页。
② [匈]卢卡奇:《历史与阶级意识》,杜章智等译,商务印书馆 1999 年版,第 68 页。

象的具体,是从总体中抽离和切割出来的具体,因此不能把握在历史总体联系中的具体的总体性,不能真正把握某种具体所蕴含的总体性,而是将具体的总体性打入了科学主义的冷宫。科西克曾经指出:"在伪具体的世界中,事物显露和隐藏自己的现象方面被认为即是本质,现象和本质的区别消失了。……因此,如果现象和本质中任何一方被孤立起来,并在这种被孤立的状态下被看作是唯一'可靠的'实在,那么本质就会像现象一样不真实,反之亦然。"①科学主义要求把握一种不受干扰的"纯"事实,因此也要求保持客观和中立的纯主体,其实是将认识理解为孤立对象与孤立主体之间的反映关系,没有看到对象和主体本身的历史性、对象性和构成性。卢卡奇指出,"这种看来非常科学的方法的不科学性,就在于它忽略了作为其依据的事实的历史性质。"②在卢卡奇看来,"为了能够从这些'事实'前进到真正意义上的事实,必须了解它们本来的历史制约性,并抛弃那种认为它们是直接产生出来的观点:它们本身必定要受历史的和辩证的考察"。③

　　近代西方哲学的人本主义思潮将生命的体验作为绝对理性的消毒剂带进哲学,哲学回到了具体的人的内在生活。具体的、孤独的个体情绪和体验难以交流和传递,因此这种哲学弥漫着一种非理性的情绪,最后向上帝和艺术敞开。问题不在于将个体作为叙述上的起点,而在于个体只是被个体地理解,从而抽象地理解。以这样的个体为出发点所理解的关系,只能是一种外在关系,至多达到对个体存在状态的现象学式的直观,而不能将个体存在把握为历史总体中的具体,因此不能在其现实性上,亦即是不能在其社会性和历史性上理解个体生命的存在。于是,特定社会历史条件下的生存体验就往往被夸张为永恒的人类状态。诚如哈贝马斯所说,从克尔凯郭尔之后,我们就已经认识到,我们只有沿着现实生活的足迹才能找到个体,而现实生活的足迹在一定程

---

　　① ［捷克］科西克:《具体的辩证法:关于人与世界问题的研究》,傅小平译,社会科学文献出版社 1989 年版,第 4 页。
　　② ［匈］卢卡奇:《历史与阶级意识》,杜章智等译,商务印书馆 1999 年版,第 54 页。
　　③ ［匈］卢卡奇:《历史与阶级意识》,杜章智等译,商务印书馆 1999 年版,第 55 页。

度上又成了存在的总体性。① 但真正说来,现实生活的足迹是社会历史的存在本身,是现实生活的生产和再生产。社会和历史是个体生存的大地。我们只有在这个大地上才能发现并真正理解个体。如果个体本身不是历史地、社会地得到理解,就只能是"没有手脚的普罗米修斯的怪影"。所以马克思曾经简洁地指出:"人的本质不是单个人所固有的抽象物,在其现实性上,它是一切社会关系的总和。"②

卢卡奇在《历史与阶级意识》中有力地重新唤醒了历史唯物主义的实践思维方式,以此瓦解了脱离历史实践的本体论和方法论抽象,不仅对抽象的实证主义进行了有力的批判,同时也将马克思主义的阐释从教条主义的本体论体系中解放出来,拯救了历史性原则本身。在《历史与阶级意识》中,卢卡奇继承了马克思的思想原则,不仅要求在社会历史中理解个体的生存,而且结合政治经济学批判的成果,以物化概念描述了现代人的具体生存状况。一种具体的总体性原则,在深刻的历史意识中被鲜明地突出出来了。这就是,在历史实践的总体关联中把握存在的具体性,将存在把握为实践对象化关系中的对象性存在。由此,传统形而上学中的本体,科学主义中的抽象事实和人本主义中的抽象个人都溶解到对象化的实践关系之中。

第二节　历史实践中具体的总体

在《历史与阶级意识》中,卢卡奇鲜明地指出:"不是经济动机在历史解释中的首要地位,而是总体性的观点,使马克思主义同资产阶级科学有决定性的区别。……总体范畴的统治地位,是科学中的革命原则的支柱。"③卢卡奇赋予了总体性范畴根本的地位。卢卡奇强调的是具体的总体性,而不是与具体

---

① ［德］哈贝马斯:《后形而上学的思想》,曹卫东、付德根译,译林出版社 2001 年版,第 167 页。

② 《马克思恩格斯选集》第 1 卷,人民出版社 1995 年版,第 60 页。

③ ［匈］卢卡奇:《历史与阶级意识》,杜章智等译,商务印书馆 1999 年版,第 76 页。

性对立的抽象的总体性。卢卡奇将具体性和总体奠定在历史存在论的基础之上,内在于历史的具体的总体性成为超越抽象本体论的后形而上学存在论范畴。具体的总体,不再只是指思维和认识本身的逻辑思路或者表述方法,首先是指存在本身的存在方式,任何一种存在都是在辩证的历史总体中与总体相联系的具体存在。因此,我们对于现实的认识不能脱离具体的历史实践关系,去寻找抽象的具体或者抽象的总体。离开了辩证实践中的历史总体,观念中的具体或总体会变成逻辑演进中的必然环节,而不是真正感性的存在范畴,就像在黑格尔的思辨哲学中一样。

卢卡奇在《自传提纲》中评价《历史与阶级意识》的时候有一个重要的说法。他说:"值得注意的是,我自己没有意识到,我的充满矛盾和挫折的发展从一开始就向着本体论,绕过逻辑的和认识论的问题。……我看到不是判断的形式,而是本体论的萌芽。"①我们认为,这里的"本体论"范畴应该翻译为"存在论"。存在论在一般的意义上是关于存在的学问。在我们看来,可以用本体论翻译存在论的特定形态,即西方传统哲学中以还原主义和本质主义思维方式为特征的存在论体系。这样,本体论就只是存在论的一种形态。非本体论的存在论本质上超越了这种本质主义和还原主义思维方式及其观念论建构,强调现实存在乃是存在与现象的统一,抽象与具体的统一,应然与实然的统一,因此具有现象学的性质,而不是抽象本体。在卢卡奇看来,"遵照马克思的思想,我把本体论设想为哲学本身,但是是在历史基础之上的哲学。"②以历史和实践为基础的哲学本身是反对本体论抽象的。这里的本体论翻译为存在论就避免了这样的矛盾,更能揭示历史唯物主义和卢卡奇思想的实质。因为,卢卡奇在《历史与阶级意识》中将实践中介的历史性阐释为基本的原则,存在被理解为具体和总体在历史中达成的统一过程,所以是一个超越形而上学本体论思辨的后形而上学范畴。

在实践思维看来,总体既不是感性的自在实体,也不是作为逻辑抽象的绝

①　杜章智编:《卢卡奇自传》,李渚青、莫立知译,社会科学文献出版社,第25页。
②　杜章智编:《卢卡奇自传》,李渚青、莫立知译,社会科学文献出版社,第203页。

对和大全,而是对象化实践中的过程和结果。实践范畴乃是总体化和总体性的存在论基础。作为总体化过程的历史,是过去和将来不断地在当下的同时在场,每一个具体的瞬间都是历史总体;作为表示人类存在总体的社会,是自然和人类交互作用中形成的有机系统,每个个体的存在都是总体网络上的节点。时间是一个绵延的总体,而不是物理的线性伸展。任何一个瞬间和个体存在都不是可以纯粹直观的绝对具体,而是置于社会历史总体之中的、总体性的存在。因此卢卡奇说,"只有在这种把社会生活中的孤立事实作为历史发展的环节并把它们归为一个总体的情况下,对事实的认识才能成为对现实的认识。"①现实并不是实在,现实性并不是僵硬的实在性,而是在历史总体化过程中,亦即是在实践中实在与非实在、实然与应然、自然与人为的辩证关联。这种关联并不是静止的、孤立的事物、事件之间的联系,因为静止的、孤立的存在只是一个认识论上的抽象。所以,"无论是研究一个时代或是研究一个专门学科,都无法避免对历史过程的统一理解问题,辩证的总体观之所以极其重要就表现在这里。"②

　　具体的总体意味着对象性的存在概念。相互中介的对象性存在概念意味着辩证联系的总体性。在历史唯物主义的后形而上学存在论视域中,中介性范畴是通过"作为关系的关系"概念得到规定的,这种作为关系的关系,并不是指自在联系。马克思甚至不将自在联系称为关系。马克思说:"凡是有某种关系存在的地方,这种关系都是为我而存在的;动物不对什么东西发生'关系',而且根本没有'关系';对于动物来说,它对他物的关系不是作为关系存在的。"③只有人的存在才发生关系,人的存在才是存在活动和存在关系,也就是说关系在人的对象化活动中才作为关系存在。具有辩证意义的关系是反思性的,即作为语言和意识中的存在,自为存在;非人的存在及其关系是"是其所是"的自在,而没有被纳入实践的总体化过程。马克思说动物与其自身活动是直接同一的。只有人才将自身和对象对象化,因此产生关系,不存在意识

①　[匈]卢卡奇:《历史与阶级意识》,杜章智等译,商务印书馆1999年版,第66页。
②　[匈]卢卡奇:《历史与阶级意识》,杜章智等译,商务印书馆1999年版,第60—61页。
③　《马克思恩格斯选集》第1卷,人民出版社1995年版,第81页。

之外的属人的关系。正是意识和语言同关系的内在统一性使人类存在,即社会及其历史成为总体性的存在并在实践中不断地总体化,构建起由实践中介的总体性关系。所有的存在都成为实践对象化过程中的对象性存在,因此是历史中的具体的总体。

总体作为事实不断地发生着,实在是一个具体的总体,"是一个有结构的、进化着的、自我形成着的整体,"①文明横向上的交流与纵向上的传递形成了差异和同一,也正是在这种多维度的双向互动中历史保持着一种动态性、过程性和开放性,成为具有一定经济、政治、文化结构的辩证总体。结构是历史的结构。结构是历史性的,历史也就是结构性的。结构的历史性和历史的结构性,表现了人类存在的过程性。正是相互作用,内在于实践的相互作用,使人类社会历史成为总体化的从而总体性的存在过程。经济、政治、文化等作为独立的范畴是认识中的抽象,在感性活动世界中,它们相互反映,构成多元化生的社会实在,在实践中不断生成的辩证总体。

孤立地考察经济现象而不是将其从属于历史、社会的总体,经济学势必变成对物的研究,而不是研究作为物而出现的人与人之间的关系,研究人的存在。在辩证的总体观念中,"科学想了解的一定的经济总体的生产和再生产,必定变成一定的社会总体的生产和再生产过程。在这个变化过程中,'纯'经济自然被超越,尽管这不是说我们必须求助于任何超验的力量。马克思常强调辩证法的这个方面。"②因此,政治经济学批判不是资本增值的工程学和股票炒作的技术学,而是对现代人类生存状态的存在论解剖。《资本论》是总体性地解剖现代社会历史的总体性文本。在此,政治、经济、文化内在地汇合起来,"某一问题的历史实际上变成诸问题的历史。"③也正是在这个意义上,按照卢卡奇的说法,"对马克思主义来说,归根结底就没有什么独立的法学、政治经济学、历史科学等等,而只有一门唯一的、统一的——历史的和辩证

① [捷克]科西克:《具体的辩证法——关于人与世界问题的研究》,傅小平译,社会科学文献出版社1989年版,第28页。
② [匈]卢卡奇:《历史与阶级意识》,杜章智等译,商务印书馆1999年版,第66页。
③ [匈]卢卡奇:《历史与阶级意识》,杜章智等译,商务印书馆1999年版,第85页。

的——关于社会（作为总体）发展的科学。"①马克思总体性地研究社会历史，因此只能总体性地理解马克思的研究。这是而且仅只是讲马克思主义将社会历史作为总体来总体性地研究，在此意义上它是一门唯一的、统一的科学，而不是否定其他专门性学科的存在地位，甚至以强制的方式来去取消专门研究，宣布它们是"资产阶级的伪科学"等等。

马克思说："生产力、资金和社会交往形式的总和，是哲学家们想象为'实体'和'人的本质'的东西的现实基础。"②人类的历史不过是在这些现实存在的基础上自我生产的过程。科西克指出，"人类历史是连绵不断的对过去的总体化。……总体化就是生产和再生产的过程，是保存和更生。"③历史就是通过实践在实在与可能中创造现实，流动的现实是过去与将来不断转化的总体。按照卢卡奇的说法，"这种自我设定，自我生产和再生产，就是现实"④。具体的总体范畴不过是总体化过程的观念再现，而不是思想本身伪造出来的抽象。只有打破观念抽象的自我封闭，在实践的关联中才能真正理解具体的总体性。脱离了历史性的具体和总体只能是两个孤立的、非辩证的范畴抽象。"具体的总体"内在于历史的存在过程，因此只有在历史中才能得到正确的理解。离开历史这一基本的存在论视域，具体和抽象相互对立，或者只是存在一种范畴之间的思辨联系。

就历史本身而言，历史是可以断代的，"从结构的角度来看，每一个时代都是不同的。"⑤历史的分期是对人类文明阶段性特质的抽象概括。但是，任何一个环节，只有在整个链条上才成为一个环节、表现为一个环节。对每个历史阶段文明特质的理论抽象，本身并不能脱离作为总体的历史发展、文明演进。不论是马克思的五种社会形态理论，还是三大社会经济形态理论都是在历史的总体中把握具体的社会历史形态，同时也就是在对具体社会形态的理解中把握

---

①　[匈]卢卡奇：《历史与阶级意识》，杜章智等译，商务印书馆 1999 年版，第 77 页。

②　《马克思恩格斯选集》第 1 卷，人民出版社 1995 年版，第 93 页。

③　[捷克]科西克：《具体的辩证法——关于人与世界问题的研究》，傅小平译，社会科学文献出版社 1989 年版，第 107 页。

④　[匈]卢卡奇：《历史与阶级意识》，杜章智等译，商务印书馆 1999 年版，第 66 页。

⑤　[德]狄尔泰：《历史中的意义》，艾彦、逸飞译，中国城市出版社 2002 年版，第 132 页。

历史总体。唯有如此，才不会将某种具体形态夸大为永恒的存在，宣布历史的终结①，同时也才不会将历史作为一种抽象同一的总体，看不到差异②。这两种错误的倾向分享着相同的前提：非辩证的抽象性——抽象的具体和抽象的总体。现实存在并不是这种意义上的抽象，而是历史实践中的辩证关联。

社会与历史本质上是同一个范畴，分别从横向和纵向表示人类存在的总体性。人与社会在实践的总体化过程中双向互动和双向构成。因此在马克思那里，人与社会从来都是相互定义的，这不是形式逻辑上的循环定义，而是存在的基本事实。马克思说："首先应当避免重新把'社会'当做抽象的东西同个体对立起来。个体是社会存在物。因此，他的生命表现，即使不采取共同的、同他人一起完成的生命表现这种直接形式，也是社会生活的表现和确证。"③在马克思看来，社会本质不是一种同单个人相对立的抽象的一般的力量，而是每一个单个人的本质，是他自己的活动，他自己的生活，他自己的享受，他自己的财富。④将总体的社会和个体对立起来是一种思维的抽象，而不是现实存在中的具体总体。个体在总体中得到理解，总体也要在与个体的关联中得到理解。

在现实的社会历史中，"生产关系总合起来就构成所谓社会关系，构成所谓社会"，⑤"而生产本身又是以个人彼此之间的交往［Verkehr］为前提的。这种交往的形式又是由生产决定的。"⑥"生产关系"是以物的形式体现的人与

---

① 福山将资本主义现时代作为历史的实现和完成，他说："关于做为一个统治体系的自由民主的正统性，一个值得注意的共识这几年已在世界出现，因为自由民主已克服世袭君主制、法西斯与共产主义这类相对的意识形态。可是，我更进一步指出，自由民主可能形成'人类意识形态进步的终点'与'人类统治的最后形态'，也构成'历史的终结'。"（［美］福山：《历史的终结》，远方出版社1998年版，第1页）但事实上，历史不会失去向度，失去向度的历史不过是失却了想象力的人为的虚构。
② 马克思在《政治经济学批判导言》中谈到，研究生产的时候一定不能因为看到各个时代生产要素的统一性而忘记了本质的差异。马克思说："那些证明现存社会关系永存与和谐的现代经济学家的全部智慧，就在于忘记这种差别。"（《马克思恩格斯选集》第2卷，人民出版社1995年版，第3页）
③ 《马克思恩格斯文集》第1卷，人民出版社2009年版，第188页。
④ 《马克思恩格斯全集》第42卷，人民出版社1979年版，第24页。
⑤ 《马克思恩格斯文集》第1卷，人民出版社2009年版，第724页。
⑥ 《马克思恩格斯文集》第1卷，人民出版社2009年版，第520页。

人之间的相互关系,人与社会就在这种关系中得到理解。人置身于这样的总体关系中,而这样的总体关系又是人的交互作用的产物。以孤立的、鲁宾逊式的个人为出发点来理解人们之间的相互关系只能是一种错觉、毫无想象力的虚构,是将抽象的个人作为真实的具体。按照卢卡奇的说法,这种抽象的方法"确实相信自己找到了万物中最具体的东西时,也就恰恰是它最偏离了作为一个具体总体的社会;……它就把某些完全抽象的东西当作具体的东西。"①真正的具体是历史总体中的具体,是表现总体并由总体规定的具体,因此,"具体的研究就意味着是研究与作为整体的社会的关系。"②现实个人的性格、气质、特长、爱好等所有属我的东西都是作为"自我"表现出来的社会的东西,这里存在着真正的现实实践,存在着总体化的过程。实践的观点就是总体性的观点,它不是将人与社会、人与环境抽象为对立的两极来探讨它们之间的相互关系,而是把它们看作对象化实践活动中的、从而历史的、具体的统一总体,从内在的实践关系来理解总体化的存在。

第三节　实践中介的辩证过程

马克思在主客体辩证的历史关系中理解现实,卢卡奇将具体的总体性阐释为历史唯物主义存在论的主要原则,不仅社会和历史被把握为存在范畴,而且存在也被把握为社会性、历史性的存在。在这一非本体论的思想视域中,根本的一点是实践概念被引进了存在论,现实被看成是对象化实践中的总体化过程。实践成为统一哲学的核心。在马克思那里,这一思想原则高度凝练地体现在《关于费尔巴哈的提纲》中。在这一提纲中,马克思指出:"从前的一切唯物主义——包括费尔巴哈的唯物主义——的主要缺点是:对对象、现实、感性,只是从客体的或者直观的形式去理解,而不是把它们当作人的感性活动,

----

① 〔匈〕卢卡奇:《历史与阶级意识》,杜章智等译,商务印书馆1999年版,第103页。
② 〔匈〕卢卡奇:《历史与阶级意识》,杜章智等译,商务印书馆1999年版,第104页。

当作实践去理解,不是从主体方面去理解。因此,结果竟是这样,和唯物主义相反,唯心主义却发展了能动的方面,但只是抽象地发展了,因为唯心主义当然是不知道现实的、感性的活动本身的。"①片面地夸大客体的方面或主体方面为抽象的绝对,都只能是非历史的思辨,远离了真正的现实。在作为感性活动的实践中,现实表现为辩证的统一总体,是自我生产和自我规定中的过程。

脱离了具体的实践关系,凡是抽象地主张某种绝对第一性存在的地方,总是要抽象地设想出与之相对的存在。如何调节两种存在之间的关系成为哲学、特别是近代哲学的主题,由此才产生了"道成肉身"和笛卡儿的"松果体"这类怪物。抽象的一元论同通常所说的二元论分享着相同的逻辑,即一种非历史的抽象主义,寻找第一因,寻找一种不需生成的作为起点的起点。这是所有本体论思维的共同特征。历史唯物主义通过实践思维,存在被理解为具体的总体,正式瓦解了抽象的形而上学本体论。历史唯物主义既不一般地支持未被触动的感性存在,也不是无原则地主张一种"人类主体冲动"。真正的实践观既不偶像化客体,同样不偶像化主体。主体与客体首先分离继而调和从来都不是马克思的观点,也不是《历史与阶级意识》中卢卡奇的观点。相反,卢卡奇强调的是以实践为基础的统一哲学。他在历史辩证法,从而是在主客体辩证法的立场上,反对抽象的一元论和二元论,进而反对主客体分离为基础的反映论,坚持一种"总体性的革命辩证法"。的确,总体性和主客体辩证法如果没有实践为本质范畴的存在论视域,势必成为传统形而上学的概念抽象。

在实践的中介中,辩证法本质上是革命的辩证法,总体性的辩证法。人的实践之外只有自在关系和自在过程,而无所谓辩证与否。离开对象化的实践,我们甚至连自在概念也无法确认。这就是在反思哲学框架中,康德只能假定"自在之物"存在的原因。对象性关系之外的存在概念只能是抽象的结果,因为就存在作为存在而言只能在对象性关系中被确证,并且在对象性关系中存在。所以卢卡奇有一个简洁的命题:"自然是一个社会范畴"。② 也就是说自

① 《马克思恩格斯选集》第1卷,人民出版社1995年版,第58页。
② [匈]卢卡奇:《历史与阶级意识》,杜章智等译,商务印书馆1999年版,新版序言第10页、第203页。

然是一个历史的范畴。自然存在及其范畴都是被历史和社会所中介的。在历史和社会之外的"自然"只能是认识上的抽象,是思辨的产物。当然,问题不在于它在经验上是否存在,而是说在思辨哲学的框架中无法论证它的存在。马克思根本超越了思辨哲学的框架。对他而言,问题不在于自然对社会存在的基础性和先在性,而在于自然范畴得到社会的历史的理解,在实践的范畴中得到理解,是"自然人化"中的"人化自然"。在《1844 年经济学—哲学手稿》中,马克思说:"自然界的人的本质只有对社会的人来说才是存在的;因为只有在社会中,自然界对人来说才是人与人联系的纽带,才是他为别人的存在和别人为他的存在,只有在社会中,自然界才是人自己的人的存在的基础,才是人的现实的生活要素。只有在社会中,人的自然的存在对他来说才是自己的人的存在,并且自然界对他来说才成为人。因此,社会是人同自然界的完成了的本质的统一,是自然界的真正复活,是人的实现了的自然主义和自然界的实现了的人道主义。"①只有那种自然地理解自然,"把人对自然界的关系从历史中排除出去"的做法才是真正地"造成了自然界和历史之间的对立。"②"被抽象地理解的、自为的、被确定为与人分隔开来的自然界,对人来说也是无。"③正是在这个意义上,马克思批评费尔巴哈的自然观时说:"先于人类历史而存在的那个自然界,不是费尔巴哈生活其中的自然界;这是除去在澳洲新出现的一些珊瑚岛以外今天在任何地方都不再存在的、因而对于费尔巴哈来说也是不存在的自然界。"④卢卡奇坚持了马克思的自然概念,不是把自然从实践的总体化中排除出去,从而导致其总体性脱离了马克思具体的总体性的轨道。⑤相反,正是卢卡奇将自然放在主客体辩证法的总体化过程中进行理解,从而克

①　《马克思恩格斯全集》第 3 卷,人民出版社 2002 年版,第 301 页。

②　《马克思恩格斯选集》第 1 卷,人民出版社 1995 年版,第 93 页。

③　《马克思恩格斯文集》第 1 卷,人民出版社 2009 年版,第 220 页。

④　《马克思恩格斯选集》第 1 卷,人民出版社 1995 年版,第 77 页。

⑤　在《历史哲学的重建》中,张西平认为:"由于卢卡奇赋予总体性过高的功能,从而蕴藏着把总体性抽象化的可能性,尤其当他把自然从总体性中排除去的时候……"(张西平:《历史哲学的重建》,三联书店 1997 年版,第 282 页)我们认为,卢卡奇不是将自然从总体性中排除出去,而是将自然纳入总体性,从而纳入他的历史主义之中,即主张自然为社会所中介,反对那种历史之外,从而实践之外的自在自然概念。

服了那种抽象的"非人"的自然概念,使其真正具备了"具体性",成为历史的社会的范畴。

如果说马克思主义具有一种基本的存在论立场的话,其本质并不在于一般地因而朴素地坚持物质的外在性和先在性,将存在理解为客观之物,而在于在实践中把握现实的存在,社会性和历史性成为存在论的内在视角。马克思的历史主义,不是一种关于社会历史的哲学,而是相互规定的历史与实践成了其根本的视域,将存在论奠基于历史性原则之上。唯有如此,卢卡奇才有理由说:"我试图对辩证法的真正本质和运动作出描绘,这会导致一种真正马克思主义的社会存在本体论。"①这就从根本上超越了抽象的物质本体或精神本体,将社会历史作为存在论范畴来理解,同时也社会地、历史地理解存在。自然为社会中介的时候,难道社会不也为自然中介吗?卢卡奇说:"中介的范畴作为克服经验的纯直接性的方法论杠杆不是什么从外部(主观地)被放到客体里去的东西,不是价值判断,或和它们的存在相对立的应该,而是它们自己的客观具体的结构本身的显现。"②没有"社会中介"的范畴,自然及其生成只能陷入不可理解的黑暗之中,并且抽象地表现为一种不被触动的、必然的规律性,一种自在的联系。这恰好是一切形而上学观念下的辩证法的含义。

辩证法讲中介性,但马克思主义的辩证法不是一般地讲中介性,而是在实践中讲中介性。中介因此不是一种思辨的反思联系,也不是事物自在的联系,社会性、历史性成了内在规定。辩证过程是实践中的总体化过程。在我看来,这就是历史唯物主义这个范畴应该表达的基本意义。这个"物"是历史的物,这个"历史"不仅是作为对象的存在,而且是解释存在对象的原则。过程是实践中的辩证过程。这就是历史唯物主义与旧唯物主义的差异,也是它与历史唯心主义的差异。联系的观点、发展的观点、全面的观点不能构成真正的马克

①　[匈]卢卡奇:《历史与阶级意识》,杜章智等译,商务印书馆1999年版,第22页。在这里,"社会存在本体论"中的本体论像前面指出的那样,也应翻译为存在论为妥,即关于社会存在的存在论,或者关于社会性存在的存在论。因为很明显,卢卡奇引进社会和社会性范畴,本身就是为了克服还原主义和抽象性主义的思维方式及其本体论体系。

②　[匈]卢卡奇:《历史与阶级意识》,杜章智等译,商务印书馆1999年版,第245页。

思哲学辩证法的本质特征,而是一般辩证法的共同特征。马克思辩证法的根本范畴在于实践概念,在于以主体性原则打破自在逻辑,在实践关系中理解过程。正因此,从黑格尔到马克思才不只是一种外在的颠倒。否则,马克思就成了费尔巴哈与黑格尔的合题,用发展的联系的眼光来看统一的物质世界,即实现了辩证法和唯物论的统一。这是一种比常识还常识的常识化,由此辩证法才变成了"变戏法"。当人们试图将常识当成哲学时,哲学也就沦落为侨装了的常识。

　　"麦粒—麦株—麦粒"之间在何种意义上是一种辩证的关系呢?如果说,这是一种辩证过程的话,它是事物自身原则之内的变化。当赫拉克利特说,世界是一团永恒燃烧着的活火,并且在一定分寸上燃烧在一定分寸上熄灭的时候,它已经完全地表达了这样的辩证法概念。黑格尔就评价说过,赫拉克利特的辩证法乃是客观的辩证法,事物在它们自身内的过渡。马克思的辩证法难道指的就是这种自在关系及其在观念中的反映,因此是自然辩证法?如果是这样,历史唯物主义的辩证法就无异于传统的辩证法。马克思不是这样只从客体的或直观的形式去理解事物、现实、感性的。他批评旧唯物主义不是把它们当作人的感性活动,当作实践理解,不是从主观方面去理解。[①] 马克思同"以前的一切唯物主义——包括费尔巴哈的唯物主义"决裂,关键就在于,马克思的辩证法作为存在论,不是一般地看到了事物的联系和发展,而是在实践,在主客体相互作用的历史处境中理解联系和发展,理解关系范畴,理解存在本身,辩证法不再是外在事物本身的自在逻辑,而是实践中介的过程及其规律性。

　　卢卡奇抓住了马克思主义辩证法的本质特点,他正确地指出,如果没有了历史过程中的主体和客体之间的辩证联系,"辩证方法就不再是革命的方法,不管如何想(终归是妄想)保持'流动的'概念。"[②]卢卡奇还说,如果摒弃或者抹杀主客体辩证法,历史就变得无法了解。反过来讲,如果没有了历史性原

　　① 《马克思恩格斯选集》第 1 卷,人民出版社 1995 年版,第 54 页。
　　② [匈]卢卡奇:《历史与阶级意识》,杜章智等译,商务印书馆 1999 年版,第 50 页。

则，马克思主义的辩证法本身也就变得无法了解。辩证法的概念不能停留于对必然如此的现实性的直观，而要表达实践中的能动过程。当然，真正的能动性概念从来不否定客观性，而是在更高的、更现实的意义上理解客观性。在现代思想的语境下，真正本质的问题只能是思想、精神如何影响自然，走进历史，我们如何来面对和反思这样一种影响。那种试图在反人类中心主义的旗号下，重返神秘性的自在自然概念是虚妄的。所谓"天人合一"思想，应该包含着一种"与天地参"、"制天命而用之"的主体性，而不是混沌的同一。问题不在于事物如何存在，而在于事物如何在实践中存在，如何社会地、历史地存在，在于存在如何去存在，因此在于存在在实践中成为开放的能在，成为历史性的过程。因此，辩证法应该从自在的概念进展到能在的概念，成为历史的实践的辩证法。

如果没有"实践"辩证法，马克思主义辩证法不仅不能同旧唯物主义区别开来，而且与黑格尔的思辨辩证法也区别不开来。黑格尔将具体的活生生的存在问题逻辑地抽象化，就不可能得到彻底的批判，像马克思实际上已经做到的那样。卢卡奇在晚年的《社会存在本体论导论》中仍然坚持批评恩格斯"不只是忽略了对存在关系逻辑化的必要批判，而且甚至有这种必然徒劳的企图，即通过从自然、社会和哲学中所列举的例子，来证明黑格尔的结构是可信的。"① 在黑格尔那里，在辩证法的最核心之处一种反辩证法的原则占了优势，即那种主要在代数上把负数乘负数当作正数的传统逻辑。② 如果马克思的辩证法是这种黑格尔意义上的辩证法，那么，马克思的存在论与其辩证法就成了两种外在东西的结合，从而是一种可分离的结合，辩证法的变革便成了仅只是将黑格尔的合理结构套用到物质过程上。

然而，这样一种误释却十分普遍。辩证法成了自然科学意义上的规律性和必然性概念，对象始终表现为未被干扰的自在，思想只是一种直观。在这种观念下，马克思哲学的本质就在于唯物主义，超越之处就在于将物质原则贯彻

---

① ［匈］卢卡奇：《社会存在本体论导论》，沈耕、毛怡红译，华夏出版社 1989 年版，第 125 页。

② 张一兵：《无调式的辩证想象》，三联书店 2001 年版，第 61 页。

到社会历史领域,以物性原则来理解社会历史。卢卡奇敏锐发现这正是历史宿命论的认识根源,从而是当时流行的科学主义的认识根源。在那里,"历史的对象表现为不变的、永恒的自然规律的对象。历史被按照形式主义僵化了,这种形式主义不可能按照社会历史结构的真正本质把它们理解为人与人之间的关系;人被推离了历史理解的真正起源,并用一条不可逾越的鸿沟隔绝了起来。"①这样,不仅自然,而且历史本身都失去了历史性,变成了封闭的存在领域。不管我们愿意不愿意这样想,人类都成了提线木偶。卢卡奇在《历史与阶级意识》中对这种机械宿命论提出了强烈的抗议,即使在颇多自我批判的新版序言中,他也认为这种抗议不是完全错误的。

我们在《社会存在本体论导论》中仍然可见卢卡奇对这一重要观点的调整和坚持。他说:"只有当马克思主义的本体论能够按照马克思当初的设想把历史性作为任何存在认识的基础时,只有当承认确定的、可证实的最终统一的所有存在原则并且因此而正确地把握各个存在领域之间的深刻差异时,'自然辩证法'才不再表现为自然与社会的一种千篇一律的等同主义,这种等同主义常常以各种方式歪曲存在(社会存在与自然存在),而是作为以范畴形式理解的社会存在的史前史。"②卢卡奇在这里虽然不像《历史与阶级意识》中那样根本反对自然辩证法的概念,但其思想并没有原则上的差异。他把自然辩证法看成是"作为以范畴形式理解的社会存在的史前史",而不是具体的、感性活动中实际存在的自然,不是马克思受历史性中介的自然。以历史性作为存在论的基本范畴,本质上要求社会地理解自然,而不是自然地理解社会。自然辩证法以联系的、发展的观点看问题,还不是革命的辩证法、批判的辩证法。它只等同于一般的因果性、规律性、必然性概念,因此还是"社会存在的史前史"。社会历史性的本质特征恰恰在于内在于主客体相互作用的目的性。不论客体是自然的客体还是社会历史客体,都因此而失去了纯自在的性质。将目的性(从而将人的感性实践活动本身)纳入对存在的理解,存在就

---

① [匈]卢卡奇:《历史与阶级意识》,杜章智等译,商务印书馆1999年版,第101页。
② [匈]卢卡奇:《社会存在本体论导论》,沈耕、毛怡红译,华夏出版社1989年版,第144页。

不再是观念的抽象——物质、自然或精神(进而上帝),而是具体的、在人类的历史中生成或变化着的鲜活总体。作为哲学之基础的存在论也就进入了一个全新的视野,并且为认识论奠定基础。

近代整个认识论的哲学主题及其困境都源于存在论上的抽象主义,"外部"与"内部"之间的鸿沟乃是通过一种纯直观的抽象构筑起来的,不变的认识主体,从而不变的认识对象之间就只保持着一成不变的僵硬对立。正如卢卡奇所说,只有历史的生存才真正地消除事物和事物概念的真实的独立性及因此而造成的僵硬对立,它"迫使这种认识不让这种因素坚持其纯粹具体的独立性,而是把它们放到历史世界的具体的总体,放到具体的总的历史过程本身之中去,只有这样,认识才成为可能。"①也只有这样,认识论才获得了全新的意义。它不仅克服了一切形式的怀疑论、不可知论和折衷主义,也克服了黑格尔唯心主义基础上的抽象的同一哲学。马克思说:"主观主义和客观主义,唯灵主义和唯物主义,活动和受动,只是在社会状态中才失去它们彼此间的对立,从而失去它们作为这样的对立面的存在。"②当主体与客体、思维与存在、物质与精神、个人与环境在社会历史中,从而在实践中得到总体性地理解的时候,导致不可知论的神秘主义也就消失了。马克思说:"社会生活在本质上是实践的。凡是把理论导致神秘主义的神秘东西,都能在人的实践中以及对这个实践的理解中得到合理的解决。"③

"实践"对近代认识论问题的解决,乃是因为它构成新的存在论之基础。将实践作为认识的环节(前提、动力、标准),而不理解在其基础上发动的存在论变革,实际上降低了实践范畴的基本意义和性质。恩格斯曾经诉诸实践中认识的无限进展来反对康德的不可知的"自在之物",而事实上"自在之物"恰好是诉诸"无限进展"来反对不可知论,为认识论奠基。"自在之物"并非"尚未认识之物",其抽象的不可知性是对人之认识"有限性"和"无限性"的抽象。卢卡奇在《历史与阶级意识〈新版序言〉》中说:"恩格斯想用实践来驳倒康德

---

① [匈]卢卡奇:《历史与阶级意识》,杜章智等译,商务印书馆 1999 年版,第 223 页。
② 《马克思恩格斯全集》第 3 卷,人民出版社 2002 年版,第 306 页。
③ 《马克思恩格斯选集》第 1 卷,人民出版社 1995 年版,第 60 页。

的"自在之物",这是正确的。但是,要做到这一点,实践必须超越上述那种直接性,并且在继续实践的同时,发展成为一种内容广泛的实践。"①亦即是说,要真正地驳倒康德的"自在之物",实践就不能只理解为直接性,而要理解为总体性的视域,理解为基本的存在论范畴,因为由实践贯穿的存在概念能从根本上消解二元对立和不可知论。认识的对象和认识的主体首先作为社会历史总体中的存在论范畴来理解,作为实践中的存在来理解,而不再是一种认识论上的抽象规定——先验对象或先验自我(康德意义上的范畴)。主体和客体作为历史地生成的、感性活动的存在,不是不变的"在者",不是抽象的存在物,而是在历史中相互内在,相互构成,因此相互统一。关于这一点,我们在下一章讨论施密特的时候还会谈到。

第四节　作为方法论的总体性范畴

"总体的观点不仅规定对象,而且也规定认识主体"②,卢卡奇说:"在现代社会中,唯有诸阶级才提出作为主体的总体这种观点。"③因为在他看来,只有作为总体的阶级才能将现实把握为实践中的总体,并在行动中冲破现实,而作为总体的阶级就是达到自我意识从而达到总体性意识的无产阶级。卢卡奇认为,资本主义社会的一系列社会分化,影响了资产阶级的科学,不能形成总体性的意识,"而无产阶级科学的彻底革命性不仅仅在于它以革命的内容同资产阶级社会相对立,而且首先在于方法本身的革命本质。总体范畴的统治地位,是科学中的革命原则的支柱。"④

到这里,我们发现卢卡奇进行了一次巨大的跳跃,或者说连接,哲学成为政治哲学。这一跳跃在一定程度上危及了卢卡奇的主体范畴。正如伊格尔顿

---

① 〔匈〕卢卡奇:《历史与阶级意识》,杜章智等译,商务印书馆1999年版,第14页。
② 〔匈〕卢卡奇:《历史与阶级意识》,杜章智等译,商务印书馆1999年版,第77页。
③ 〔匈〕卢卡奇:《历史与阶级意识》,杜章智等译,商务印书馆1999年版,第78页。
④ 〔匈〕卢卡奇:《历史与阶级意识》,杜章智等译,商务印书馆1999年版,第76页。

批评卢卡奇时所说,实际上并非所有的"阶级意识"都那样纯粹和统一:也许最好把意识形态看作斗争和谈判的场地,而不是内在于阶级的总体上同一的世界观。① 因此,问题在于"中介"过程。只有经历历史中复杂的中介过程,阶级作为总体的认识主体或实践主体才是可能的,但它不是必然的。也就是说,获得总体性的意识与无产阶级身份之间并不存在绝对的必然性,而是具有实践缺口。唯有如此,主体范畴才能在关系中理解,作为历史中形成的主体间的关系来理解。不仅主体性并不必然表现为抽象的总体性,而是包含具体的多样性,而且总体性意识本身也内在于历史的生产过程,而不是被给出的,否则历史意识和实践意识就存在被淡化,重新陷入抽象的观念论的危险。所以在《历史与阶级意识》中我们看到了似乎有些矛盾的地方。一方面,卢卡奇以实践概念来讲总体性和总体性意识,强调总体性的无产阶级意识是通过组织、宣传等方式获得的,为列宁的"灌输论"提供了理论基础;另一方面,卢卡奇似乎又赋予了无产阶级一种天然的革命总体性意识,在这里历史和实践又到了次要的地位。卢卡奇这里呈现的困境,不仅是理论上的,而且是实践上的。

的确如《历史与阶级意识〈新版序言〉》所说的那样,由于没有区分一般意义上的对象化和异化,像马克思在《1844年经济学—哲学手稿》中那样,卢卡奇在《历史与阶级意识》中对异化现象的批判和克服就混同于对对象性的扬弃,同一因此变成了一种无差异的同一,历史和时间都终结了。这一黑格尔的因素渗透到了作为总体的无产阶级意识这一概念中,主客体的同一成了一种思辨的抽象,总体性意识是被思维给出的。无产阶级承担了历史主体的过分沉重的任务。尽管卢卡奇力图赋予其历史性,但政治的行动主义驱走了理论的严谨。"将无产阶级看作真正人类历史的同一的主体—客体并不是一种克服唯心主义体系的唯物主义实现,而是一种想比黑格尔更加黑格尔的尝试,是大胆地凌驾于一切现实之上,在客观上试图超越大师本身。"②无产阶级作为现代社会中能够自我把握和自我实现的总体阶级,既是主体又是客体,就像黑

---

① [英]特里·伊格尔顿:《历史中的政治、哲学、爱欲》,马海良译,中国社会科学出版社1999年版,第92页。

② [匈]卢卡奇:《历史与阶级意识》,杜章智等译,商务印书馆1999年版,第18页。

格尔的理性概念,从历史出发却完全走向了历史的对面,变成了观念中的必然逻辑。人们对卢卡奇,从而卢卡奇对自己的这一批判是击中要害的。

　　问题在于如今人们又走向了另一个极端,对历史主体概念的抽象否定,对总体性范畴的抽象否定。有的人攻击马克思的"总体性",也有的人从马克思身上洗掉"总体性",为他的纯洁辩护。我们知道,总体性范畴源于近代哲学认识论上的同一性,因此它往往被现代反形而上学的批评者还原为绝对的同一性或单一性,由此构成了与"相对"、"具体"、"差异"、"他者"的对立,并且被看成是"专制"、"独裁"、"暴政"、"奴役"的思想根源。但是,如果说当代哲学要打击抽象的总体,反对抽象同一性,那只是与风车作战,因为具体的存在概念通过孔德、克尔凯郭尔已经逐步地确立起来了,尤其是在马克思那里,总体性概念获得了历史的存在论基础,它不再是与具体对立的抽象总体,而是内在于历史的具体的总体,是人类实践过程中具体存在与历史总体之间的关联和互动。这才是现实的存在。脱离现实总体的具体并不存在。抽象的具体,也就是脱离现实总体关系的绝对具体只是观念的结果,根本不可能真正构成对现实总体的超越。在这个意义上,我们全面认同伊格尔顿批判后现代主义的一个说法。他说:"不寻求总体性正是不正视资本主义的代码。但是,一种对总体性的怀疑,不论是左的还是右的,通常都完全是假冒的,它通常转化成为意味着对某些总体性的怀疑和对其他种类的总体性的热情认可。"①

　　不过,真正的任务却不只在于指出这种对总体性假冒的怀疑,而在于探寻它存在的根源。卢卡奇的观点始终值得我们在方法论上给予充分重视。他说:"辩证法不允许我们停留在简单地断定这种意识的'虚假性',停留在把真和假绝对地对立起来,而是要求我们把这种'虚假的'意识当作它在其中起作用的那个历史过程的一个因素,当作它在其中起作用的那个历史过程的一个阶段,加以具体的研究。"②卢卡奇始终坚持的这个重要原则,也是马克思的基本原则、历史唯物主义的基本原则。这一原则要求把握意识形态的存在基础,

　　①　[英]特里·伊格尔顿:《后现代主义的幻象》,华明译,商务印书馆2000年版,第16页。

　　②　[匈]卢卡奇:《历史与阶级意识》,杜章智等译,商务印书馆1999年版,第103页。

揭示观念原则与存在历史之间的辩证关联,瓦解精神观念自我建构的封闭线。将思想看成是根植于具体历史语境的自觉或不自觉的观念建构,在实践中理解思想与现实历史性的统一。这始终是历史唯物主义优越于其他思想体系,并保持生命力的关键之所在。卢卡奇是这一原则的有力阐释者和受惠者。

卢卡奇认为,近代批判哲学是从意识的物化结构中产生出来的,物化存在与物化意识具有一种内在的同一性。当商品价值通过抽象确立起了普遍同一的时候,相应地,个体也因此而成了孤立的、原子式的个人,抽象的同一和抽象的具体构成了物化(异化)存在的内在环节。所以,马克思在《政治经济学批判〈导言〉》中说,产生这种孤立的个人的观点的时代,正是具有迄今为止最发达的社会关系的时代。① 这就是说,孤立的个体作为具体只是一种抽象,而这种抽象恰恰产生在普遍交往和普遍联系之中。因此,在方法论上不能简单地说这种个体是虚假的,这种个体观念是唯心主义的。问题只在于要指明它与历史之间的联系,它是历史的产物。正是在这个意义上,"经济人"假定并不是一个虚假的范畴,它恰好以抽象的方式表达了现代人的基本存在事实。但是,如果脱离了历史,将它看成是人的永恒的本性,不仅是任何时代,任何个人,而且是任何人任何时候的本质规定,这就成了一种抽象同一性、总体性,而不是现实。

离开了历史的存在论分析,抽象地用具体性来反对总体性,或用总体性来反对具体性都只是一种外在的颠倒。在历史中,因此在实践中,具体性和总体性之间的抽象对立被瓦解了。当历史唯物主义用"具体"的人来反对"抽象"人时,是与历史相联系的现实的人、从事活动的人,他们受自己的生产力和与之相适应的交往的一定发展所制约②,是作为过程和总体环节中的具体,而不是抽象的个体、绝对的"他者"。立足于绝对的差异原则,将抽象个体作为出发点,这个抽象个体本身不可能达到真正的具体,现实的具体内在于历史的总体中。所以,当历史唯物主义谈到总体的时候,绝不意味着那是一种无规定的

---

① 参见《马克思恩格斯选集》第 2 卷,人民出版社 1995 年版,第 2 页。
② 《马克思恩格斯选集》第 1 卷,人民出版社 1995 年版,第 72 页。

同一性抽象,而是具体的总体,是携带着丰富性和多样性的总体。历史唯物主义所讲的人的总体性的解放,并不是诉诸人的抽象的不变本质,将人变成一种没有个性和特长的抽象存在,用抽象同一性原则来进行清理和强制,而是人的全面发展,是自由人的联合。

这是一种比个人主义更加"个人主义"的立场,因为它讲的个人不是抽象个体,而是与总体同一,在总体中实现自己的个人。在马克思看来,国家、私有财产将人变成抽象的存在,而不是具体的人的现实。共产主义作为人的现实,并不是对现存社会的抽象批判,不是用一种抽象的同一来反对抽象的具体,诸如用集体主义反对个人主义等等,而是将"过去的生产和交往所产生的条件看作无机的条件",将自主生活的桎梏变成自主生活的条件,从而就像《共产党宣言》中所说的那样,"每个人的自由发展是一切人的自由发展的条件"。共产主义社会并不是旧有观念中的"大同"社会和宗教的天堂,好像历史要通过异化的克服进入一种无差异的同一状态。恰恰相反,就像伊格尔顿指出的那样,"对于马克思来说,关键不是使我们朝着大写的历史目的前进,而是从这一切的下面解放出来,以使我们能够从此开始——以便严格意义上的历史,带着所有它们的丰富差异,能够从此开始。……在这里普遍性和多元性携手并进。"①

当存在的抽象没有被终结的地方,抽象的意识也必然会以不同的方式存在。资本的时代是抽象的时代,个体在这样的抽象体系中获得自己的个体性。所谓的个人主义、利己主义等个体原则恰好与这个总体的抽象化过程共属一体。因此,一些后现代主义理论家诉诸于绝对的差异性和个体化原则来批判总体性,实际上只是走到抽象总体性的对立面。问题恰恰是个体在历史总体中被规定。如果现实历史的总体本身不变,只是从观念上捍卫差异性、个体性,它就只是概念中的"应当"。这种立场,恰好反映的是历史总体的强大和不可触动。只要资本抽象的总体化没有停止,具体的个体就只是这个总体的环节,受到这个总体的规定。所以,放弃了总体性原则,我们无法真正把握到

---

① [英]特里·伊格尔顿:《后现代主义的幻象》,华明译,商务印书馆2000年版,第78页。

现实的具体。没有对生活的社会历史时代获得总体性的理解,很难说能够深刻地理解我们个体的生活。放弃了总体性实践更无法真正获得具体的解放。

然而,站在经验主义立场上的人是认为总体是虚假的,它不能作为一个真实的方法论的概念,"这种不可能乃是一种逻辑的不可能性"。① 当逻辑经验主义者说逻辑上的不可能时,也意味着经验上的不可能。在他们看来,"总体论的方法,必然始终只是一个单纯的纲领而已。从来没有人举出过任何对完全而具体的社会情况做出科学描述的例子。它是不可能举出的……"。在他们看来,总体论者不仅计划着用一种不可能的方法来研究整个社会,他们还计划着"作为一个整体"来控制和重建我们的社会,它只能被恰当地形容为"空想的"。在这里,辩证的总体概念,亦即是具体的总体概念,内在于历史的具体的总体概念,如何被反对总体性的理论家变成了抽象的范畴,我们不必多说了。我们注意到的是,许多方法论上反总体性的理论家在"总体性"与"专制主义"之间直接建立联系。总体性范畴和总体性思维成为"有罪的",它要为现实的专政和暴力负责。通过这样一种联系,马克思被同斯大林等同起来,甚至同希特勒、墨索里尼和卡尔-施密特等同起来。

哈耶克说:"在这种意义上,斯大林主义就是社会主义,它是国有化和集体化不可意料但却是不可避免的政治附属物,而这两者都是它赖以建立一个无阶级社会计划的一部分。"②"随着有组织管理的增加,目标的多样化必定会让位于一体化。这是对有计划的社会和人类事物中独裁主义原则的报应","马克思主义已经导致了法西斯主义和民族社会主义,因为就其全部本质而言,它就是法西斯主义和民族社会主义",是一条"通往奴役之路"。③ 的确,卡尔-施密特说过:"……没有那个同一性基础,国家社会主义便不可能存在,它的法律生活将是不可理喻的。……所有的问题和答案都牵涉到了对同一性

① [英]卡尔·波普尔:《历史主义贫困论》,赵平等译,中国社会科学出版社 1998 年版,第 71 页。

② [英]哈耶克:《通向奴役之路》,王明毅、冯元兴译,中国社会科学出版社 1997 年版,第 32 页。

③ [英]哈耶克:《通向奴役之路》,王明毅、冯元兴译,中国社会科学出版社 1997 年版,第 33 页。

的要求。没有那个要求,一个总体的元首国家连一天也维持不下去。"①他还
说过:"民主首先要求同一性,其次——一旦有必要——要求消灭或根除异质
性"。② 绝对排斥差异性和异质性的同一性当然会导致"专制"、"极权"和"暴
政",因为它主张绝对的、无差别的同一,说"没有这个总体原则就不会有奥斯
威辛集中营"③当然是对的。但是,抽象同一性是否能等同于具体的总体性?
一些反总体论者"只把注意力集中于法西斯主义或者斯大林主义,他们能够
想象的唯一一种总体性就是一种完全赤裸裸的'极权主义'"④,就是用抽象
同一性原则来打击和压制异己的专制。同时,他们在实践与思想之间建立一
种抽象同一性,忽视了二者之间的差异,好像现实实践中的专制暴政都是总体
性思想的直接后果,而总体性又被等同于抽象同一性。这样一种思想观点,本
身是抽象同一性思维的结果,不仅忽视了理论与实践之间的差异,而且忽视了
范畴内涵本身的历史性和差异。如果说还有一点意义的话,这种观点不过是
反映了 20 世纪的历史灾难在理论家心灵中难以愈合的创伤。

　　正如伊格尔顿所说的那样,一种仅仅基于差异的政治学说将不可能超越
传统的自由主义前进多远——的确,不少的后现代主义,以及它对多元性、多
样性、暂时性、反总体性、不做结论的热情,是一副穿着狼的外衣的绵羊般的自
由主义的模样。社会主义的政治目标并不是停留在差异上,那只是一种虚假
的普遍主义的对立面,而是在人的相互性或者互惠性的层面上的差异的解
放。⑤ 只把"总体化"、"总体性"同法西斯的集中营,同斯大林的清洗联系起
来,而忽视资本的对人类存在抽象的"总体化",这是片面的,甚至是虚伪的。
它分享了历史的终结、意识形态的终结等等话语的逻辑,有意或无意地认同了
资本的现实。这是一种非历史的态度,诉诸于经验的"现实性"堵死了记忆和

---

① 　[美]理查德·沃林:《文化批评的观念》,张国清译,商务印书馆 2000 年版,第 135 页。
② 　[美]理查德·沃林:《文化批评的观念》,张国清译,商务印书馆 2000 年版,第 151 页。
③ 　见张一兵:《无调式的辩证想象》,三联书店 2001 年版,第 53 页。
④ 　[英]特里·伊格尔顿:《后现代主义的幻象》,华明译,商务印书馆 2000 年版,第 146
页。
⑤ 　[英]特里·伊格尔顿:《后现代主义的幻象》,华明译,商务印书馆 2000 年版,第 137
页。

想象,不是臣服于"现实",就只是对"现实的话语批判"。人们不再去想象,因此生活在没有未来的当下性中。

这就是某些反"总体"论者内在的思想根源。他们因为坚持绝对的具体而滑向"相对主义"、"怀疑主义",甚至"无政府主义"之中。黑格尔在《精神现象学》的序言曾经说过:"唯有这种正在重建其自身的同一性或在他在中的自身反思,才是绝对真理,而原始的或绝对的同一性,就其本身而言,则不是绝对的真理。"①事实上,经历了黑格尔环节的马克思,决不是在抽象的意义上谈论总体性、同一性。他相较于黑格尔的优势在于,不在反思联系中讨论具体与总体、差异与同一之间的思辨关联,而是以历史为存在论视域,在实践的辩证关联中考察过程和联系。在抽象同一性意义上来理解马克思的具体或总体范畴,是把马克思拖回到黑格尔之前去了。同样的,以一种抽象的具体性来对抗总体性,质疑总体性,本身也是回到辩证的黑格尔之前去了,对于理解现实不会有本质的帮助。

人类经历了 20 世纪噩梦般的自相残杀之后,"任何总体化都必然是一种暴力过程"②的看法是可以理解的;拒绝了未来,放弃了宏大叙事,回到当下,守住感觉,在身体美学原则下激发出的快感文化成为了时代的主流,也是可以理解。不过,这只是事实的合理性。在这一事实面前,抽象具体的原则在日常生活中表现为生存的瞬间化"拼贴"和"戏仿"。"拼贴"和"戏仿"显然是后现代生存状态的典型特征,而不只是一种文本、文体风格。人从绝对理性的抽象向抽象的绝对感性坠落,在杂乱的时间中,人生活在自以为坚实的漂浮和流动之中。然而,绝对的"当下"并不能成其为"当下",就像在绝对非理性的感觉中找不到感觉一样,这是一个只有在历史的总体化生存中才能消解的悖论。脱离了历史总体的"现在"、"当下"都只能是没有时间向度的抽象具体。正如卢卡奇所说:"只有当人能把现在把握为生存,在现在中看出了那些他能用其辩证的对立创造出将来的倾向时,现在,作为生存的现在,才能成为他的现在。

---

① ［德］黑格尔:《精神现象学》,商务印书馆 1997 年版,第 11 页。
② 张一兵:《无调式的辩证想象》,三联书店 2001 年版,第 53 页。

只有感到有责任并且愿意创造将来的人,才能看到现在的具体真理。"①

　　"具体"和"总体"在历史中、从而在实践中的统一,意味着实践性成为基本的思想原则,历史成为基本的存在论范畴。内在于历史的具体的总体性充分展露了马克思在超越传统抽象形而上学时开拓出的社会历史的存在论视域。历史唯物主义就是这一视域的恰当命名。这一视域,确保了马克思主义能在具体的历史处境中保持与现实和各种思想之间的积极对话,并在这种开放性的对话中,不断地实现自我超越又能保持自己的鲜明特征。

---

　　①　[匈]卢卡奇:《历史与阶级意识》,杜章智等译,商务印书馆 1999 年版,第 299 页。

第三章　走向后形而上学的存在论

　　卢卡奇对于历史唯物主义的阐释达到了一个理论家可能达到的高度,这样一种阐释将对现实历史的关照提升到范畴的层面了。然而,由于卢卡奇对唯物主义本体论和自然辩证法的批评,《历史与阶级意识》在相反的方向上被批判为唯心主义的著作。在这种批评中,卢卡奇经历古典哲学,尤其是经历马克思实践思维的统一性环节隐没不显了。被卢卡奇批判的抽象本体论反过来成为批判卢卡奇的立场。卢卡奇开创的西方马克思主义和正统马克思主义之间似乎构成了对立。我们如何理解这种对立呢?面对西方马克思主义和传统马克思主义的这种对立,阿尔弗雷德·施密特试图在批判性的反思中获得超越二者的理论立场。为此,直接将思考的重点放到两种哲学解释根本分歧的本体论问题上,完成了《马克思的自然概念》这一重要著作,以非本体论来定位马克思哲学的基本性质。历史唯物主义后形而上学的基本性质差点就在"非本体论"这一定位中呈现出来了。然而,这一著作最终只是充分暴露了作者在何种程度上触及而又错失了马克思思想的存在论性质。本章通过对施密特在马克思思想阐释中试图走出本体论形而上学最终却止步于形而上学的批判性讨论,揭示正确理解实践概念对于历史唯物主义阐释的重要意义。历史唯物主义通过实践思维走出了形而上学,只有在后形而上学的存在论视域中才能正确理解历史唯物主义的实践思维,理解历史唯物主义对传统哲学的超越。

第一节 历史唯物主义的非本体论性质

　　黑格尔在《哲学史讲演录》第四卷引言中精当地概括了近代哲学的主题，即思想与实存的差异发展成为对立，并以消除这一对立作为自己的任务。恩格斯将黑格尔梳理近代哲学的这一思想提升和转变为对整个哲学基本问题的抽象概括，物质和精神或思维和存在的关系问题成为全部哲学特别是近代哲学的根本问题，并从两个方面概括为第一性问题（即本体论问题）和同一性问题（即认识论问题），从而为正统的马克思主义哲学理解整个哲学和理解自身提供了基本框架。马克思的存在论视域被理解为唯物主义本体论对唯心主义本体论的反拨，其认识论、历史观等都建基于这种唯物主义的本体论立场。西方马克思主义从卢卡奇开始，就将理论出发点建立在对物质本体论的批判基础之上，反对抽象主义和还原主义的本体概念，形成了一种颇为壮观的理论思潮。然而，西方马克思主义与传统解释的对峙构成了一个什么样的思想视域？在这样的对峙中可能获得什么样的思想成果？这是否只是一种新形式的"倒转"？这并不是一个形式问题，它在存在论和世界观的层面关系到马克思思想和整个马克思主义的基本性质。施密特意识到了这一问题的根本重要性，将它作为博士论文《马克思的自然概念》的基本主题。论文开门见山地以"非本体论性质"来定位马克思的思想。施密特对马克思思想的揭示一开始就置于争论的制高点上，置于两种解释传统纠结的核心位置，而不是就哲学的枝节和细部提问。我们将首先批判性地讨论这定位，以便深入地理解历史唯物主义的后形而上学性质。

一

　　我们知道，尖锐批判对马克思思想的唯物主义本体论解释，是西方马克思主义的基本立场。然而，在大体可以归并为西方马克思主义思潮的思想内部，则形成了实践本体论，历史本体论，性本体论等各种不同的表述。这种杂多，实则意味着根本意义上的缺失或真相的遮蔽：对马克思的本体论阐释还处于一种漂泊不定的状态。施密特将本体论问题作为着眼点，他领会到了这场争论的严重性和原则性，因此，一开始就显得张扬和底气十足，试图阻断一切退让和妥协。他的"马克思唯物主义的非本体论性质"这一根本指认，给人一种理论的惊讶。乍一看来，作为西方马克思主义的后期继承人，施密特似乎站到了批判两种解释立场的高处，而且也同当代西方主要的哲学立场建立了思想上的联系，不再用一种形态的本体论去反对另一种本体论，而是根本反对本体论解释路线，将本体论理解为传统的形而上学。这一论断是否预示着马克思思想视域的全新开启呢？沿着这一思路，似乎在批判传统本体论解释的同时可以走出西方马克思主义的理论局限。然而，施密特并没有对本体论和形而上学进行规范性的澄清和划界，而是做了过分轻易的处理。他对马克思思想的具体论述更是充满含混和矛盾，实在是触目惊心。

在施密特看来，马克思的唯物主义拒绝探究"世界之迷"，或者说，它断然拒绝用新形态的本体论从根本上对自己提问的方式，使纯粹的哲学思辨继续下去。在这里，施密特试图将本体论同纯粹的思辨哲学内在地联系起来，即使是新形态的本体论，仍然意味着思辨哲学的继续。这就明确了它对物质本体论的批判，宣布了马克思对思辨本体论的拒绝。施密特说："物质的普遍性、它对于意识的独立性只存在于特殊的东西之中。至于所谓本源物质、存在物的本源根据之类，并不存在。由于物质实在和人相关联的相对性，因而不仅它处于'为他存在'时，即使处于'自在存在'时，也都和本体论原理不相容。把辩证唯物主义和黑格尔的辩证的唯心主义相比，称它为'本体哲学'，这是站不住脚的。辩证唯物主义并不承认有什么脱离具体的规定而独立存在的自在实体。"①

初步看来，施密特的用意是划清马克思与形而上学的基本界限，将马克思思想同任何一种形式的本体论形而上学划清界限，它本质地将马克思定位于

————————

① ［联邦德国］阿尔弗雷德·施密特：《马克思的自然概念》，欧力同等译，商务印书馆1988年版，第24页。

后黑格尔的思想谱系。对马克思的这一定向是深刻的,他试图从原则上指明马克思思想的当代性质。可以说整个当代西方哲学——包括将其极端化推进的后现代主义哲学思想——都建立在对形而上学界限的划定上。对于马克思,不少的人是将他归入于传统形而上学本体论的路线。所以施密特这一指认的重要性是不言而喻的,尤其是在一种将论证物质本体论为哲学根本任务的哲学氛围之中,其重要性更是不言而喻。

　　施密特运用"相对性",批判本体论的物质范畴,显然不是把马克思的唯物主义解释为物质本体论,而是将它作本体论的解释本身是站不住脚的。本体论与思辨形而上学有着一种内在的关联,这不是精神本体或物质本体谁对谁错的问题,而是本体论提问方式本身的问题。这一立场似乎使施密特获得了批判物质本体论和卢卡奇开始的所谓"唯心主义"倾向的理论制高点,并且同当代哲学对形而上学的批判联系起来。但仔细分析,问题却走向了另一面。在施密特看来,"本体论原理"与"相对性"思想是不相容的。他指出,本体论所追求的"脱离具体的规定而独立存在的自在实体"是根本不存在的。在这里,施密特出现了两个基本的理论失误:一方面,他模棱两可地认为"本源物质"、"存在物的本源根据"并不存在。这一断言,实则是混淆了哲学本体论之"本体"和实存之间的区别,"本体"之能否成立,这是范畴体系内部的逻辑问题,与实存之"有"与"无"没有关系。即使贝克莱、休谟的怀疑论也并不是从实存的意义上否定物质的存在,而是指出,在认识、反思中论证外在物质、本源物质概念的不可能性;另一方面,通过与相对性和具体性对立来确定"本体论"的基本内涵,这是基本的失误。相对性、具体性和中介性等构不成"本体论"与"非本体论"思想的基本区别。一个简单的例子是,黑格尔的本体论体系对相对性和具体性的强调和演绎,我们完全可以从黑格尔论述普遍、特殊和个别关系中得到说明。如果说本体论与形而上学具有某种内在关联的话,这至少意味着后形而上学思想的本质并不在于对具体性、中介性等的简单强调。也就是说,一般地突出具体性和中介性,并不能瓦解形而上学的本体论。

　　本体论本身的问题到底何在? 施密特并没有进一步追问,没有对本体论和形而上学进行深入的批判和揭示,以夯实自己的理论基础。他仓促地甚至可以说是简单地用双向中介性从而是具体性来批判抽象的本体论,似乎对中介性的挪用就可以克服抽象的本体概念。因此,在谈到马克思的自然概念时,他说,马克思"决不是在无中介的客观主义的意义上,即决不是从本体论的意义上来理解这种人之外的实在"①,"重要的是阐释每时每刻形态中的物质存在之直接性和中介性的具体辩证法。"②这一论断本身是正确而深刻的,它也击中了物质本体论的要害。抽象本体论的前提是对非中介的本体的设定,它以还原主义的方式追寻最终的不可化约的本体,本体成为"绝对"和"一"。

但是,这一打击的力度相当有限。虽然强调了"每时每刻形态",但施密特并没有突出历史性的实践,没有将实践理解为本质的中介形式。历史唯物主义的核心在于放弃本体论的思维方式,通过实践范畴超越了自在的实在概念。我们知道,传统的物质本体论就是在"物质的统一性和多样性的辩证统一"这一原理下得到论证的。它并非不讲中介性,不讲具体性。"具体的辩证法"和"中介性"本身可以成为任何一种本体论的基础。固然,承认中介性并不必然导致黑格尔式的唯心主义,但同样正确的是,对中介性和具体性的强调并不内在地构成对本体论的批判,它只是批判本体论的必要前提。甚至劳动、实践等中介性范畴也并非天然地构成对本体论的反叛,比如他们在黑格尔体系中的意义就从属于本体论的前提。即使本体论不被打破,也完全可以在"本体"下降的现象界展现中安置过程和联系范畴,黑格尔就妥善地安排了绝对精神和本质上无时间的、逻辑范畴之间的联系,强调整体和过程。在那里,中介性本身完全还是反思的概念联系。这一点相当重要。施密特所谓的"本体论"大体是指"无中介的客观主义",他只是在"非中介"的意义上来规定"本体论",这是一个重大的理论失误,导致他对本体论的批判最终不能彻底。

二

我们知道,在传统马克思主义的理论家那里,马克思的哲学坚持物质第一

---

① [联邦德国]阿尔弗雷德·施密特:《马克思的自然概念》,欧力同等译,商务印书馆1988年版,第14页。

② [联邦德国]阿尔弗雷德·施密特:《马克思的自然概念》,欧力同等译,商务印书馆1988年版,第64页。

性的本体论立场,从而同唯心主义划清界限。但他们仍然高度地强调和阐释
各种物质形态之间的发展联系,强调各种物质形态之间的相互作用和相互影
响。同时,他们从来没有小看过实践对物质的改造和意识产生的社会性。相
反,为了与物质本体论内部的旧形态进行区别,他们将这一点强调到无以复加
的地步。一个简单的公式就是物质本体论加上辩证法就是辩证唯物主义。实
践对物质的改造以物质本体论为根本的前提,实则是物质成为实践的最后
"界限",就像康德的"自在之物"所发挥的作用那样。所以,问题只在于"实
践"等中介性范畴本身如何被理解,比如说实证主义哲学和费希特哲学中的
实践概念就具有完全不同的意义。如果实践是位于物质先在性、外在性、客观
性的承诺之后,只是一个"本体"的从属原则,实质上是尾随于"物质第一性"
之后,那么,就像它们在黑格尔哲学中作为"绝对理念"的随从,实践、劳动等
等中介性范畴并不可能构成对本体论阐释的打击。

　　施密特通过"中介性"范畴突出马克思物质和自然概念的具体性,来批判
费尔巴哈的自然概念。在费尔巴哈那里,作为纯粹自然性的类本质的人只是
被动地、直观地同自然死一般的客观性之间保持着对立,与工业中以社会、历
史为中介的人与自然的同一无关,"自然作为整体,是非历史的匀质的基
质。"①施密特对费尔巴哈的这一批评完全符合马克思在《德意志意识形态》
中的立场。在马克思看来,那种自然地理解自然,"把人对自然界的关系从历
史中排除出去"的做法才是真正地造成了"自然界和历史的对立","好像人们
的面前始终不会有历史的自然和自然的历史。"②马克思批评了费尔巴哈的自
然观:"先于历史而存在的那个自然界,不是费尔巴哈生活其中的自然界,这
是除去在澳洲新出现的一些珊瑚岛以外今天在任何地方都不存在的,因而对
于费尔巴哈来说也不存在的自然界。"③马克思强调历史实践活动对自然的中
介,"在马克思看来,自然概念是人的实践的要素"。马克思强调在劳动和实

---

① ［联邦德国］阿尔弗雷德·施密特:《马克思的自然概念》,欧力同等译,商务印书馆 1988
年版,第 14—15 页。
② 《马克思恩格斯选集》第 1 卷,人民出版社 1995 年版,第 76 页。
③ 《马克思恩格斯选集》第 1 卷,人民出版社 1995 年版,第 77 页。

践的具体形式中领会和把握物质,意味着马克思不是在"本体论"的第一性问题中进行思辨,确立作为"绝对"的物质概念和论证体系。施密特正确地指出:"人在给自然以形式的有目的的活动中,超出了物质存在的自然发生的和抽象的直接性",①"马克思把自然和一切关于自然的意识都同社会的生活过程联系起来。"②可以看到,施密特这里所谈到的"中介性"范畴也不是没有时间的逻辑概念之间的联系,而是明确地被规定为具体的人类实践,而且他努力将这种实践概念同马克思的经济学研究中的劳动(物质交换)范畴本质地联系起来。马克思的实践、劳动等等作为"中介性"范畴,其理论的意义在于:一方面批判和扬弃了第一性问题,按照阿多诺的说法叫作打碎了"概念的等级制";另一方面则克服了形而上学本体论体系的概念自足性,将对人们实际生活过程的批判和揭示作为哲学的基本任务。

然而,在这一方向上,施密特并没有走向彻底。施密特对劳动实践等中介性范畴进行具体阐释的时候,他强调的侧重点却是自然物质同实践的"非同一性",并且将这一思想作为与早年卢卡奇争论的根本立场和整个论证的根本指向。这就为本体论开了一道后门。施密特说:"马克思把自然——人的活动的材料——规定为并非主观所固有的、并非依赖人的占有方式出现的、并非和人直接同一的东西"③,自然虽然"是打上社会烙印的,但在这种情况下,它也不是一种可消除的假相,它对于人及其意识来说,仍然保持着它产生上的优先性。"④"人类生产力作为知识的以及实践的东西,由于给自然物质打上自己的烙印与其说否定了不依赖于意识的自然物质的存在,不如说完全确证了

---

①　[联邦德国]阿尔弗雷德·施密特:《马克思的自然概念》,欧力同等译,商务印书馆1988年版,第69—70页。

②　[联邦德国]阿尔弗雷德·施密特:《马克思的自然概念》,欧力同等译,商务印书馆1988年版,第17页。

③　[联邦德国]阿尔弗雷德·施密特:《马克思的自然概念》,欧力同等译,商务印书馆1988年版,第14页。

④　[联邦德国]阿尔弗雷德·施密特:《马克思的自然概念》,欧力同等译,商务印书馆1988年版,第17页。

它的存在。"①在这些具体的论述中,施密特反反复复地强调自然物质的优先性、外在性、独立性,对"物质"的这种规定和论证不正是物质本体论内核吗?虽然施密特批判恩格斯物质第一性和统一性的所谓物质本体论,其实他已经完全回收了物质本体论第一性问题的全部立场,物质本体论并没有肯定更多的东西。施密特对马克思唯物主义"非本体论"的指认沦为一个纯粹形式的命题。

施密特同传统的马克思主义理论家一样忽视了本体论作为哲学的不可能就是"外在于人"的"存在"这种抽象的范畴逻辑论证上的不可能和悖论性质,所以康德才说"物自体"是不得不做的"设定"。康德的根据作为现代性哲学的门槛依然有效:"在事物和我们之间总有(居间的)智力在,所以这些事物就不能按它自身在本体上是什么而被认识。"②这一点甚至可以延引到巴门尼德悖论式的表达:存在总是思维到了的存在,思维总是存在的思维。康德的"自在之物"是揭示和解决这一困境的极端形式,他从认识上潜在地揭示了本体论论证的困境,因为"他认识到:在意识之外去假设现实性便包含一种矛盾。被思维的东西存在于意识之中,在意识之外去思维某种东西便是虚构的。"③要在概念中、反思中确立一种绝对的本体,而认识本身是一种对象性的活动,认识论哲学或者说意识哲学在本体论问题上就构成了一个悖论。这一悖论作为传统形而上学的困境根源于伽达默尔所指出的哲学上的三重天真,即概念的天真、断言的天真和反思的天真。问题不在于本体之有无,而在于本体乃是思维的建构。本体论是生存实践中一种对世界的观法,它在相对的因此有限的认识中要确立绝对的自在本体,因此面临根本的困境。

施密特对这一困境似乎没有足够的认识。在他看来,本体论的问题核心好像真的是承认还是不承认物质经验上的存在,而不是一种哲学形态的困境。他始终担心的是"把自然消融到用实践占有自然的历史形态中去",所以反复

① [联邦德国]阿尔弗雷德·施密特:《马克思的自然概念》,欧力同等译,商务印书馆1988年版,第63页。

② [德]叔本华:《作为意志和表象的世界》,商务印书馆1982年版,第569页。

③ [德]文德尔班:《哲学史教程》,商务印书馆1993年版,第789页。

强调自然与物质同实践的非同一性,甚至说对自然物质不可取消性的认识,构成马克思的唯物主义的核心的东西。① 可以说,这一点他与他批判的理论家一起退回到前康德的立场上去了,马克思被等同于一般的唯物主义者。施密特好像是担心有谁的哲学会从实践上取消自然物质,否定自然物质的存在一样。没有人会愚蠢到认为没有物质、不受外在的制约就能实现创造,哪怕是精神生活的创造。事实上,本体论的困境不在于对精神或物质因素的直接或间接的承认上,而是在二者绝对外在性、先在性,一言以蔽之"第一性"存在在反思中、概念之中论证的不可能上。正是这种不可能,意味着本体论思维方式必须被扬弃。

施密特的这一问题框架,使他处于马克思思想的真正论域之外。他对马克思晚期大量著作的援引主要是为了证明这一核心问题,以对抗唯心主义,结果仍然站到了他批判的唯物主义本体论的立场上。施密特在批评恩格斯和苏联哲学时说,"在任何场合下,为了用物质去概括地形而上学地揭示世界,不管人们愿意与否,就只能从作为普遍原理的物质出发,而不是从物质的具体的存在形态出发。"事实上,很难说由先在性、独立性和外在性规定的物质概念及其"具体性"还具有"非本体论"的性质。这样的具体性概念同西方马克思主义实践辩证法、历史辩证法中的具体性也有原则性的区别,虽然施密特反复强调历史和实践的具体形式规定。

施密特说,"马克思在把人类劳动称之为物质形式遵循规律性的变化的同时,也完全没有忘记一般的哲学的东西,即世界是以一定的形式自己运动着的物质。这一点非常值得注意。"②施密特曾经批评恩格斯说:"关于世界的物质性一说,决不具有积极的意义,它只不过朴素地表明自然界所与的总体之物质性质。"③很显然,他所批评的恩格斯这种"关于世界的物质统一性"的理

---

① [联邦德国]阿尔弗雷德·施密特:《马克思的自然概念》,欧力同等译,商务印书馆1988年版,第79页。

② [联邦德国]阿尔弗雷德·施密特:《马克思的自然概念》,欧力同等译,商务印书馆1988年版,第76页。

③ [联邦德国]阿尔弗雷德·施密特:《马克思的自然概念》,欧力同等译,商务印书馆1988年版,第54页。

论,重新成为他自己的犹犹豫豫的立场。恩格斯没有肯定比施密特更多的东西。施密特以自然和社会双向中介多次批评卢卡奇的"自然是一个社会范畴"的唯心主义倾向,并没有表明他本人对唯心主义的积极克服,而是遮遮掩掩地回到了他们共同批判的唯物主义本体论的立场。由于"先在性"和"外在性"等本体论原则的强调,中介性范畴没有内在地构成理解"存在"的本质规定,所以他对"本源的物质"的批判、对"物质统一性"的唯心主义指认等终究是含混的、半途而废的,他对物质自然先在性、外在性的承诺也只是倒退成了"朴素的实在论"。

三

　　由于在本体论问题上的含混和模糊不清,施密特最终又含混地承认了马克思思想的本体论性质,使得他虽然意识到从存在论的基础方面揭示马克思思想的重要意义,但最后又遮蔽了马克思思想的存在论视域。施密特说:"在马克思那里存在着一般本体论的东西,虽然应理解为否定的本体论。"施密特所肯定的"一般本体论的东西"或者说"否定的本体论"到底意指什么呢?在此,我们切莫将施密特"否定的本体论"概念和他的老师阿多诺的否定辩证法的思想联系起来。事实上,阿多诺"否定的辩证法"倒确实是一种"否定的存在论"。在他那里,辩证法具有存在论意义,当然是对第一哲学进行批判的"否定的存在论"。他的核心意思是,概念与存在的非同一性意味着本体论的抽象同一是不可能的,因此不可能确立绝对的第一哲学。而施密特的用意恰好相反,他强调的自然物质与实践的"非同一性",是指物质先在性和最终的不可消除性,是在捍卫物质第一性的哲学。可以说,施密特这里的"一般本体论的东西",实际上就是他反对的物质本体论,所谓的"否定的本体论"不过是指劳动中介因素对先在物质的改造过程。

　　施密特谈到劳动时说,"劳动不仅是精神对直接的东西的否定,也是对肉体的否定,它在人理论地、实践地改变自然物质之后,而再度回复其物质的对象性时,又是否定之否定。"在对劳动的阐释中,施密特用"自然的人化"和"人化自然"向第一自然的"倒退"来论证自然的先在性和外在性,强调"劳动"本质上只是"物质变化"的一种形式,实际上是物质形态内部的变化,劳动中介区别于一般过程联系的本质性地位被忽略了,他将本体论所捍卫的东西在"非同一性"的范畴下重新加以捍卫。施密特所说的马克思的辩证法中取得最终胜利的"非同一性",实际上就是指自然和物质"自在"的本体论性质,"人化的自然"只是其中一个中介的、过渡性的环节。很显然,施密特这里的"非同一性"与阿多诺等人的"否定的辩证法"中的"非同一性"范畴具有根本相反的功能。他无视了阿多诺通过"非同一性"对第一哲学的尖锐批判,实际上是将这一命题变成对隐性的"物质第一性"命题的论证。

因此,施密特说马克思虽然承认人与自然的物质变换形式规定性有历史的变化,但他"更注意它的与此无关的质料方面",也就说与历史的变化无关的"客观性"才是的马克思注意力所在。施密特这样的论断是差强人意的,他根本无视了马克思思想的基本视域,马克思又被放到了抽象本体论绝对的"物质客观性"上,把马克思早已超越的思想作为马克思注意的焦点。在这样的理论视角下,施密特试图通过劳动目的性与规律性的结合来阐释辩证法,在最好的情况下也只是重复了晚年卢卡奇《社会存在本体论》的基本主题。

事实上,在马克思的思想视野中,人与自然的关系是通过人与人的关系被规定的,在他看来,人和自然界的实在性就是"人对人来说作为自然界的存在以及自然界对人来说作为人的存在"①。根本不存在所谓马克思对"基质"问题的更加关注。马克思整个政治经济学的研究对象是生产关系,而不是生产力,更不是生产力中作为所谓"基质"的东西。马克思将人们实际生活过程中形成的不以人的主观意志为转移的客观关系称为"物质关系"、称为生产关系,在《德意志意识形态》中马克思还称其为交往关系。在马克思的经济或劳动分析中,马克思并不是"更注意它的与此无关的质料方面",确立一种物质本体论的抽象前提;相反,马克思是在"关系"和"实践"分析中扬弃抽象的质料,关注的是作为现实生活过程和存在关系的"社会的物"。施密特在对自然的中介分析中,强调生产力的方面,强调人与自然的关系。这样一来,马克思唯物主义的"物"

① 《马克思恩格斯全集》第3卷,人民出版社2002年版,第310页。

就没有任何历史唯物主义的意义了,最多还保持为劳动对象中的"基质"。

　　在这样的理论前提之下,施密特认为马克思的《1857—1858 年经济学手稿》以哲学的方式展开"自然存在的独立于人和依存于人的关系这个难题"。这是一种阅读角度的基本偏离,这一所谓的难题仍然以抽象的第一性和以此为前提的同一性为基本的论域,似乎马克思的主题就在于解决"自在存在"与"为我存在"之间的相互关系这一形而上学本体论的基本问题,而不是对这一抽象问题框架的批判和揭示。施密特在阐释马克思思想的"非本体论"时正确地指出"马克思把从本体论角度所提出的关于最初的人和创造者问题,作为一个'抽象的产物'加以拒绝",可是,他没有看到马克思对"抽象"的批判具有批判本体论的一般意义。马克思从存在的对象性角度来批判"创造者"问题,实际上就是对本体论思维方式的批判,他机智地批判了作为不需创造的创造者这种绝对本体观念。在马克思那里,外在和先在于人的非对象性的自然概念只是一个形而上学的"抽象的产物",一个没有具体规定性的概念,所以在《1844 年经济学—哲学手稿》中马克思甚至直接称之为"无"。正是立足于对本体论的批判立场,马克思在《神圣家族》中批判了脱离了人的自然、脱离了自然的精神以及二者的思辨综合。只有在这个意义上才谈得上马克思思想的非本体论意义。马克思对这三种抽象本体论的批判,完全建立在《1844 年经济学—哲学手稿》中"对象性"思想的理论基础之上,并且在《德意志意识形态》中有明显的继承和发展。

　　马克思不是在任何本源、本体、第一性的意义上理解"存在",而是将"存在"与实践、与中介性范畴本质地联系起来,马克思是在感性活动的"对象性"意义上理解"客观性"、"外在性",理解存在事物本身,这一点在《关于费尔巴哈的提纲》第一条已经本质性地揭示出来了。正如葛兰西从其实践哲学的角度批判的那样,他说:"在形而上学唯物主义中,'客观的'观念显然打算指一种甚至于存在于人之外的客观性;但当人们断言即使人并不存在,某种实在也会存在时,人们或者是在用隐喻说话,或者是落入到一种神秘主义中去了。"①

---

　　①　[意]葛兰西:《实践哲学》,徐崇温译,重庆出版社 1990 年版,第 140 页。

事实上,"客观的总是指'人类的客观',它意味着正好同'历史的主观'相符合,这就是说,'客观的'意味着'普遍地主观的'。"①

第二节　历史的实践的辩证法

对马克思的辩证法思想的阐释是施密特《马克思的自然概念》的又一基本任务,它与揭示马克思思想的"非本体论性质"密切相关,可以说是后者的自然延伸。施密特将双向的中介性作为批判形而上学本体论的利剑。中介性和过程性与辩证法概念本质地相关,恩格斯就直接将辩证法定义为关于联系和发展的科学,并在此意义上高度称赞黑格尔的哲学贡献。施密特对物质本体论的批判自然就会深入到对自然辩证法的批判。就其实质而言,物质本体论和自然辩证法之间存在着一种内在的构成关系,非实践的自在存在意味着非实践的自在过程。正因如此,我们将看到,施密特在本体论问题上的不彻底性立即影响到他对马克思的辩证法的阐释。概而言之,施密特对马克思辩证法的阐释仍然徘徊于对马克思的传统解释和西方马克思主义的解释立场之间:一方面,他旗帜鲜明地批判"自然辩证法",表面上看,这一立场继承了西方马克思主义的一贯传统;但另一方面,为批判卢卡奇等人的所谓"唯心主义"倾向,他对自在规律性的坚持又与西方马克思主义的辩证法思想有着原则上的不同。施密特没有能够清晰地揭示,实践的辩证法作为马克思辩证法的本质,不是否定而是扬弃了自然辩证法。

一

施密特说,"即使恩格斯背离了自己使自然科学辩证法化的主张,拒不使用自然哲学的概念,但是,由于他超出了马克思对自然和社会历史的关系的解

---

① ［意］葛兰西:《实践哲学》,徐崇温译,重庆出版社1990年版,第139页。

释范围,就倒退成独断的形而上学。"①这是施密特对恩格斯自然辩证法的一个根本定位。在施密特看来,恩格斯的《自然辩证法》是在贯彻"把自然科学的历史与体系同一起来的意念",本质上是形而上学地建构自然哲学体系的努力,试图在自然科学的综合中抽象出一般的普遍的统一规律。在这种抽象中,它忽视了自然与社会历史的相互中介关系。在此,施密特批判一种纯粹的自然及其规律性概念,从方向上说这无疑是正确的。

　　这一方向在卢卡奇讨论"事实"被历史地构成时已经被指出了。施密特说:"恩格斯借助辩证法的范畴,去解释既成形态存在的现代自然科学的各种成果",从而使得"恩格斯的自然辩证法只是一种必然的、外乎事实的考察方法,当他立足于唯心主义思辨的前提上,毫无结果地把黑格尔的范畴'应用'于生物学的细胞概念时,这就更加明显了"。② 恩格斯只是在联系和发展的意义上来理解辩证法的涵义,自在规律性成为自然辩证法的本质规定,所谓的辩证法就变成对客观规律的普遍抽象。对此进行批判,是西方马克思主义的一贯立场。上一章我们已经指出,卢卡奇在《历史与阶级意识》中根本性地揭示了自然辩证法概念忽视主客体辩证法这一本质性的关系。他说,如果没有了历史过程中的主体和客体之间的辩证联系,"辩证方法就不再是革命的方法,不管如何想(终归是妄想)保持'流动的'概念"。③ 因为联系和发展,如果脱离了主体的实践因素,无论如何它只是一种自在的关系。这种"绝对自在"的关系不论在实践上、还是在理论上都不是"现实",不是我们真实生活于其中的现实关系。

　　施密特对恩格斯的批判借助了西方马克思主义的思想传统。从这一方面看,他大体是遵循了马克思思想的倾向。施密特说,"在恩格斯那里,自然与人不是被首要意义的历史的实践结合起来的,人作为自然的进化的产物,不过

---

　　① ［联邦德国］阿尔弗雷德·施密特:《马克思的自然概念》,欧力同等译,商务印书馆 1988 年版,第 44 页。

　　② ［联邦德国］阿尔弗雷德·施密特:《马克思的自然概念》,欧力同等译,商务印书馆 1988 年版,第 47 页。

　　③ ［匈］卢卡奇:《历史与阶级意识》,杜章智等译,商务印书馆 1992 年版,第 50 页。

是自然过程的受动的反射镜,而不是作为生产力出现的。"①辩证法就这样被排除于实践之外,成为自然辩证法。在自然辩证法中,即使不是根本上排除"实践",至多也只是将"实践"看成是自然辩证法的一个派生形态。但是在对恩格斯自然辩证法原因的探讨时,施密特说:"恩格斯在这里把'自然的世界和人类的历史的世界'看作两个割裂的领域时,一开始就妨碍他达到'事物的辩证法'"。施密特以自然和社会的分裂批判恩格斯自然辩证法是牵强附会,从而也是不成功的。事实上,恩格斯的努力恰恰是要揭示自然与社会同一的、普遍的规律性,而不是要将自然和社会分开来说,看成两个分裂的领域。妨碍恩格斯达到"事物的辩证法"的根源并不在于这种所谓的割裂,而在于施密特所批判过的物质本体论思想和世界的物质统一性学说,恩格斯坚持一种自在规律性的概念,试图将一种决定论性质的规律概念贯彻到所有的存在领域,使得辩证法成为放之四海皆准的普遍规律性。

在这一点上,可以说,卢卡奇对恩格斯辩证法思想的批评更入木三分。卢卡奇说,恩格斯"不只是忽略了对存在关系逻辑化的必要批判,而且甚至有这种必然徒劳的企图,即通过从自然、社会和哲学中所列举的例子,来证明黑格尔的结构是可信的。"②事实上,在黑格尔那里,在辩证法的最核心之处一种反辩证法的原则占了优势,即那种主要在代数上把负数乘负数当作正数的传统逻辑③。究其根本原因,就是缺失在实践和历史中得到理解的存在论,与抽象本体论相联系的辩证法只能成为思辨的逻辑联系和逻辑规则,哪怕这种规则是所谓辩证的、而不是形式逻辑的。它们都以一种抽象的决定论结构作为理论的前提,辩证法本质上仍然还是一种逻辑演绎,差异、否定只是一个被包容的环节。所谓的辩证逻辑仍然从属于绝对必然性的概念,与传统的形式逻辑分享着同样的理论前提,主体性的实践不过是以一种符合论的理论认识为前

① [联邦德国]阿尔弗雷德·施密特:《马克思的自然概念》,欧力同等译,商务印书馆1988年版,第50页。

② [匈]卢卡奇:《社会存在本体论导论》,沈耕、毛怡红等译,华夏出版社1989年版,第126页。

③ 张一兵:《无调式的辩证想象》,三联书店2001年版,第61页。

提,从属于决定论逻辑。

我们知道,恩格斯认为联系的观点、发展的观点、全面的观点是辩证法的本质特征,并且全面地起用了黑格尔辩证法的几大规律和一些基本的范畴,可以说完全立足于黑格尔逻辑学的基础之上。马克思主义哲学的辩证法是唯物辩证法,它不过是使这些特征具有了唯物主义的基础。在他看来,形而上学就是用所谓孤立的、静止的、片面的观点看待问题的方法论,辩证法和形而上学可以同不同的本体论相结合,从而具有不同的形态。在这样的意义下,客观辩证法就等于普遍的客观规律,主观辩证法就是对这些客观规律的认识和反映,辩证法中规律的规律性是非实践的、自在的、决定论的。在恩格斯那里,"存在"还是作为自在的过程来理解,没有突出"实践"范畴在存在论中的中介性意义,辩证法仍然没有从形式逻辑的必然性中解放出来,它以一种新的方式重新肯定刚性的决定论思想。抽象的辩证法规律本身也不再是被实践中介的,而是放之四海皆准的律令。

上一章我们曾经指出,早年卢卡奇认为,如果摈弃或者抹杀主客体辩证法,历史就变得无法了解;同样的,如果没有了历史,辩证法本身也就变得无法了解,它就只剩下对"必然如此"的现实性的理论抽象,存在就变成了人的实践活动之外的自在存在及其必然的规律性。施密特指出,恩格斯甚至把外部的现实僵化为只是事物的总和,这样一来,恩格斯的辩证法只能像他自己所说的那样是对黑格尔辩证法的一个颠倒。施密特引用了恩格斯给 C.施密特信中的话:"黑格尔的辩证法之所以是颠倒的,是因为辩证法在黑格尔看来应该是'思想的自我发展',因而事物的辩证法只是它的反光。而实际上,我们头脑中的辩证法只是自然界和人类社会中进行的、并服从于辩证形式的现实发展的反映。"①

施密特认为恩格斯辩证法与马克思的辩证法存在本质上的不同,但是这种不同究竟何在? 我们知道,恩格斯的这段话同马克思在给库格曼信中的一

---

① 见[联邦德国]阿尔弗雷德·施密特:《马克思的自然概念》,欧力同等译,商务印书馆1988 年版,第 51 页。

段话颇为相似。马克思说:"我的阐述方法和黑格尔的不同,因为我是唯物主义者,黑格尔是唯心主义者。黑格尔的辩证法是一切辩证法的基本形式,但是,只有在剥去它的神秘的形式之后才是这样,而这恰好就是我的方法的特点。"①马克思的这段话,常常被作为其辩证法思想与恩格斯相同的有力例证加以引用,唯物辩证法就是物质本体论与辩证法的结合。好像事情是这样的发生的:马克思哲学的实质就在于给辩证法配上了唯物主义的物质基础,或者说给物质本体论配上了辩证法的形式,一场哲学革命就发生了。其实,马克思这里所讲的方法是指《资本论》的阐释方法和叙述方法而言。关于马克思所说的叙述方法意义上的辩证法,在《〈政治经学批判〉导言》的"政治经济学的方法"中有最深刻而又清晰的论述。再者,所谓的"唯物主义者"更不是就物质本体论而言的,而是就他的阐释基础是物质生活的生产和再生产过程而言,是就人们现实的生产方式和交往方式的存在状态和实际过程而言。马克思不是将现实的存在和过程化为观念中的概念抽象,使之成为独立存在的概念实体,将概念和范畴之间的联系看成自足的、逻辑的展开,这是黑格尔辩证法的实质。马克思的辩证法是存在的辩证法,是对"能动生活过程"的描述,并要求对现实的直接参与和干预。从理论认识上讲,正如在《德意志意识形态》说的那样:"历史就不再像那些本身还是抽象的经验论者所认为的那样,是一些僵死的事实的汇集,也不再像唯心主义者所认为的那样,是想象的主体的想象活动。"②相应地,理论活动本身不应该只喊着"震撼世界的词句",而不反对现实本身,而应该成为现实实践直接的构成部分,参与对现实的改造。因此,卢卡奇称之为"革命的辩证法"或"实践的辩证法"。

二

话又说回来,施密特也是用实践和劳动的中介性来批评恩格斯的"自然辩证法"思想,批判这种绝对的自然过程概念和规律性,认为它脱离了马克思

---

① 《马克思恩格斯选集》第 4 卷,人民出版社 1995 年版,第 578 页。
② 《马克思恩格斯选集》第 1 卷,人民出版社 1995 年版,第 73 页。

自然与社会相互中介的思想。这无疑是正确的。施密特正确地指出:"思想作为现实的本质之组成部分,总是潜入被思想所反映的现实。在马克思看来,担当文化内容的客观的辩证法,它本身已经包含着活动主体的精神。"①早年卢卡奇以主客体辩证法中的历史生成概念批判"资产阶级思想的二律悖反",在主客体的实践关系中阐释马克思的辩证法概念,为西方马克思主义奠定重要的理论基础。施密特秉承这一传统,他说:"马克思并不想停留在人类以前的自然存在及其历史上(在这一点上,恩格斯奇怪地同曾被他激烈批判过的费尔巴哈广为一致),不是仅仅从'客体的形式'去考察现实;尽管他高度评价黑格尔,但也不是仅仅从'主体的形式'去考察现实。"②这无疑是从马克思的《关于费尔巴哈的提纲》第一条出发,抓住了理解马克思辩证法思想的关键。但仍然留下了一个重要的缺口,"马克思并不想停留在人类以前的自然存在及其历史上",这种用语上的含混,好像马克思对费尔巴哈"绝对自然"概念的批判只是一种理论上的随意偏好一样,似乎马克思既从"主体的形式"去考察,也从"客体的形式"去考察的"辩证法"只适用于人类社会的历史,而不具有普遍的理论意义,似乎在人类活动之前和之外是可以单纯从"客体的形式"去考察。然而,问题在于,我们对于客体的考察已经受到主体的感染了,我们关于客体的客观认识只是一种普遍的"历史的主观"。

施密特明确地指出了劳动范畴作为中介对于马克思的辩证法的根本重要性,他还说马克思"唯物辩证法在任何地方都没有脱离经济学的内容"。这一阐释也是至关重要的,"因为人对自然的关系是以人们之间的关系为前提的,所以劳动过程作为自然过程,它的辩证法把自己扩展为一般人类史的辩证法。"③"只有通过作为中介的实践,人才能认识并且有目的地运用物质的运动

---

① [联邦德国]阿尔弗雷德·施密特:《马克思的自然概念》,欧力同等译,商务印书馆1988年版,第51页。
② [联邦德国]阿尔弗雷德·施密特:《马克思的自然概念》,欧力同等译,商务印书馆1988年版,第79页。
③ [联邦德国]阿尔弗雷德·施密特:《马克思的自然概念》,欧力同等译,商务印书馆1988年版,第58页。

形式,这是马克思的唯物主义辩证法的本质。"①可以说这一点的确抓住了马克思辩证法的根本,马克思的辩证法不是一般地看到了事物的联系和发展,而是在实践,在劳动,在主客体相互作用的历史处境中理解联系和发展,理解关系范畴,理解存在本身。辩证法的意义首先是存在论的,而在存在论上理解的实践范畴是马克思辩证法的本质规定。

　　从根本的方面说,在历史唯物主义这里,在历史的实践中,主观辩证法和客观辩证法之间的抽象对立以及从理论上消解这种对立的努力都从根本上失去了意义,这种对立是在认识论反思哲学中被建构的。马克思说:"主观主义和客观主义,唯灵主义和唯物主义,活动和受动,只是在社会状态中才失去它们彼此间的对立,从而失去它们作为这样的对立面的存在。"②从理论上说,马克思是以"社会实践"范畴来消除了这种对立。如施密特所说的那样:"如果像马克思一样,不再把自我实现的概念作为矛盾的推动力,而只剩下受历史制约着的人作为精神的承担者,那么,也就谈不上什么不依赖于人的自然辩证法,因为自然界并不存在辩证法中最本质的一切要素。"③施密特在经济学的语境中指出:"在马克思看来,一切自然存在总是已经从经济上加工过的,从而是被把握了的自然存在,这时,存在的结构是辩证法还是非辩证法的问题,在马克思看来,是'离开了实践的……纯经验哲学的问题'。"④

　　当然,需要指出的是,自然之被社会中介绝不只限于经济的方式,马克思的自然概念也不能仅仅在劳动"质料"的意义上理解。这一点马克思在《1844年经济学—哲学手稿》中已经明确地表述过了,自然不仅仅是劳动的对象,而且是意识的精神生活的对象。将马克思作为一个经济还原论者存在重大的理论误解,这种误解总是一再的发生。当代的一些生态主义者批判马克思的自

　　①　[联邦德国]阿尔弗雷德·施密特:《马克思的自然概念》,欧力同等译,商务印书馆1988年版,第99页。

　　②　《马克思恩格斯全集》第3卷,人民出版社2002年版,第306页。

　　③　[联邦德国]阿尔弗雷德·施密特:《马克思的自然概念》,欧力同等译,商务印书馆1988年版,第56页。

　　④　[联邦德国]阿尔弗雷德·施密特:《马克思的自然概念》,欧力同等译,商务印书馆1988年版,第57页。

然概念,认为他仅仅把自然看成人类经济活动的对象,劳动的资料库,批判马克思是一个主张掠夺自然的人类中心主义者。由于施密特较多地借重马克思晚期著作,他往往只是在经济活动的意义上来强调中介性,说"在马克思看来,一切自然存在总是已经从经济上加工过的"①,甚至直接称马克思的唯物主义为"经济学唯物主义"。这种阐释也是易于导致误解、甚至于导向错误的理论定位。我们知道,经济对自然的本质性中介实际只是资本主义时代的产物,一种历史的现象。这一点正如施密特在附录《论辩证唯物主义中历史和自然的关系》中所说的那样,"随着向资本主义的过渡,对自然的支配获得了新质。"②简单地说,这种新质就是资本、货币等经济因素对自然的全面中介,不应该将具有历史规定性的因素扩大为一般的命题。

既然"在马克思看来,一切自然存在总是已经从经济上加工过的,从而是被把握了的自然存在",那是否是说马克思"将自然消融到历史中"去了呢?施密特批判卢卡奇的"自然是一个社会范畴"的命题具有一种唯心主义的倾向,而采取晚年卢卡奇的策略来阐释辩证法的概念,这就是规律性加目的性的二重逻辑。"辩证唯物主义和一切唯物主义一样,也承认外界自然的诸规律和诸运动形式不依赖于意识而存在。但是,它自身只在成为为我之物的时候,即在自然组合进人与社会的目的中去的时候,才成为重要的。"③因为有了实践的目的性的中介,从而问题就变成"重要的是阐释每时每刻形态中的物质存在之直接性和中介性的具体辩证法。"④这实际上是在目的性活动之前确立规律的客观性和必然性概念,人与此种规律之间的关系不过是认识、确证和利用关系。因此,施密特说"在唯物主义者马克思看来,自然及其规律是不依赖

① [联邦德国]阿尔弗雷德·施密特:《马克思的自然概念》,欧力同等译,商务印书馆1988年版,第57页。

② [联邦德国]阿尔弗雷德·施密特:《马克思的自然概念》,欧力同等译,商务印书馆1988年版,第183页。

③ [联邦德国]阿尔弗雷德·施密特:《马克思的自然概念》,欧力同等译,商务印书馆1988年版,第54页。

④ [联邦德国]阿尔弗雷德·施密特:《马克思的自然概念》,欧力同等译,商务印书馆1988年版,第64页。

于人的一切意识和意志而独自存在的,但只有运用社会的,有关自然的陈述才能定型、才能适用。如果没用人为支配自然而努力奋斗,就谈不上自然规律的概念。"①施密特正确地肯定了人类认识的历史性和过程性,后一句话实际上是说没有人类的实践就无所谓"自然规律"与否。但以此同时,他又肯定自然及其规律的绝对性"独自存在",并以此将马克思的辩证唯物主义和一般唯物主义联系起来,这显然是立足于物质本体论。施密特说:"一般说来,唯物主义意味着认为自然规律并不依赖于让人的意识与意志而独立存在着。辩证法的唯物主义也意味着这一点,只是它认为人们只有通过他们的劳动过程的各种形态才能证实这种规律性。"②施密特说马克思"并不否定物质自身的规律性,他理解到只有通过作为中介的实践,人才能认识并且有目的地运用物质的运动形式,这是马克思的唯物主义辩证法的本质。"③

<h2 style="text-align:center">三</h2>

到此为止,施密特所阐释的辩证法概念内在的二重逻辑就完全显现出来了。他认为马克思的唯物主义辩证法的本质在于理解到只有通过作为中介的实践,人才能认识并且有目的地运用物质的运动形式。马克思并不否定物质自身的规律性,而是认为只有通过具体的实践才能认识和利用客观的规律性。事物的规律性与实践(尤其是劳动)的目的性相结合,人类的实践不是消融而是证实了规律的客观性。可见,施密特虽说"因为人对自然的关系是以人们之间的关系为前提的,所以劳动过程作为自然过程,它的辩证法把自己扩展为一般人类史的辩证法。"④但这并不意味着他是在阐释一种以主客体为基本

---

① [联邦德国]阿尔弗雷德·施密特:《马克思的自然概念》,欧力同等译,商务印书馆 1988 年版,第 67 页。
② [联邦德国]阿尔弗雷德·施密特:《马克思的自然概念》,欧力同等译,商务印书馆 1988 年版,第 100 页。
③ [联邦德国]阿尔弗雷德·施密特:《马克思的自然概念》,欧力同等译,商务印书馆 1988 年版,第 99 页。
④ [联邦德国]阿尔弗雷德·施密特:《马克思的自然概念》,欧力同等译,商务印书馆 1988 年版,第 58 页。

定向的实践辩证法。他只是要在客观规律的基础上引进劳动的目的性概念，自然辩证法的本质规定性仍然完全地保留着，他只是强调以"目的性"来保持"流动性"的思想。

施密特曾经正确地强调了人类实践活动对对象的构成和参与，但他并没有将此思想深入地贯彻到对自然辩证法的本体论批判上，批判非中介的、外在的、客观规律概念，而是坚持客观规律的独立存在，只是说它应该服务于人类实践的目的性，撤销掉人类实践中介性的因素，好像一种自在规律性的概念还是可能的。施密特对于他的杰出同胞胡塞尔的现象学"悬置"、对康德"自在之物"揭示的困境都没有充分的认识。他实际上已经离开了马克思具有存在论性质的"对象性"概念。如我们前面说过的那样，他只是将对象性、对象化作为一个本体论后续的、补充性的环节。人类只能形成一种与己相关的存在概念和规律性思想，这一点康德先验哲学的认识论批判已经本质性的揭示出来了。在马克思的思想视野中，实践活动如果真正被领会为具有存在论意义的中介性，那么，"自在存在及其自在规律性"将作为抽象概念必然被扬弃。在这个意义上，施密特所说的"物质的概念史……密切地和社会实践的历史结合着"①这样的指认才具有本质性的意义。它意味着"规律"不论在实践还是在认识上的历史构成性，这样一来实践中介才能贯彻到规律性的范畴之中，而不是外加在规律性之后。这里存在两个层次的问题，一个是自在规律的概念从本体论上论证的困难；另一个是规律性概念与辩证法之间的联系。如果在马克思那里，辩证法只是在逻辑性、规律性的意义上被规定，那么他同黑格尔、同传统逻辑没有本质上的差别。

我们知道，恩格斯是在客观规律性的意义上使用辩证法概念，认为联系和发展着的事物之间存在着不以人的意志为转移的客观联系，思维中的辩证法不过只这种客观联系的反映。施密特虽然尖锐地批判恩格斯的自然辩证法思想，实际上，施密特的规律性概念本质上就是恩格斯的辩证法概念。施密特在

---

① ［联邦德国］阿尔弗雷德·施密特：《马克思的自然概念》，欧力同等译，商务印书馆1988年版，第59页。

客观规律的前提下补上目的性范畴,这种解释策略与传统解释之间没有本质的区别。认识世界(因为世界存在着不以人的意志为转移的客观规律)和改造世界(因为人应该利用对世界的客观认识来满足自己的需求)的双重关系以一种新的话语方式被重复。自然辩证法中规律的绝对性逻辑仍然保持着,实践的中介性在对规律的客观性和外在性强调中被牺牲掉了,因为规律性没有在实践的对象性构成中被理解,其客观性没有作为"普遍的主观"来理解。正像实践的中介性思想并不是批判而是被用来巩固本体论预设一样,目的性活动在此并没有成为辩证法概念的规定性。

我们说过,施密特批评"恩格斯的自然概念归根结底仍然是本体论的"。事实上他所阐释出来的马克思的自然概念本质上也仍然是本体论的。他虽然正确地阐释了马克思物质和自然概念的"具体性"和"中介性",但却以物质与实践非同一性的概念隐性地确认一种本体论的物质概念,保留了第一哲学的主要遗产。从根本上说,施密特辩证法概念的含混与这种本体论上的立场相关。施密特试图应用西方马克思主义的"历史辩证法"或"实践辩证法"的思想,来批判对马克思辩证法思想的正统解释,批判恩格斯的自然辩证法概念。但是,由于他最终从本体论上非批判地坚持物质的先在性、外在性,而不是用中介性的思想来批判这种抽象的物质观,由此延伸,外在规律或客观规律的概念被从本体论上保留着。"辩证法"实质上只是一个"物质本体论"的从属原则,还只是"物质"前提下的过程联系,哪怕是劳动和实践中的联系,它与规律性等畴总是还处于一种似是而非的不确定关系中。施密特仍然非反思地确认未被触动的事实性和规律性,并反复强调马克思坚持外部自然及其规律对社会的中介因素的先在性。事实上,他是以一种潜在的"绝对客观性"为前提,他所阐释出来的辩证法概念是游离于西方马克思主义的,是自然自身的规律性和人类活动的目的性的相加,所以我们说,在施密特的身上可以看到晚年卢卡奇以《社会存在本体论》检讨《历史与阶级意识》相同的理论立场。

第三节　超越模写说的认识概念

认识论就是论认识,就是认识本身进入认识,也就是关于认识本身的基本观点和基本看法。认识作为一种基本的对象性关系,是以观念的方式把握世界。存在论和世界观是认识论的基础,认识论总是直接或间接地体现基本的存在论和世界观。施密特充分地认识到了认识论的重要地位。他说,要在严格的意义上论述现代思想家的自然概念,不能回避他们所持的认识论立场。① 施密特对马克思认识论的讨论完全建立在对本体论和辩证法的讨论基础之上,他在自然规律和目的论的辩证关系中阐释马克思的认识概念,从而将认识论问题和实践的中介性问题紧密地联系起来。他正确地指出马克思的认识论不是所谓的模写说,批判了机械的反映论,但由于本体论和辩证法批判上的不彻底,又没有能够清晰地呈现马克思认识论的根本原则,将认识论奠定在实践中介的存在论基础之上。

一

正如施密特正确地指出的那样,在马克思看来,认识过程不单是理论的内在过程,它也为生命服务,把认识过程看作是一个自足的与生命相分离的存在过程的观点,不过是人的自我异化的表现。② 马克思在著作中多次强调,现实的生活过程对认识的奠基意义,通过揭示意识形态的现实基础来批判唯心主义的理智形而上学。按照马克思的话说就是:"意识[dasBewuβtsein]在任何时候都只能是被意识到了的存在[dasbewuβte Sein],而人们的存在就是他们

---

① ［联邦德国］阿尔弗雷德·施密特:《马克思的自然概念》,欧力同等译,商务印书馆1988年版,第111页。
② ［联邦德国］阿尔弗雷德·施密特:《马克思的自然概念》,欧力同等译,商务印书馆1988年版,第96页。

的现实生活过程。"①马克思的社会存在决定社会意识这一历史唯物主义的基本原理,是其认识论思想的理论基础。当然,这一命题本身不应该在还原主义和二元论的意义上来理解。它将认识论问题同现实的存在过程联系起来,在这个意义上突出了认识的社会历史本质和现实的中介性。认识的对象绝对不是人的实际生活过程之外的"客观自然及其规律性",因为马克思是在"对象性"的意义上将自然理解为"人的无机的身体",而不是在本体论的意义上确认它的"外在性"、"先在性"和在此基础上从属于实践目的的可认知性。而这一点恰恰是施密特阐释马克思认识论的基础和出发点。所以,他在具体论述马克思的认识概念之前,先讨论规律性和目的性的相互关系问题。

施密特说:"所有对自然的支配总是以有关自然的各种联系和过程的认识为前提,而反过来,这些知识又是从变革世界的实践中才得以产生的。"②一般地说,认识根植于实践同时服务于生活的实践,在马克思的思想语境中,这是毫无疑问的。但是,简单地强调实践对认识的中介性并不构成马克思认识论的独到之处。问题的关键之处恰恰在于"实践"范畴本身如何理解。如果仅仅是从理论与实践相互关系的认识论路向来理解,势必导致理论与实践范畴之间循环规定的反思联系。在这种二元关系中阐释认识概念,认识往往会被单纯理解为一个工具主义的范畴,尤其是在支配自然和改造自然的实践意义上,认识就只能从属于一种目的论的解释。其实,这种"实用"的认识概念主要是现代性的产物,马克思对此也有明确的阐释。在现代,马克思说过:"由于自然科学被资本用做致富手段,从而科学本身也成为那些发展科学的人的致富手段,所以,搞科学的人为了探索科学的实际应用而互相竞争。另一方面,发明成了一种特殊的职业。"③我们不能忽视这种历史性,将实用作为认识的基本规定。亚里士多德就曾经说过:"既然人们研究科学是为了摆脱无

①　《马克思恩格斯选集》第 1 卷,人民出版社 1995 年版,第 72 页。

②　[联邦德国]阿尔弗雷德·施密特:《马克思的自然概念》,欧力同等译,商务印书馆 1988 年版,第 96 页。

③　《马克思恩格斯文集》第 8 卷,人民出版社 2009 年版,第 359 页。

知,那就很明显,人们追求智慧是为求知,并不是为了实用。"①施密特忽视了认识活动目的论化的历史性,在目的论和规律性的双重关系中阐释认识的规定性,严重地局限了他对马克思认识论的阐释。"唯物主义的辩证法在自然规律与目的论的后面,探索出必然与自由两者关系的普遍真理。"②这样一来,他完全遵从黑格尔和恩格斯"自由是对必然的认识"这一基本思想,认识就是为了实践的目的对客观规律的揭示,由此获得实践中行动的自由。

为此,施密特再次论证自然规律的客观性和实践的目的性这一双重逻辑,将其作为马克思认识概念的理论基础。关于自然规律和目的论的关系,我们前面两节已经集中地讨论过。施密特的用意在于揭示,人类实践的社会的、历史的具体性中介着自然规律的"实现形式",但"自然规律并不依赖于人的意识和意志而独立存在着。"他说:"一个物质在其固有的规定性界限内,同人对它进行创造的方式无关,这的确意味着不只是目的的设定从属于物质,物质也从属于目的的设定。"③在这一前提下施密特引入了他对认识论问题的阐释。他首先批判了"模写"这一认识论概念。他说:"从认识论来说,自然与其是作为逐步地纯粹'给予的东西',不如说越来越作为'被创造的东西'出现的。这是从中世纪社会向资产阶级社会进行经济转换所伴随的现象。随着人对自然过程的有组织的干预越发无所不包,对客观结构的被动模写越来越乏力,显然,所谓'模写'这个认识论概念是站不住脚的。"④因此,不能像"东欧的通俗论文"那样"把马克思的理论和所宣传的'模写说'混为一谈。"⑤

的确如施密特所说的那样,不能将马克思的认识论和模写说混为一谈,

---

① 《西方哲学原著选读》,北京大学哲学系外国哲学史教研室编译,商务印书馆1982年版,第119页。

② [联邦德国]阿尔弗雷德·施密特:《马克思的自然概念》,欧力同等译,商务印书馆1988年版,第97页。

③ [联邦德国]阿尔弗雷德·施密特:《马克思的自然概念》,欧力同等译,商务印书馆1988年版,第103页。

④ [联邦德国]阿尔弗雷德·施密特:《马克思的自然概念》,欧力同等译,商务印书馆1988年版,第112页。

⑤ [联邦德国]阿尔弗雷德·施密特:《马克思的自然概念》,欧力同等译,商务印书馆1988年版,第112页。

"马克思并不把概念看成是对于对象本身的朴素实在论的模写,而看成这些对象的被历史所中介了的关系的反映。""认识的要素是不同规定的历史的产物。"①不仅认识的主体,而且认识的客体本身也被历史所规定,主体与客体之间在历史的中介中并不存在抽象的对立。施密特这样的说法是完全正确的,它根本上动摇了模写说的理论基地。但是,当施密特试图利用"历史中介"将"模写"这个概念作为直观反映论的概念来批判时,同时也留下了一个理论缺口。他没有明确地区分"模写论"的产生具有历史的基础和人的认识是否是"模写"这是两个不同层次的问题。在他那里,模写说的站不住脚好像是因为现代生产使得世界越来越成为被建构的世界,自然越来越成为"被创造的东西",因此被动的模写才越来越不可能,而不是说人类的认识本身就不可能是模写。施密特在这一问题上的失误,直接影响了他对马克思认识论的阐释。

在现代社会,由于感性的世界越来越具有被建构的性质,才使"模写说"作为一种认识论失却了历史的条件。但是,这绝对不意味着在古代社会人们的认识就是"模写",绝对不意味着由于现代社会生产中自然"客观性的规定逐渐进入主观之中",人们的认识才不再是一种简单的模写关系。"模写说"的"站不住脚"并不是因为"人对自然过程的有组织的干预越发无所不包",人类的实践越来越具有"超出自然的直接性"。这一点必须明确地被强调。认识并不是一种模写关系,这不是一个历史性的命题,而具有"结构性"的意义。正是在这个意义上才可能领会康德认识论先验批判的意义,它使得"一切直接的东西被主观概念所中介的思想成为主导的论题。"②的确像施密特所说的那样,马克思并没有抛弃这种认识的"主观概念"中介性的思想,而是将这种中介作用同人类有限的历史生活过程联系起来。③ 在马克思的思想视野之中,认识的主体与客体之间的统一性并不是单纯的模写与被模写、反映与被反

---

① ［联邦德国］阿尔弗雷德·施密特:《马克思的自然概念》,欧力同等译,商务印书馆1988年版,第116页。

② ［联邦德国］阿尔弗雷德·施密特:《马克思的自然概念》,欧力同等译,商务印书馆1988年版,第112页。

③ ［联邦德国］阿尔弗雷德·施密特:《马克思的自然概念》,欧力同等译,商务印书馆1988年版,第112页。

映之间的关系。马克思批判和继承了康德认识论哲学的成果。"马克思意识
到,唯心主义哲学、特别是在它的康德哲学形态中,一旦弄清了直观地给予的
经验世界决不是最终的东西,而总已是主观作用使之形成与统一的结果之后,
唯物主义的批判本质在于:它不指望返回朴素的客观主义,并不抽象地否认唯
心主义的看法本身,而在于它对客观的经验世界和关于它的统一意识能共存
的问题,作出了非唯心主义的解释。"①

二

虽然,马克思没有专门论述认识论的存在论基础问题,但是认识论思想必
定建立在一种存在论基础之上,这是毫无疑问的。那么,马克思如何为之奠定
了"非唯心主义"的基础呢? 对这一基础的揭示才能解释马克思认识论思想
的本质特征。不然,问题就会像施密特引用康纳托·贝卡说的那样:"认识论
的可能性的条件问题……通过黑格尔对康德的批判,在马克思看来,提出这个
问题已经失去了任何目的。"②好像马克思思想视野中的认识论问题与黑格尔
没有本质的区别,就是一个抽象的主观与客观、理论与实践的辩证统一问题。
由于对实践范畴在马克思思想中的存在论意义的领会不足,施密特始终没有
清楚明晰地解释马克思认识论同黑格尔的本质区别。这一点在如下的表述之
中相当明显:"从实践上把上述的客观主义和主观主义结合起来,构成黑格尔
与马克思的劳动的辩证法的特色,反映了现代认识论的根本立场。反过来,这
正是在马克思的形态中才固有的唯物主义思想。这些认识论的根本立场反映
着生产的实践阶段以及这些阶段的历史的转换。"③在这样一种含混的表述
中,与其说施密特区别不如说混同了马克思和黑格尔。施密特阐释历史、劳
动、实践、工具等范畴时都没有有效地将马克思和黑格尔的区分开来。他虽然

---

① [联邦德国]阿尔弗雷德·施密特:《马克思的自然概念》,欧力同等译,商务印书馆 1988
年版,第 118 页。

② [联邦德国]阿尔弗雷德·施密特:《马克思的自然概念》,欧力同等译,商务印书馆 1988
年版,第 113 页。

③ [联邦德国]阿尔弗雷德·施密特:《马克思的自然概念》,欧力同等译,商务印书馆 1988
年版,第 121 页。

也说马克思"对黑格尔的主观和客观的同一性进行了唯物主义的批判"①,并且还正确地引证过马克思批判黑格尔的观点,实际上施密特这里所说的唯物主义(如前面我们指出的那样)就是物质本体论,并没有真正揭示出马克思的存在论思想。最终,马克思在认识论上不过是批判地把康德和黑格尔连接起来了。马克思"既保留康德关于主观与客观的非同一性观点,又坚持康德之后不排斥历史的观点、主观与客观建立在彼此换位的关系上的观点。"这样一来,"马克思就在康德和黑格尔之间的转换中占据中介的位置"。② 康德"非同一性观点"就是康德"自在之物"的唯物主义因素,"不排斥历史的观点"就是黑格尔的过程性和中介性的观点。一句话,作为马克思认识论思想基础的存在论,及此存在论视域中的"历史"概念被无疑地遮蔽了。由此,所谓历史和实践的"中介性"并没有真正构成对认识论的彻底批判。

我们前面已经指出过,近代认识论的哲学主题及其困境源于本体论上的抽象主义,"外部"与"内部"之间的二元论划分乃是通过一种本体论还原构筑起来的。它先通过抽象构筑了主体与客体之间的对立,然后来解决这种对立。绝对认识主体,从而绝对的认识对象,即"先验主体"和"先验客体"之间的前提性矛盾是基本的出发点。如果没有对"存在"本质上的历史中介性理解,还坚持一种抽象的存在概念和第一性哲学,中介性只是"第一性"本体论预设之后的派生性范畴,这种僵硬对立必然保持着。在这样的前提下,即使将实践作为认识的环节(前提、动力、标准等等),也势必退回到抽象的认识论路向上去,不可能彻底批判"模写说",而只能在"模写说"的底版上加上能动性的色料,在反映论的基础上加上能动的反映论。认识本质上仍然只是一种符合论,真理被理解为符合论的知识。康德通过还原论的抽象提出的"自在之物"不可知但必须承认的困境就不可能被扬弃。恩格斯将康德抽象的"自在之物"转变为经验的"尚未认识之物",诉诸实践中认识的无限进展来反对康德的不

---

① [联邦德国]阿尔弗雷德·施密特:《马克思的自然概念》,欧力同等译,商务印书馆1988年版,第127页。

② [联邦德国]阿尔弗雷德·施密特:《马克思的自然概念》,欧力同等译,商务印书馆1988年版,第127页。

可知的"自在之物"。具有反讽意味的是,康德恰好是通过"自在之物"揭示认识的限度,从而诉诸于"无限进展"来反对不可知论,为认识论的可能性奠基。要真正地驳倒康德的"自在之物",单纯求助于实践标准的绝对性和相对性的辩证统一是不能奏效的。

施密特对"历史的实践是认识的基础、是真理的标准"这一命题的修正和限制是十分准确的,尤其是他明确指出"仅仅由于实践——作为历史的总体——一般地构成人们的经验对象,即实践在根本上参与经验对象的内部组成,因而实践才成为真理的标准。"①对此,就像我们第一章中指出的那样,科西克在《具体的辩证法》中有精妙的说法:"实在最初不是作为直觉、研究和推论的对象(与它相反相成的另一极是存在于世界之外的超越世界的抽象认识主体),而是作为人的感性—实践活动的界域呈现在他面前,这个界域构成实在的直接实践的直觉的基础。"②作为"界域"它就失去了纯粹客观,或纯粹主观的性质,它作为实践活动的结果,同时也作为实践的前提在历史中不断地变化和生成,抽象的第一性和二元论失去了基础。在这样的理论前提下才可能揭示出:"思维和存在是同一的,就不是说它们是互相'符合',互相'反映',它们是互相'平行'或互相'叠合'的(所有这些说法都以隐蔽的形式包含着僵硬的二重性思想)。它们的同一在于它们都是同一个现实的和历史的辩证过程的环节。"③认识论问题的解决根本就不必再借用某种"先验"的原则,寻找一种非历史的条件,人的认识能力和认识条件都回到了历史地实践着的人本身。正是在这样的视野中,认识论才获得了全新的意义,它不仅克服了一切形式的怀疑论、不可知论和折衷主义,也克服了黑格尔唯心主义基础上的抽象的同一哲学和一种机械的物质反映论。认识的客观性在对象性的意义上得到理解。像我们前面引证过的如葛兰西所说的那样:"客观的总是指'人类的客观',它意味着正好同'历史的主观'相符合,这就是说,'客观的'意味着'普遍地主观

---

① ［联邦德国］阿尔弗雷德·施密特:《马克思的自然概念》,欧力同等译,商务印书馆 1988 年版,第 125 页。

② ［捷克］科西克:《具体的辩证法》,傅小平译,社会科学文献出版社 1989 年版,第 1 页。

③ ［匈］卢卡奇:《历史与阶级意识》,杜章智等译,商务印书馆 1992 年版,第 299 页。

的'。人客观地认知,这是在对于被历史地统一在一个单个的文化体系中的整个人类来说知识是实在的范围内来说的。"①

三

的确,实践概念在马克思的认识论思想中具有根本重要的意义,但是,实践概念首先不是作为一个单纯的认识论范畴才可能解决认识论问题。亦即是说,"实践"本身必须从理论与实践狭隘的认识论框架中解放出来,成为存在论内在的构成要素,才可能奠定它在认识论上的本质地位。在人类的实践过程中,当主体与客体、思维与存在、物质与精神、个人与环境并不存在本体论上的抽象对立,它们在认识论上的对立也就失去了意义。"实践"对认识论问题的解决,乃是因为它在一种新的存在论意义上得到领会,并构成这种存在论的本质要素。这一点可以说是马克思《关于费尔巴哈的提纲》第一条最基本的思想意义:唯物主义和唯心主义作为两种基本的本体论形态,它们分享着同样的抽象前提,没有在真正的感性活动即实践中理解存在。

马克思通过对两种基本的本体论形态的批判,揭示它们共同的形而上学本质,以实践或者说感性活动作为批判抽象本体论的根本范畴,确立了一种理解"存在"的新的基础,原则性地宣告了自己的基本哲学视域。正如葛兰西所说即使可以称之为"一元论","它肯定不是唯心主义的一元论,也不是唯物主义的一元论,而倒是具体历史行为中对立面的同一性,那就是与某种被组织起来(历史化)的'物质',以及被改造过的人的本性具体地、不可分割地联系起来的人的活动(历史—精神)中的对立的同一性。行动(实践,发展)的哲学,但不是'纯粹'行动的哲学,而倒是在最粗俗和最鄙俗意义上的真正'不纯粹'的行动的哲学。"②马克思明确地批判以未被触动的、自在的感性存在(自然物质)作为在先的本体,在人的感性活动之外理解事物、现实、感性,同样也反对抽象地发展了主观方面的唯心主义,将精神的、观念的东西作为存在的本质甚

---

①　[意]葛兰西:《实践哲学》,徐崇温译,重庆出版社1990年版,第139—140页。

②　[意]葛兰西:《实践哲学》,徐崇温译,重庆出版社1990年版,第58页。

至本源。主体与客体、存在与思维本体论上的分离和等级制（不论是二元论还是一种抽象的一元论）并不是马克思的出发点，更不是马克思思想关注的主题，当然也不是历史唯物主义认识论的基础。

在对马克思思想的一般阐释中，由于物质本体论的前设，实践只能作为一个次级的、派生性的范畴，放置于主体与客体的认识关系中来理解，实践范畴大体上是从理论来源于实践并且指导实践这一模式中得到定位，前者决定了其反映现实的科学性品格，后者决定了它是一种革命的学说，实践在主客体的认识论关系中达成了革命性与科学性的同一。事实上，这种在理论与实践的关系中理解的实践，本质上已经是一个前提性地从属于认识论的范畴，它只是构成认识的一个环节，哪怕是根本重要的环节，实践作为认识论的基础被强调，更加本质性地确定了它是在认识论的方向上被规定，而没有获得基本的存在论意义。在此理论前提下衍生出来的认识路线、群众路线等等，并没有揭示出实践概念在马克思思想中的基本意义。马克思思想视野的中的"实践"范畴同实证主义的"实践"和实用主义的"实践"就很难有原则性的区别。施密特受到其本体论问题上的局限，他没有真正揭示出马克思实践范畴的存在论意义，换句话说，实践范畴没有在更根本的存在论的意义上得到探讨，施密特对实践思想的深刻洞见始终无意识的纠缠在认识论哲学的路线上，最终没有走出形而上学的困境。

第四节　开启后形而上学的存在论视域

世界的本源问题表现了本体论思维的典型特征，即对"绝对者"（第一性）的诉求，体现了抽象主义、还原主义和本质主义的思维方式。这种思维方式，总是寻找绝对者，寻找第一因，寻找不需生成的作为起点的起点，因此将存在抽象为本体，抽象为自在。在抽象本体论思维中，抽象的"外在性"和"先在性"成为规定物质本体或精神本体的前提性范畴，这种本体概念本身抽象掉了现实的实践，存在和过程都是不受实践中介的自在。在这样的思维前提下，物质与精神,思维与存在之间的同一只能是一种等级系列中的外在的、思辨的同一,或者是认识论中抽象的二元对立。以此为基础,中介性范畴,哪怕是双向的中介性范畴,最终也只能是"第一哲学"的牺牲品、本体论的配料,它非但不能终结所谓的思辨形而上学,反而成为其继续存在的拐杖,比如像在伟大的黑格尔那里一样。

实际上,马克思较早就越出了近代哲学的问题框架,抽象的第一性和同一性问题并不构成马克思思想的主题。早在《黑格尔法哲学批判》中,他就对抽象本体论进行了顺带的批判,虽然还不能因此认为马克思已经建立了自己的哲学基础。在马克思看来,抽象的唯物主义和抽象的唯心主义只是构成相互对立的极端,他说"任何极端都是它自己的另一个极端。抽象的唯灵论是抽象的唯物主义;抽象的唯物主义是物质的抽象唯灵论。"①而成为极端这一特性,必然包含在与它对应的极端的本质之中,因此它对另一个极端并"不具有真正现实的意义",极端与极端就其相互规定而言"并不形成真正的对立面"。② 很显然,在马克思的思想中,唯物主义和唯心主义(或唯灵论)已经被作为抽象的极端来看到,并初步地指出了二者都是立足于一种思辨的概念抽象。

通过《1844 年经济学—哲学手稿》、《关于费尔巴哈的提纲》以及《德意志意识形态》等等著作,在马克思那里,现实的存在被理解为关系中的、对象性的具体存在,非对象性的存在物是"非存在物",是"一种非现实的、非感性的、只是思想上的即只是虚构出来的存在物,是抽象的东西"③。感性的现实存在,"只是由于某种运动才得以存在、生活",而不是任何一种形而上学意义上的抽象范畴,绝对的本体只是一种观念上的抽象。在后来的《哲学的贫困》第二章《政治经济学的形而上学》中,马克思专门批判了抽象主义的观念体系建构,指出在这种抽象的体系中,现实的运动、历史、变成了一成不变的范畴、原理,变成了无身体的理性,"脱离了个体的纯理性的语言","所以形而上学者

---

① 《马克思恩格斯全集》第 3 卷,人民出版社 2002 年版,第 111 页。
② 《马克思恩格斯全集》第 3 卷,人民出版社 2002 年版,第 111 页。
③ 《马克思恩格斯全集》第 3 卷,人民出版社 2002 年版,第 325 页。

也就有理由说,世界上的事物是逻辑范畴这块底布上绣成的花卉:他们在进行这些抽象时,自以为在进行分析,他们越来越远离物体,而自以为越来越接近,以至于深入物体。哲学家和基督徒的不同之处正是在于:基督徒只有一个逻各斯的化身,不管什么逻辑不逻辑;而哲学家则有无数化身。既然如此,那么一切存在物,一切生活在地上和水中的东西经过抽象都可以归结为逻辑范畴,因而整个现实世界都淹没在抽象世界之中,即淹没在逻辑范畴的世界之中,这又有什么奇怪呢?"①马克思批判形而上学本体论的这一基本立场,可以说在《关于费尔巴哈的提纲》第一条中已经得到了原则性的提示。在此这一提纲中,以实践概念为基础,马克思宣告了"唯物"、"唯心"本体论的覆灭,其根本的成果就是对任何形式的抽象本体论的决裂。他并不是先论证和肯定绝对的第一性存在,然后在此基础上谈论存在的中介性。否则,我们对马克思所说的"唯灵论是随着与其对立的唯物主义一起消逝"这样的看法就会感到突兀。通过实践思维,马克思实际上走出了形而上学的本体论,开启了后形而上学的存在论视域。

施密特的出发点是揭示马克思思想的"非本体论性质",批判对马克思的本体论阐释。初步看来,他已经抓住了问题的根本,从存在论的基本方面来阐释马克思思想的后形而上学性质。但是,他停留于抽象本体论的争论上,通过对本体论问题的回答来阐释马克思的思想,从而受制于本体论本身的提问框架。由于对这个框架缺少实质性的批判,马克思批判形而上学本体论的思想视野终究没有呈现出来。施密特以"具体性"和"中介性"为工具,从批判本体论出发,最后却无意中变成对物质本体论的辩护。在西方马克思主义和传统马克思主义双重遗产的强大张力中,施密特自己的立场犹豫不定,他以一种矛盾的方式实现两种立场的结合,一些深刻的见解与对两种不同立场的折中大量并置于《马克思的自然概念》中,结果是两种立场在其思想中各自的不彻底性。

一方面,他以双向中介性的范畴来批判对马克思的抽象本体论解释,在他

---

① 《马克思恩格斯选集》第 1 卷,人民出版社 1995 年版,第 139 页。

看来,物质本体论的"物质同一性"忽视了中介性和具体性,而卢卡奇的"自然是一个社会范畴",虽然强调了具体性,但却将自然物质消融到社会关系的历史实践中;所以,另一方面,为了批判卢卡奇等等的唯心主义倾向,他又在作为劳动质料的"先在性"与"外在性"自然概念中再一次回收了所有的本体论前提。结果导致了对马克思思想的本体论与非本体论性质的双重指认,他的中介性与具体性范畴最终还是从属于思辨的概念联系。这并不是因为施密特对"本体论"范畴作了不同具体规定性,从而只是一个形式问题,而是由于马克思思想的根基没有得到本质性的揭示,导致了立场上的犹豫和徘徊。这种立场的犹豫和不彻底性,立即影响了施密特对马克思辩证法概念和认识概念的阐释,明显地表现出在两种解释传统之间的折中和调和,而不是获得了超越的理论立场。可以说,在施密特的身上,我们更多地看到的是晚年卢卡奇的影子,而且是以《社会存在本体论》检讨《历史与阶级意识》的卢卡奇的影子。如果这种犹豫和徘徊的折中立场不被揭示和批判,其中所蕴涵的深刻见解也就不可能发挥它真正作用。

对于今天从事马克思思想阐释和研究的人来说,施密特的思想,尤其是他的《马克思的自然概念》的重要意义至少在于以下几个方面:施密特从存在论切入马克思思想的研究,这一视角抓住了问题的根本,如果马克思思想的存在论视域不能被有效地开启,任何细部研究的意义都是极其有限的,甚至是难以维系的;施密特置身于两种马克思思想的解释传统,试图进行批判性的综合,最后却走向折中和调和。面临着几乎完全相同的思想背景,中国的马克思研究者如何吸收和消化,获得超越的理论立场,至关重要。否则,就完全可能在两种传统之间非此即彼地倒转,或者简单折中和调和。最后,施密特在阐释马克思思想的"非本体论性质"时,试图在"后形而上学"的意义上来定位马克思思想,但是,当代哲学的思想资源明显准备不足,他没有能有效地吸取当代哲学对形而上学本体论的批判,在《马克思的自然概念》中,我们甚至看不到当代西方哲学本体论批判的真正成果。这严重地限制了施密特的存在论视域及其对马克思思想的阐释,在对马克思存在论视域高度敏感的触及中,一定程度上又再次构成对马克思存在论视域的遮蔽。马克思的哲学是何种意义上的存在论哲学,在施密特这里显然还是一个问题。由于没有将马克思的思想理解为走出近代哲学框架的后形而上学存在论视域,马克思开启的对现代社会历史的存在论批判也没有成为施密特阐释马克思思想的主题。而在我看来,这一批判才是马克思理论的核心和基本成果。因此,在较为仔细地阐释了卢卡奇和施密特对马克思的理解,以此明确了历史唯物主义的基本性质之后,接下来我们将展开讨论马克思的现代性批判,将这一批判看成是历史唯物主义后形而上学存在论视域的具体展开。

第四章　作为历史存在论的现代性批判

　　历史唯物主义通过实践思维终结了抽象的形而上学思辨。但终结形而上学本身只是理论出发点,历史唯物主义的本质任务不是构建超验的概念体系,而是对现实生活本身的存在论分析和存在论批判。在通过思想史的回顾讨论了历史唯物主义的实践思维对于瓦解本体论、终结形而上学的根本意义之后,我们将探讨历史唯物主义后形而上学存在论视域的具体展开。在历史唯物主义的后形而上学思想视域中,现代和现代性本质上是社会历史的存在论范畴。我们认为,现代性批判是历史唯物主义的根本主题。提出这一判断的目的在于表明:一方面,将历史唯物主义从本体论哲学体系的阐释框架中解放出来,与政治经济学批判和科学社会主义内在地联系起来,使之成为后形而上学的社会现象学和历史现象学;另一方面,这一论断的目的在于将现代和现代性批判奠定在历史唯物主义存在论的基础之上,避免走向理性主义的观念论批判路线,远离历史唯物主义的资本范畴。马克思以资本为核心范畴的现代性批判,就其本质来说是对现代人类存在状态的历史存在论批判,或者说现代性现象学①,这二者本质上是一回事。为此,本章从三个方面展开:首先,在超越形而上学的视域中现代性批判成为历史唯物主义的核心主题;其次,资本成为现代的本质范畴,因而资本批判成为现代性的历史存在论批判;最后,在当代语境中重申历史唯物主义现代性批判作为存在论批判的基本意义。

---

　　① 在这里我们借用了俞吾金老师提出的"现代性现象学"这个概念。在《现代性现象学》一书的导论中,俞老师对这个概念有深入的阐释,对我有很大启示。(见俞吾金等:《现代性现象学》,上海社会科学院出版社 2002 年版)

第一节 现代性批判成为核心主题

在马克思主义阐释框架中,列宁的解读具有历史性地位。他对马克思思想的发展和内容做出了两个基本判断。在马克思的思想发展上,认为《德法年鉴》是基本界标,马克思的思想发生了两个根本性的转变,即从唯心主义转向唯物主义,从革命民主主义转向共产主义;从内容上由三个思想来源的指认,确立了哲学、政治经济学和科学社会主义三个组成部分的说法。列宁的这两个判断影响深远:一方面,它奠定了一种理解马克思思想时以立场划界的原则,另一方面它为后来对马克思的现代学科建制中的解读提供了理论前提。立场上的转变在多大程度上达到了马克思思想的高度,换句话,马克思是否因为是共产主义者和唯物主义者而成其为思想史上的马克思? 单纯的学科建制如何可能揭示出马克思思想的内在原则? 在划分出来的三个组成部分之间基础、运用和结果的相互关系如何真正内在地贯穿,而不只是一种条块的并置?

今天,任何对马克思的解读都必然会触及这些问题,从而直接或间接地涉及列宁的这两个判断。面对今天变化了的现实,对于第一个判断,很多理论家采取了对政治立场和思想原则本身进行划界的方式,主要不再从政治立场和阶级化了的哲学路线来定位马克思,而是在衰退的政治实践中肯定马克思思想的原则高度。亦即是说,无法面对现实的严峻,只是将马克思的事业阐释为思想的事情;相应的,对于第二个判断,人们不由自主地放弃了政治经济学批判和科学社会主义的理论,而把马克思重新申诉为一种抽象的、甚至是激进的批判哲学。这两种策略似乎使得并且表明了"马克思主义主要在知识分子当中还存活着","作为变革社会的蓝图,马克思主义完全失去了信任。"[①]实践中所谓失败立即表现为思想话语中的激进主义,不论是激进的乐观还是激进

---

① Joseph V.Femia, *Marxism and Democracy*, New York:Oxford University Press Inc.,1993,pp. 1,2.

的悲观,往往取代理性的评判。而如今,我们迫切地需要这种理性的评判。

从一般的意义上说,列宁的指认无疑是正确的,以《德法年鉴》为标志,马克思的思想的确发生了重要转变。但是,这一转变不能以共产主义和唯物主义的确立得到原则性的揭示。因为:其一,马克思的共产主义和唯物主义的理论在德法年鉴时期本身还没有得到奠基性的阐释;其二,共产主义和唯物主义的相加并不就构成马克思主义,相反,二者的相互关系恰好需要在新的思想视域中得到本质性的揭示。唯有这种新的思想视域得以呈现,作为马克思的三个思想来源的德国古典哲学、英国的古典政治经济学和法国的社会主义理论才能内在地相互贯穿,而不是一种学科之间的简单并置和此种并置前提下的线性因果关系。马克思的思想在多大程度上能在学科建制的分化中,不管是哲学、经济学、还是政治学等等当中得到本质性的理解? 比如说"马克思主义哲学"这一范畴在何种意义上是成立的? 或者说,马克思的思想在何种意义上是哲学? 如此等等,它不止是一个学科本身的合法性问题,从根本上说是如何总体上定位和解读马克思思想的问题。缺乏相互贯穿的总体性原则,本质上就没有马克思主义,也无法对马克思思想的发展历程做出正确的判断。

如果说马克思的思想具有一种总体性,而不只是一种专业的学科建制,这就涉及一个根本的问题:马克思思想的出发点和基本的总体性论域是什么? 从马克思思想发展过程来看,可以说《德法年鉴》以前的马克思,有一种明显的启蒙主义定向,不论是在博士论文还是之后的几篇重要的时评中,虽然当时他面临"对物质问题发表意见的难事",总体上说,他还是在以现代的自由、民主、平等立场批判落后的德国现实,专制德国与英法的对比成为其思想批判的历史背景,现代性的自由解放原则还是他基本的理论支撑。为了解决面对"现实的物质"和"经济问题"上"苦恼"的疑问,通过对黑格尔法哲学的批判性分析,在《德法年鉴》时期的《〈黑格尔法哲学批判〉导言》以及《论犹太人问题》等著作中,现代性的基本原则遭到了初步的质疑和批判,马克思开始同青年黑格尔派分裂。其理论成果表现为对市民社会的"政治解放"和"人类解放"的原则性区分。在这种区分中,作为一种历史存在论范畴的"现代"概念开始隐性地出现,现代的基本原则被历史地定位。与此同时,马克思不再在哲学自身内部来把握哲学,而把哲学看作现实存在历史的"副本",他原则性地走出了抽象形而上学的思辨视野,理论指向了对现代人类生存处境和存在状况的批判。

1843 年,由于移居巴黎以及开始对政治经济学的研究和批判,哲学与经济学真正本质性的接触在新的思想视域中逐步展开了。从此,现代性状况和现代性原则本身受到哲学式的总体性反思和批判,历史地形成的德国古典哲学、英国古典政治经济学和法国的社会主义思想被有意识地贯穿。这一点在《1844 年经济学—哲学手稿》中表现得异常清晰。在那里,作为核心范畴的"异化"概念起到了连接和贯穿经济学、哲学和共产主义思潮的作用。自《1844 年经济学—哲学手稿》以后,马克思的后形而上学视域在走出和批判青年黑格尔派的过程中以一种"历史现象学"的方式逐渐地呈现出来:一方面,批判青年黑格尔派的理智形而上学本质;另一方面,展开对现代社会历史的存在论分析,通过对私有制、社会分工、资本、货币等为中介的存在论分析,为"现代"给出一种历史存在论定位,揭示现代之为现代的基本原则,同时为历史之未来向度提供现实的可能性根据,并且以实践的方式力图促成此种可能性的实现。

如果以现代性批判为基本视域,在马克思那里,哲学、政治、经济等诸领域的阐释和批判就内在地汇合起来,某一问题的历史实际上变成了诸问题总体的历史。也正是在这个意义上卢卡奇才说,对马克思来说,归根结底就没有什么独立的法学、政治经济学、历史科学等等,而只有一门唯一的、统一的、历史的和辩证的——关于社会(作为总体)发展的科学,也就是马克思所说的唯一的"历史科学"。① 这里需要指出两点:其一,这里所谓的唯一的历史科学,并不是说马克思反对任何意义上的学科建制,并企图取代此种学科建制,而是就马克思思想自身的总体性特征而言;其二,这里的唯一的历史科学并不是说,马克思的思想中没有自然的位置,而是说自然在社会历史的中介性中得到阐释,历史存在论成了自然观的基本视域。因此如今的所谓现代性批判中与自

---

① 〔匈〕卢卡奇:《历史与阶级意识》,杜章智等译,商务印书馆 1992 年版,第 77 页。

然相关的科学技术问题、生态环境问题、全球化问题等等都应该在对现实历史的存在论分析中得到揭示,应该在作为现代基本历史建制的资本原则中得到本质性的揭示。

可以说,马克思哲学的批判走向了一种后形而上学的存在论视域。但是,马克思本身不是一位将哲学课题化的专业的哲学家,其哲学的思想视野蕴涵在对现实历史的具体分析和批判之中。对历史性存在尤其是以资本为基本建制的现代世界进行分析,构成其理论主题。在这一基本的主题之中,政治经济学批判、意识形态批判、政治批判内在地相互关联于"资本"这一核心的范畴。如果我们可以把"现代性状况"指认为当今时代的历史存在论处境,现代性是现代之为现代的基本历史建制,而不只是一种现代的"世界观",无疑,马克思的基本论域就是现代性问题。马克思以"资本"为核心范畴将现代概念化,对现代性的批判构成马克思哲学批判、政治经济学批判和科学社会主义内在的规范基础。以"现代性"作为阐释马克思思想的基本视角,获得了一种总体的特性,可以克服一种单纯学科化解读的局限,并提供出一条重新理解马克思思想发展及其本质的路径。同样,通过在马克思的思想视域中阐释现代性,也可以与当今流行的"现代性话语"进行一种批判性的对话。

第二节　作为存在论批判的资本批判

当然,要使如上的指认具有实质性的意义并内在地巩固起来,必须能从理论上指明:"现代性"主题如何与马克思对现代社会的分析相关并可从马克思的立场上得到揭示,甚至是得到本质性的揭示。我们知道,关于现代性的话语并不是直接出现在马克思的时代,主要是在后现代的语境之中呈现出来的。因此这里基本的问题就是:各种相关的"现代性"话语是如何将"现代性"问题课题化的? 马克思在资本批判的名义下展开的社会历史分析如何接近或切中了现代性话语的基本主题? 因为我们不能简单地说马克思的理论是关于现代的病源学、病理学、治疗学就等于确定了马克思与现代性主题的本质相关性,这无疑是放弃了当今"现代性话语"的基本主题。因为在后现代语境中呈现出来的"现代性话语"形成了相对确定的内涵。

在学术界和思想界,大体上可以归纳为三种不同的方式将"现代"对象化,即制度、体验和价值,分别对应于英语中的现代化(modernization)、现代主义(modernism)和现代性(modernity)。三种不同的方式主要又分别表现在三个不同的学科,社会学、艺术和哲学,从而形成了人们对"现代"错综复杂的立场和态度,关于现代的内涵也就有了不同的理解。在西方的学术界和思想界,广义的"现代性"概念实际上涵盖了前两个概念,有分别作为时期、特性和体验方面的意义,[①]所以才导致不同学科群体的知识分子在使用时的巨大差异。就哲学领域而言,它主要还是一个意识形态范畴。不管是指一种思维叙事方式、精神气质,还是价值趋向,它都被指认为与启蒙本质相关的精神原则。于是对现代性的批判集中起来就是批判现代性的两条基本原则,即人道主义和理性主义,在哲学领域内主要围绕着主体和理性两个范畴展开。

大体说来,哲学的这种现代性批判从根本上说是一种思想领域之内的话语批判,游离于对社会历史的存在论分析,有意或无意地置换马克思的资本批判范式。一些后现代主义者批判人道主义前提下的解放政治话语(或所谓的宗教似的救赎立场),揭示理性的统治和暴力本性,结合对当代经验历史的解读,显示出极端的怀疑论立场。对普遍的自由、平等、民主等现代理念进行无情的批判,将集体的整体性立场碎化为个体的实践,并且由此指责马克思的现代主义立场,马克思对现代性的批判被掩盖在对马克思的现代性指认之中。这种所谓现代性批判,由于质疑"解放"、"革命"或所谓"救赎论"的启蒙立场,往往在激进的话语批判中有意或无意地与现实达成共谋,奇怪地表现了现实无法根本改变前提下对现实的极端批判这样一种思想游戏的诡异立场。

这种现代性话语的理论处境与远离马克思具有一种内在的关系。我们认为,"现代性"是当今人类生存的历史存在论处境,"现代"应该作为历史存在

---

① 见[美]马泰·卡林内斯库:《现代性的五副面孔》,顾爱彬等译,商务印书馆2003年版,第48页所作的译注。

论的基本范畴得到领会。如果说,现代性乃是指现代之为现代,是现代的历史基本建制和根本原则,它就不可能在一种分裂的话语中得到总体性的揭示,尤其不可能单纯作为思想原则得到揭示。现代性的思想原则——或者说世界观层面的特质——应该有历史存在论根基,它应该在对现代的历史存在论分析中得到揭示。由此才可能摆脱事关本质如今却又空乏的现代性话语的无根基状态。

这意味着,马克思社会存在决定社会意识的基本命题,只要得到正确的理解和阐释,仍然是我们进行现代性批判的基本理论前提。正是在这个意义上,我认为马克思在资本批判的名义下展开的现代性批判,由于击破了观念批判的自足性(即通常所谓的哲学认识论路向),本质上是一种历史存在论分析。马克思将现代性意识形态的批判同历史的存在论分析本质地结合起来,从而在对现时代的历史现象学式的分析中揭示出现代性的基本原则,可以说其对现代性的批判具有根本的奠基意义。许多当代的思想家,由于放弃或回避了马克思批判现代性的总体性立场,甚至指责马克思为一种经济的还原论或单纯的"生产"分析范式,而自己反而走向了一种观念的还原论,将现代性的危机有意或无意地还原为一种观念的精神原则和精神形态的危机。可以说,要对现代性具有一种本质性的把握,人类要想走出现代性的困境,没有马克思的思想维度是不可能的。

如果说早年的马克思怀有一种对现代性谨慎的渴望,自《德法年鉴》之后,他便直接开始了对现代性的批判。当然如我们前面所言,发端于对黑格尔法哲学的批判性阅读。马克思并不是非历史地批判现代的人道主义和理性主义原则,而是将其置于现代历史的基本建制中进行批判,揭示其历史的存在论根基,诸如自由、平等、民主等现代性理念是在政治解放的意义上得到规定,揭示其抽象性的同时,指出其历史限度。这样,马克思的现代性批判就获得了一种辩证立场,避免了单纯话语批判的抽象激进姿态,也避免了一种非历史性的观念史追溯。所以,既不能因为马克思对现代性的批判,就抽象地指认他与后现代主义的相关性,也不能仅从一种所谓叙事方式的指认就简单地将他划归为现代性思想的谱系。思想的进展本身要复杂得多。

　　马克思现代性批判的意义不在于一般性地从存在论的立场上指出了现代思想原则与现实历史之间的关系,而是对现代性状况进行了现象学式的呈现,并揭示出现代性的基本特征。以商品经济为基础的现代世界历史,商品、货币就是世界历史、个体生命和自然的抽象存在,商品、货币统治的全面扩张,就是一种人类存在的普遍抽象化。以抽象劳动为基础的交换价值实现了对存在的同一化过程,不同的存在类型和同一类型的不同个体之间变成了可通约的同一,个体性和差异性覆盖着被本质化了的社会幻象,其实质是抽象同一性与抽象差异性本身的同一及其历史的存在论真相——资本体现着抽象与具体脱节了的并置。存在形式的丰富性、多样性变成了一种被资本中介的简单杂多,用哲学家们的话来说就是"异化"或"物化"。

　　作为后现代状况的拼贴和戏仿,本质说来,它是资本普遍抽象的最新结果,是真正的生存论状况,表面的零散和杂多下面是坚硬的资本逻辑,正是在这个意义上,我认为没有所谓的后现代社会的出现。因此说,在当今时代,资本原则成为社会历史的存在论建制,我们只有在资本的结构关系中才能发现存在的对象性形式以及相应的一切主体性形式的原形。[①] 正是在这个意义上,在詹姆逊那里,所谓现代性和后现代性话语不过是资本历史的文化逻辑。主体性和理性原则的困境根源于此种历史存在论建制,因此现代性的批判不能退回为单纯意识形态范围内的批判。马克思对资本的批判由于深入到了现代性原则内部,从而为现代性批判奠定了唯一不可超越的存在论基础。所谓的生态危机、全球化、种族文化的冲突等现代性危机,本质上是被资本所中介的历史存在论问题,因此只有在对资本的历史现象学分析中才可能得到合理的理解。

　　当然,这并不意味着马克思思想穷尽了现代性的所有主题,更不意味着马克思思想全面正确。有一种观点认为,我们已经走出了马克思所处的社会历史时代,自由资本主义向有组织的资本主义或国家调节的资本主义的转变,使得马克思的现代性分析基本失去了解释效力,比如说将自由资本主义的矛盾

----

　　① [匈]卢卡奇:《历史与阶级意识》,杜章智等译,商务印书馆 1992 年版,第 143 页。

和危机夸大为一种普遍,无反思地信仰科学技术的解放作用等等,因此,甚至应当将马克思指认为一种现代性理论进行批判。在此,我们无意于对具体观点的准确性进行考察(比如所谓自由资本主义的历史存在是否只是一种观念的抽象等等),但尚有一点可以指出:现代社会的历史演变,本质上是现代性的自我展开。在马克思的时代,甚至于当今时代,许多现代性的后果尚未充分的展现出来。

现代性的基本原则无疑是历史地生成的,但就它自身的过程来说,是逐步的展开。那个真正能作为起点的起点乃是抽象的全体本身。对于这个全体来说,它是先在的,内在同一的不变的"实体",否则它就不可能被标志为一个时代。马克思对资本的批判,并不是一种学科建制中的实证经济学行为,而是终结形而上学基础上的"现代性现象学",由于把握到了资本的基本原则及其限度,彻底地抓住了事情的根本,因此,不触及其内核和基本纲领的证实或证伪,既无损于它的高度,当然也无增于它的高度。可以毫不含糊地说,只要资本还是现实历史的基本原则,用哲学的话来说,还是现代的"实体",对当今世界的存在论分析就不可能回避马克思的思想成果。同样正确的是,马克思的现代性理论,应该在当今的历史处境和"现代性话语"中方能呈现出来并得到真正的阐释。当然,此种阐释也是一种理论上的建构,而不单纯是"返回"。

第三节　现代性批判的当代语境

在马克思思想与现代性主题的相互关系中,一般认为它是一种现代性的现代性批判理论,就其理论主题而言它是一种现代性批判,就其思维特征和叙事方式而言它是现代主义的。当然,近些年也有一些后现代的理论家,从他那里寻找理论上的资源,更有人迫于后现代理论的攻击,而将他改装为后现代主义者进行自卫。形式上看,这里的问题是如何定位马克思的思想,马克思是一个现代主义者还是一个后现代主义者的问题,就其实质而言,涉及两个根本问题:其一,如何对现代性本身进行价值评价,其二,如何看待现代性与后现代的关系。

　　如果现代性确已是我们需要反思的历史存在论处境,那么,这种反思决不可能在现代性的外部得以进行。即是说,无论如何,我们总已是现代性的继承者,不论是观念上还是实践上的继承者。只要不是某种单纯的诗意的激愤,人们不得不确认这种立场。即使是某些极端的后现代主义者,本质上也不过是将现代性的一些原则极端化而已。在这个意义上,一些极端的后现代主义者,不过是将启蒙的批判精神极端化从而放弃启蒙历史地形成的基本原则而已,而德国的理性拯救者(理查德·罗蒂语)试图将启蒙作为一项值得推进的社会工程加以捍卫。在纷繁复杂的现代性话语中,有的直接或间接地涉及了马克思,亦即是说,将马克思的思想与现代性的关系作为问题来思考。其中,哈贝马斯、吉登斯、詹姆逊等人就此主题的讨论尤其值得关注。

　　我们前面已经指出,对于马克思而言,现代性的思想原则应该在对现代历史的存在论分析中得到理解。如果说现代性状况并不只是某种思想原则外化的结果,那么,对现代性的批判和反思就不应该居留于精神批判的范围之内,相反,应该揭示此种精神的存在基础。马克思正是在以资本为基本建制的历史存在论分析中批判和反思作为启蒙精神的"人道主义"和"理性主义"两条基本原则的。他既坚持主体性和理性的基本定向,同时尖锐地批判资本中介的人道主义和理性主义的抽象性,在政治上揭示其虚假甚至是虚伪性,从而避免了将"主体性"和"理性"作为一种抽象的范畴来加以批判的非历史主义态度。所以,单纯笼统地以他坚持现代性或批判现代性的思想原则把他理解为现代主义者或后现代主义者,形式上看都具有某种合理性,实际上并不能揭示其思想的本质。在一定的程度上恰好说明了此种话语分割自身的局限性。

　　哈贝马斯《现代性的哲学话语》实质是梳理哲学话语的现代性谱系,现代性是一个哲学的修饰语,不是哲学地讨论现代性而是讨论现代性的哲学,所以哈贝马斯说"对主观唯心主义的批判同时也就是对现代性的批判"。① 由于现

---

　　①　Jürgen Habermas, *The Philosophical Discourse of Modernity*, translated by Frederick Lawrence, Polity Press, 1987, p.21.

代性批判被抽离于对历史的存在论分析,哈贝马斯秉承黑格尔的现代性就是
主体性原则的确立这一思想,马克思就被书写成现代意识哲学的一个环节,黑
格尔主体哲学的一条支脉。① 另一方面,哈贝马斯认为马克思的"劳动"和
"资本"批判只是涉及人类的工具—目的性行为,导致马克思的理论有一种潜
在的实证论倾向,并由此忽视甚至取代了对交往行为(或相互作用)的批判。②
哈贝马斯自己的理论出发点则是这种工具性行为和交往行为从而工具理性和
交往理性的二元论划分。通过主体间性和交往理性的提出,哈贝马斯将自己
对现代性的拯救安放在对主体性和理性范式的转化上,通过"对话"他保持了
与现存制度亲和性关系基础上的批判。这一立场不但与马克思就是与他所由
出身的法兰克福学派对现代性的态度也相去甚远,它已经远离了历史唯物主
义批判现代性的存在论定向,将现代性批判变成了理性批判,将超越现代性变
成了理性范式的改写,而不是以资本范畴为基础和核心的存在论批判和变革。

　　由于资本抽象统治的全面确立(当今所谓的全球化不过是这一事实的经
验描述),资本成为一条不需反思的(或者说貌似先验的)现实原则被接受,再
加上反资本主义的现实实践某种程度上的失败,有关"现代性"的话语是作为
现代性观念批判的形式出现的,在现代性批判中人们往往只是偶然地触及资
本。马克思以资本批判展开的历史存在论分析往往与一种经济决定论结合起
来而被拒斥,他被理解为经济还原论者,阶级还原论,从而是基础主义者、本质
主义者等等③。在对现代性的批判中,在最好的情况下,资本至多被作为现代
性的一个构成方面被确认。比如吉登斯的现代性理论,以一种多元的现代性
分析批判所谓经济的决定论观点,认为马克思强调的资本批判只是现代性的
一个方面的。虽然吉登斯指出这一方面具有核心的重要作用,但还是宣布马

---

① 　关于此点可参见上书第 63、65 页等处哈贝马斯对马克思的批判。

② 　对马克思的这种批评是哈贝马斯的基本立场,是其反思马克思思想基础上提出自己理
论的一个重要的出发点。可见《作为意识形态的科学和技术》、《现代性的哲学演讲》和《认识与
兴趣》等著作。

③ 　比如说 Joseph V.Femia 在《马克思主义与民主》一书中就直接将马克思的方式阐述为一
种经济还原论和历史决定论。见 Joseph V.Femia, *Marxism and Democracy*. New York:Oxford Uni-
versity press Inc.,1993,p.26,p.46,p.47 等等。

克思对现代性的特殊性之诊断彻底失败。①　面对高度的现代性后果,吉登斯坚持一种对现代性分析的系统概念,并且有对现代性之风险和危机的充分强调,但由此批评马克思则是片面的。吉登斯本身忽视了马克思现代性批判的总体性和根本性,他只是从经济学的立场来理解马克思批判的资本原则,从而将资本看成现代性的一个面相,他与对马克思的经济还原论指认具有相同的立场。今天看来,马克思(不只是马克思甚至当今的人类)处于现代性的开端上,他不可能全面地揭示现代性的后果,比如风险社会的到来等等,但这并不妨碍他基本原则的正确。我们姑且不谈马克思现代性批判中资本范畴丰富的历史存在论意义,即使就在还原论的意义上说,也可以肯定人们不可能在资本的统治中走出现代性的根本困境。这只是一个事实判断,至于是通过革命还是诸如第三条道路的改良等等方案这才涉及人们的政治立场和价值判断。因此,詹姆逊站在资本批判的立场上说吉登斯的言论始于对现代性的批判,到头来却变成了对现代性的辩护,②无疑是有道理的。

　　在当代的理论家中,詹姆逊坚持生产方式分析范式,他旗帜鲜明地指出后现代主义只是晚期资本主义的文化逻辑,现代性的根本意义就是全球范围内的资本主义本身。他甚至坚持文化和艺术作品的政治性解读,从而将马克思社会存在决定社会意识的基本理论立场在后现代批判中展开,在纷繁的现代性与后现代话语之间建立起了内在联系,并且自觉地将他的后现代批判理论同马克思的资本批判联系起来。他激进地指出,在当前的语境中,"现代性"这个令人困惑的术语,恰恰是作为对于某种缺失的遮盖而被运用着,这种缺失指的是在社会主义丧失了人们的信任之后,不存在任何伟大的集体性的社会理想或目的。由此,宣扬现代性一词,以取代"资本主义",使政客、政府与政治科学家们得以混淆是非,面对如此可怕的缺失而依然可以蒙混过关。③　而

---

　　①　[英]吉登斯:《现代性:吉登斯访谈录》,新华出版社 2001 年版,第 70 页,以及吉登斯:《现代性的后果》,英国斯坦福大学出版社 1990 年版,第 50 页。

　　②　[美]詹姆逊:《现代性的神话:当前时代的反动》,载《当代国外马克思主义评论》第 4 辑,人民出版社 2004 年版,第 8 页。

　　③　[美]詹姆逊:《全球化与政治策略》,载《当代国外马克思主义评论》第 2 辑,复旦大学出版社 2001 年版,第 285—286 页。

事实上,资本主义全球化在资本主义体系的第三或晚期阶段带来的标准化图景给一切对文化多样性的虔诚希望打上了一个大问号,因为未来的世界正被一个普遍的市场秩序殖民化。① 詹姆逊无疑是要告诉人们,不可能指望在资本市场的秩序中走出现代性的困境。詹姆逊的意义在于,当人们将马克思的思想作为现代性理论加以谴责的时候,他却依傍他的后现代思想背景来阐发马克思的基本原则,坚持了生产方式批判的基本立场。詹姆逊以一种独特的方式,从文艺批判的角度反溯到对资本生产方式的指认,揭示艺术作品的"政治无意识",其现代性概念尚需化解一些后现代的理论家从叙事方式和观念论定向对马克思的现代主义指证。

　　系统地讨论当代理论家对马克思批判理论的阐释,不是我们这里的主要任务。② 不过,这里的初步讨论已经原则性地告诉我们,单纯从风格和理论特征上把马克思主义指认为现代主义或后现代主义根本没有抓住马克思思想的主题,也就没有抓住现代性的本质范畴。现代主义或后现代主义的话语本身还需要做一种奠基性的工作。并且我认为,离开马克思资本批判中呈现的对现代性的历史存在论分析,要完成此种奠基是不可能的。

---

① ［美］詹姆逊:《现代性的神话:当前时代的反动》,载《当代国外马克思主义评论》第 4 辑,人民出版社 2004 年版,第 9 页。
② 关于这个问题的系统讨论见拙著《马克思的现代性批判及其当代意义》,上海人民出版社 2007 年版。

第五章　政治经济学批判的存在论性质

　　对于历史唯物主义来说,社会批判的基本意义并不在于事后整理残局,而是在对历史和现实的反思中将存在坚定地导向未来。这是人类通过现代解放一经获得就不可能抛弃的历史主体性原则。因为对于现实的理解不过是超越现实的一个内在环节。只有面对现实我们才能超越实存,开启可能性的未来。正是在这种主体性的历史意识中,反思现代文明成为历史唯物主义的根本主题。马克思以资本为核心范畴进行现代性批判,形成了独具特色的理论体系,对人类历史的实际进程和思想发展已经产生并将继续产生广泛影响。上一章我们初步确立了历史唯物主义与现代性批判之间的内在关系,明确了历史唯物主义视域中资本批判的存在论性质及其当代语境。在历史唯物主义这里,以资本为核心范畴的现代性批判是通过政治经济学批判的方式进行的。因此,本章将进一步讨论现代性批判、历史存在论和政治经济学批判之间的内在联系,在历史唯物主义的视域中揭示政治经济学批判的存在论性质和意义。通过政治经济学批判形式展开的资本现代性批判,是现代性现象学,也是现代社会历史的存在论批判。阐释政治经济学批判的存在论性质是为了进一步表明,历史唯物主义理论体系对思辨本体论哲学和实证科学的双重扬弃。它开启的是一种后形而上学的存在论视域,因此,只有在后形而上学的存在论视域中才能把握这一理论的基本性质和基本意义。

第一节　现代性批判的存在论路向

简便地说,对现代有两种典型命名,"理性时代"和"资本时代"。围绕这种不同命名形成了考察现代文明的两条思路,两种不同的现代性批判方向,就其基本性质而言,可以称之为意识形态的观念论批判和历史唯物主义的存在论批判。前者的核心主题是"理性主义批判"和"主体主义批判",具体反思现代性的价值取向、思维风格、叙事方式等等,进而考察此种观念论特征对实际生活的影响。后者是由马克思开创并切实地巩固起来的。它以资本命名现代,以资本主义生产方式的批判性考察为基础揭示现代文明特征,揭示现代性的政治制度和意识形态同经济基础之间的相互关系。这一批判路线的理论基础是社会存在决定社会意识,经济基础决定上层建筑这一历史唯物主义基本命题,因此我们称之为现代性的存在论批判路线。由于"现代性批判话语"产生的特定社会历史条件和思想背景①,当今现代性批判的主导范式应该说是意识形态的观念论批判。在这种情况下,马克思的理论本身被从思维方式、叙事风格等方面当作现代性理论遭到批判。而在我看来,恰好是马克思提供了具有本质重要性的现代性批判思路,历史唯物主义视野中的现代性批判是现代性存在论批判的本质路线。

前面第一章中我们已经指出,历史唯物主义并不只是一种历史观,不只是唯物主义的历史观,而是历史的唯物主义观,是一种唯物主义思想体系,一种存在哲学。其核心原则在于将历史性概念引进存在论,在对自然、对历史本身的理解中放弃了"非历史的观点",②历史性成为根本的世界观和方法论。这

---

①　这一问题的讨论可见罗骞:《"现代性"批判的两种不同定向》,载《教学与研究》2005 年第 7 期。

②　历史唯物主义将"历史性"引进对自然以及历史本身的理解可见恩格斯在《路德维希·费尔巴哈和德国古典哲学的终结》一文中的相关阐释。在那里,恩格斯把"非历史"的自然观和"非历史"的历史观看成是近代唯物主义的一个典型特征。(《马克思恩格斯选集》第 4 卷,人民出版社 1995 年版,第 228—230 页)

意味着形而上学中通过抽象主义、还原主义和逻各斯中心主义建构起来的存在范畴被彻底放弃了，问题不再是抽象的存在是否存在，而在于存在如何存在，存在被把握为由历史实践规定的存在关系和存在形式。由于历史性通过"对象性的实践活动"来规定，作为对象化实践结构的"生产方式"范畴就体现了历史的结构性和结构的历史性之辩证关系，成为历史唯物主义存在论的基础范畴。它使得历史唯物主义作为存在论既克服了建构在抽象主义和还原主义思维基础上的抽象存在概念（抽象本体论），也克服了在逻辑中、概念中、反思中确立起来的关于过程性和联系性的思辨体系（黑格尔的思辨形而上学），从而置身于后形而上学的思想氛围之中；同时，它又不同于仅仅从主体内在体验和情绪出发建构的存在论，从而与海德格尔为代表的存在主义区别开来。这三个方面使得历史唯物主义在后形而上学思想谱系中代表了一种具有本质重要性的存在论思想。

　　因为有了历史唯物主义的这种存在论思想，马克思的思想重心才转到了现代性批判，而不是思辨哲学体系的建构；现代性批判才变成了以特定的历史结构为中介揭示存在物的现代存在规定和存在形式，从而成为一种存在论批判，而不只是一种观念论的意识形态批判。这一根本的历史中介就是资本主义生产方式。它是现代对象性实践活动的客观化结构，既不是无历史的、无时间的"理性"，更不是个体主体的体验机制。历史唯物主义不是将现代定义为"理性时代"，或"主体性时代"，而是要求考察现代理性主义、主体主义产生的社会历史基础；同样，它也不是从一种内在的主观感受和情绪体验批判现代性，将根源于时代生存处境的心理结构提升为永恒的"人类存在状况"，而是以资本命名现代。现代性批判的任务就在于揭示资本原则在现代历史中的普遍贯穿，揭示由资本规定的存在状态和存在过程，本质上就是一种以资本生产方式为中介的存在论批判。

　　从这种广泛且更加深入的意义来说，在历史唯物主义的视域中，"资本"是现代性最基本的存在论范畴，现代性批判就是揭示存在物如何在资本关系中现身，体现出自己特有的社会性、历史性。马克思说，资本不是物，而是一定的、社会的、属于一定历史社会形态的生产关系，它体现在一个物上，并赋予这个物特有的社会性质①。资本不是物,它赋予物特有的社会性质,或者说它本身就是存在物的现代存在形式和存在规定,作为物性的物是资本的载体,是社会性质的体现者。资本作为特定的生产关系,通过物而存在,在物之中存在。作为物的特有的社会性质,资本不仅是人与人之间,而且是人与物之间、物与物之间的一种存在论联系。它是现代存在普遍的抽象形式,不仅是物作为社会的物的抽象形式,而且是人作为社会的人的普遍抽象形式,一切都参与到了资本的运行之中获得自己的普遍规定,其性质也只有在资本范畴的规定中才能得到揭示。由此,对资本主义生产方式的批判就成了对现代性社会存在论基础的批判,就是历史唯物主义性质的批判,是对现代性观念论意识形态批判路线的扬弃。

马克思的现代性批判从反思黑格尔法哲学理论开始,他深刻地揭示了黑格尔理性主义现代性批判的基本成果及其限度,揭示了青年黑格尔派"自我意识哲学"、以自由平等为核心的法国政治哲学同现代市民社会经济基础之间的同构关系。但马克思没有放弃黑格尔对现代市民社会"形式性"、"抽象性"特征的揭示,而是通过对现代社会经济基础的解析和批判完成了这一揭示。他指明,在资本主义生产方式占统治地位的现代,解放只是形式的、抽象的政治解放,而不是"人类解放"。现代性批判就是要揭示资本本身的运行规律及其原则在政治、文化等领域中的全面贯彻和实现。现代性的所谓总体性、矛盾性、流动性、抽象性、虚无主义等等,在当今一些批判者那里变成了观念论的意识形态的特征,批判没有揭示这些现象的现实历史根基。马克思的资本现代性批判揭示了这些现代性特征的历史唯物主义的基础,指明了由于资本的普遍中介和推动,所有这些特征才在在经济、政治、文化以及日常生活中全面地贯穿,资本是根本动力。诸如科学技术的本质、生态危机等都与资本主义生产方式具有存在论上的基本关联,并不是工具理性批判、人类中心主义批判作为一种观念论批判所能消解的。

当然,这并不是说诸如此类的批判主题没有意义,而是此类没有达于现代

① 参见《马克思恩格斯选集》第2卷,人民出版社1995年版,第577页。

性的社会历史基础,没有抓住问题的根本。马克思资本现代性批判的基本意义就是对这一基础的本质性呈现。以资本立论,从资本主义生产方式出发展开现代性批判是马克思历史唯物主义现代性批判的根本之点。不过,这种"以资本立论"逻辑地包含着"为资本立论",在"为资本立论"中资本本身是研究对象,而在"以资本立论"中资本已经成了阐释的理论原则,成了历史唯物主义现代性批判的存在论范畴。"为资本立论"是马克思政治经济学批判的基本任务,没有政治经济学批判的基础阐释,以资本立论的历史唯物主义存在论批判就是"空中楼阁"。因此,就像海德格尔将《存在与时间》看成是"基础存在论"一样,以《资本论》为标志的政治经济学批判可以看成是历史唯物主义视野中现代性批判的"基础存在论"。这是由它在马克思思想发展进程和逻辑关联中的地位所决定的。

第二节　政治经济学批判作为基础存在论

马克思第一次真正与政治经济学接触发生在《1844 年经济学—哲学手稿》中,这一接触的思想动因在于《黑格尔法哲学批判》的理论成果:马克思批判了黑格尔以理性国家和理性的法扬弃现代局限性的理性主义哲学,明确了现代市民社会是现代政治国家的基础,而对市民社会的批判应该到政治经济学中去寻找①。这就意味着政治经济学批判的出场直接与对观念论哲学的批判和历史唯物主义的形成密切相关,同时也与现代性批判密切相关。加上此时马克思移居巴黎,在同普鲁东等人的接触中开始批判性地吸取社会主义思

---

① 马克思的这一基本思想形成于《黑格尔法哲学批判》时期,正是它推动了马克思在巴黎从事政治经济学研究,努力实现哲学、政治经济学和社会主义思潮的批判性结合,形成了历史唯物主义的基本立场。写作于 1859 年 1 月的《政治经济学批判》序言回顾了这一思想历程。这一序言可以充分说明了《1844 年经济学—哲学手稿》的历史唯物主义性质和意义。马克思将那段经典表述的历史唯物主义思想看成是这一时期研究的"总的结果",只不过这一概括是一种回顾性的表述在后而已。因此,将《1844 年经济学—哲学手稿》看成是马克思早期作品排斥在历史唯物主义之外的做法是极其有问题的。

想,历史唯物主义、政治经济学批判和社会主义思想就这样围绕着"现代性批判"交织在《1844年经济学—哲学手稿》之中,使之成为现代性批判的"总体性"文本,初步实现了三大思想领域的批判性贯穿和融合,而不仅仅是"批判性言论、经济学原理和关于未来社会的观念组成的色调极为复杂的混合物。"①

马克思通过政治经济学批判把私有财产的起源问题变成异化劳动对人类发展进程的关系问题,异化劳动成为政治经济学、空想社会主义和古典哲学之间相互扬弃的核心范畴。通过对异化劳动这一范畴的经济学意义、哲学意义和政治学意义的连接和阐释,《1844年经济学—哲学手稿》完成了:第一,以政治经济学批判对私有制发展规律的揭示和黑格尔的辩证运动观为基础,批判当时几种主要的社会主义思潮对私有制的抽象否定;第二,以政治经济学对现实社会经济异化关系的批判和社会主义运动的政治实践本质为基础,批判了黑格尔辩证法及其整个哲学思想的抽象性和形式性;第三,以社会主义思潮对私有制的批判和黑格尔辩证法的扬弃和中介思想为基础,批判了国民经济学对资本主义的非批判的实证主义态度。在这一关联的思想总体中,政治经济学批判的基础性地位是不言而喻的:它以对现代市民社会的政治经济学解剖奠定了历史唯物主义现代性批判的理论基础,同时也使以超资本主义现代性为目标的社会主义思潮开始立足于科学的基础之上。在此,思想的基本方向、特征和性质已经明确,当然,原理的提炼和范畴的稳定则是在以后的进一步探索中逐渐完成的。

在马克思看来,经济运行方式和生产关系内部的矛盾是现代社会分裂和对立的根源,对现代社会存在论基础的解剖应该以政治经济学批判的方式进行。但对资本运行的政治经济学考察本身并不是最终目的,而是与现实性批判和改造现实的社会实践运动内在相关。因此,即使在后期十分专业化的经济学分析中,马克思总是不忘记画龙点睛地指出这些分析的一般意义,指出资本的原则在政治上层建筑和意识形态之间的浸透和贯彻。在马克思批判思想

① 《马克思恩格斯选集》第3卷,人民出版社1995年版,第358页。

中,"资本论"不是资本运行的实证经济学,也不是实现资本增值的工程技术学,"为资本立论"是基础,而"以资本立论"展开现代性批判才是目的。当然,马克思十分清楚经济关系同其他社会关系之间的联系,并且指出了经济学是在何种意义和何种限度之内谈及其他社会关系。马克思并没有认为可以用经济学的批判取代其他的批判视角,将所有存在关系还原为经济关系,最终陷入经济还原主义。在谈到政治经济学时,马克思在《德意志意识形态》中指出:"作为一门独立的专门的科学,它还得包括其他一些关系,如政治关系、法律关系等等,因为它常常把这些关系归结为经济关系。但是它认为这些关系对它的从属只是这些关系的一个方面,因而在其他方面仍旧让它们保留经济学以外的独立的意义。"①

　　政治经济学批判是"基础存在论"。这里的"基础"意味着"必要性",而不是"充分"、"充要"乃至于"唯一"。亦即是说,没有对现代社会的政治经济学解剖,就谈不上揭示资本原则在政治、经济、文化、观念中的贯穿,就不可能正确阐释现代性的本质及其特征,更难以理解后资本社会的社会历史走向,但是,单纯解剖了现代社会的经济基础本身并没有完成现代性批判。政治经济学批判作为历史唯物主义视野中现代性批判的"基础存在论",从根本上超越了将现代性仅仅阐释为一种特定价值取向、叙事风格和意识形态的"观念论"批判路线,但它只是奠定了现代性存在论批判的基础。以现代性批判为总体视角,在历史唯物主义的存在论视域中,我们才能更深入地理解政治经济学批判的这种"基础性存在论"性质和意义。任何还称得上历史唯物主义的现代性批判都必须确认资本主义生产方式在现代社会生活中的基础地位。通过政治经济学批判揭示的价值抽象、劳动力商品化、自然工具化、雇佣劳动和资本、生产的社会化与私人占有制之间的矛盾等等,它们体现的是人与人之间、人与物之间的存在关系,是资本中介的存在形式。

　　马克思之所以集中后半生精力进行政治经济学批判,阐释资本主义的经济运动规律,一般地说,这是历史唯物主义经济基础决定上层建筑原则的贯

---

① 《马克思恩格斯全集》3卷,人民出版社1960年版,第483页。

彻,但更重要的是,在现代资本主义社会以资本为原则的经济生活获得了主导地位,政治经济学成了现代市民社会"唯一的科学",所以对现代性的批判必须得以政治经济学批判作为基础性的维度。很难想象,在前资本主义社会或马克思阐释的后资本主义社会,社会批判和社会分析会需要以政治经济学批判的形式展开。所以,不能脱离历史实践基础,将马克思的政治经济学批判方法抽象化,更不能因此认为马克思是经济还原论的现代性批判者。

在后来的政治经济学批判中,马克思虽然不再像以前那样将经济学、哲学和政治思潮的批判交织在一起,形成明显的总体性文本,比如说像《1844 年经济学—哲学手稿》、《神圣家族》、《哲学的贫困》等等,而是以一种非常专业化的政治经济学批判方式展开,但是,马克思总是在政治经济学批判的过程中,画龙点睛地指明政治、意识形态同经济基础之间的关系,随时突破政治经济学专业化批判的封闭线,使之获得更加一般的理论意义,经济学的专业化批判没有取代而是在实现和完成现代性批判的理论任务,为现代性批判奠定理论基础。我们经常看到在后期的经济学著作中,马克思总是恰当地引用以前的思想成果,将以前批判意识形态和一般哲学的见解有机地融合到经济学著作中,以表明经济学研究的真正意义。不能将马克思前后期思想割裂开来,认为后期才是真正的马克思思想,才代表科学形态的完成。脱离了历史唯物主义的哲学视野,就极容易将马克思的理论看成是经济决定论的,看成是唯科学主义的,看成是实证主义的。

像我们前面已经指出过的那样,其实经济基础和上层建筑之间并不是一种一元论的派生关系,也不是一种二元论的独立关系。这是我们理解历史唯物主义社会存在决定社会意识、经济基础决定上层建筑这一命题时必须明确的。一方面,经济基础和上层建筑、社会存在和社会意识的区分是一种理论的必要抽象,实际生活中没有不浸透着社会意识的社会存在,也不存在社会存在之外的社会意识;另一方面,这里的"决定"是并且只是意味着一种"必要性"概念,上层的东西不可能还原为基础性的东西,就像意识不可能还原为物质,但没有物质就没有意识一样,"基础"的意义和影响是显而易见的。在现代资本主义社会,经济关系、经济活动主导地位的确立和强化,使得经济生活中资本原则向其他生活领域浸透,社会制度、生活模式、意识观念,乃至于心理结构都受到了侵蚀,因此,资本主义生产方式才成为理解现代社会关系的基础。

所以,从理论的内在逻辑来看,马克思并没有认为经济学批判可以取代其他方面的批判,而只是强调基础性的工作完成了,其他方面就容易展开,没有他也能够完成。国家、意识形态等等的作用,在马克思那里没有得到专门的讨论和研究,这是受到理论视角和理论任务的限制,不能将这种限制夸大。马克思的政治经济学批判为现代性批判奠定了基础,规定了历史唯物主义现代性批判的基本路线,搭建了现代性批判一个开放的理论平台。政治批判、文化批判、艺术批判、制度批判等等可以在这一平台上展开有效对话,发展出一种总体的现代性批判形式,克服现代性批判话语的分裂。

第三节　基础存在论作为根本视域

以《资本论》为代表的政治经济学批判是历史唯物主义视野中现代性批判的"基础存在论"这一命题的提出,着眼于两方面的考虑:一是就马克思思想体系而言,试图揭示被学科分化解读的马克思理论内部之总体性;一是就马克思思想与外部理论的关系而言,试图在现代性批判和存在论之间建立关系,并突出强调马克思思想在这一话题中的重要地位。在当今的理论界,就现代性批判之脱离存在论基础,存在论阐释再度变成思辨玄学,以及马克思主义内部阐释之分裂与衰退而言,这一命题的提出和有效阐释,可以承担起某种基础性的重构作用,成为一个总体性的思想视域。

现代性批判是在后现代语境中被命名和专题化的,它有很深的理性主义哲学传统。在当今占主导地位的现代性批判话语中,"现代性"被用来指称启蒙精神,现代性批判变成了对启蒙精神原则的批判,从而变成了对理性和主体性的批判和反思。这一批判路向,秉承从启蒙思想家到黑格尔的"理性时代"这一概念,将现代性的困境和灾难看成是启蒙精神的后果,从精神和观念的层面来检讨现代性的困境和出路。差异在于,启蒙思想家为"理性时代"的来临到处奔走呼告,黑格尔则开始以绝对理性批判启蒙理性的"抽象性"和"形式性",而在当代思想中,则出现了极力批判乃至于否定现代的主体性和理性的倾向。但是,它们恰恰没有批判对现代的理性命名,没有揭示现代理性的历史基础,而是分享了现代性理性主义观念论批判的思想前提。

问题的关键当然不在于理性和主体性批判,而在于是就精神原则而批判精神原则,还是深入到对精神原则社会历史基础的呈现和挖掘。从当代思想发展的实际进程来看,这种现代性批判话语的出现还同反对历史唯物主义和社会主义存在一定的联系,他们将历史唯物主义理解为经济还原论,将社会主义看成是立足于形而上学预设的乌托邦。在这种思想氛围中,提出并正确阐释政治经济学批判是历史唯物主义现代性批判的"基础存在论",在现代性批判话语中引入了马克思的历史唯物主义,在历史唯物主义中引进存在论,将现代性批判奠定在历史唯物主义的存在论批判的基础之上。这种存在论批判,将现代观念和意识形态的批判与对现代社会历史的存在论分析密切地结合起来,从根本上揭示了现代性意识形态的观念论批判路线的理论局限,并将理论的批判同实际改造历史的运动密切结合起来,变成实践批判的内在要素。

政治经济学批判是对现代经济基础的解剖和批判,也就是对现代社会历史的基础存在论分析。生产方式是成为历史唯物主义存在论的核心范畴,存在论分析就是阐释特定生产方式对不同时代的自然、社会、人及其观念的规定,这使得历史唯物主义存在论既区别于传统形而上学本体论,也区别于当今后形而上学的存在主义存在论。像我们前面指出的那样,存在主义的存在概念是从内在感受和情绪体验中建构起来的,时间是在"向死而在"中确立起来的本真时间性,生存论结构在本质上不具有实践对象化的历史性和社会性,像生产力、生产关系、劳动、私有制、分工等奠基于政治经济学批判的存在论范畴就不会直接进入海德格尔的理论体系。这从根本上使得其存在现象学没有离开"主体"立场,就像海德格尔自己后来指出的那样,在《存在与时间》中还有此在主体性的残余。意识现象学走向存在现象学之后,虽然变成了对此在生存论结构的呈现,但此种结构却在本质上成了没有时间性的"人类生存状况"。以生产方式为基本范畴的存在论分析则不同,生产方式作为对象化实践结构的客观性和历史性,恰好从根本上将社会性、时间性、历史性、实践性等一系列同等性质的范畴引进了存在论。可以说,以政治经济学批判为基础的历史唯物主义存在论代表了后形而上学思想氛围中存在论最为本质的方向。强调政治经济学批判是历史唯物主义的现代性存在论批判的"基础存在论",目的就是在于:在现代性批判话语中引进存在论批判的同时,进一步明确历史唯物主义存在论的基本性质,明确它同其他存在论哲学的基本差异。

没有了对社会存在论基础的政治经济学阐释,不仅现代性批判会走向观念论批判的路线,对历史唯物主义存在范畴的理解也完全可能走向抽象的思辨,而且,哲学、政治经济学批判和科学社会主义思想在马克思那里的内在总体性就难以得到正确的理解。这恰恰是马克思主义阐释史中存在的基本问题。随着现代学科分化的加强,经济学越来越离开政治学的视野成为实证主义的科学,而政治学本身也逐渐变成了一门技术性的管理学,离法哲学的批判性反思立场越来越远。而马克思的政治经济学批判在经济学和政治学之间建立了本质联系,并且使得以政治经济学批判为基础的历史唯物主义从根本上成为一种政治哲学和历史哲学,在这里,打破经济学、政治学、历史学、哲学专业学科的限制,融合为一门总体性的科学,而不是学科。

然而,在马克思主义的阐释历史中,由于学科分化解读进路的切入,马克思思想的总体性实际上是被肢解了。历史唯物主义的思想成果不仅没有在经济学、政治学、历史学中得到体现,甚至在哲学本身的范围之内也没有得到巩固。比如说,当我们抽象地谈论"物质"绝对存在的时候,这个物质的历史性在哪里呢? 当我们将客观规律性等同于辩证法概念的时候,运动的历史性又在哪里呢? 再比如就实践方面来说,面对社会主义实践的衰退,政治经济学批判变成实证主义的科学、科学社会主义变成价值的社会主义,而哲学再度变成思辨的学院玄学不是当今显而易见的事实吗? 如果说,过去我们曾经错误地用历史唯物主义取代社会学、政治学等所谓"资产阶级科学",社会学和政治学今天的实证化过程不也是又在简单的倒转中远离了历史唯物主义视野吗? 从如今对抽象民主的崇拜、对抽象自由的崇拜、对抽象人权的崇拜中不难看出这一点。

在马克思那里,正是因为有了政治经济学批判这一基础存在论,历史唯物主义才没有成为抽象的思辨哲学,资本现代性才没有被看成历史的终结。同样,正是因为与历史唯物主义的关联,政治经济学批判才能同现代实证主义、实用主义的经济学划清界限。如果像一些学者认为的那样,马克思的政治经济学与古典政治经济学之间没有原则上的差异,历史唯物主义哲学和科学社会主义就失去了理论基础。同样,正是因为离开了政治经济学批判这一现代性批判的基础存在论,当今的许多现代性批判话语才陷入了观念论批判的路向,陷入了语言和思维内部的自娱游戏。阐释并巩固政治经济学批判是历史唯物主义现代性批判的基础存在论这一命题,意在将被分化解读为哲学、政治经济学和科学社会主义的马克思主义思想的内在统一性巩固起来,克服学科分化解读带来的局限乃至于根本的理论错误,将现代性批判重新有效地奠定在历史唯物主义存在论批判的基础上,为在后形而上学的思想氛围中确立真正的存在论哲学奠定基础,使马克思主义在当代思想中发挥最为本质的力量。

第四节　立足基础存在论拓展现代性批判

政治经济学批判作为历史唯物主义现代性批判的"基础存在论",具有重要的理论意义,同时也意味着它只是提供了赖以出发的思想基地。一方面,经济基础到上层建筑之间存在众多的中介环节和复杂过程,马克思只是通过经济基础的剖析指明了理论方向;另一方面,由于现代社会加速发展,资本原则的贯彻不论在广度还是深度上都是马克思时代所未曾面对的,加上理论论战对象的特殊针对性等等,马克思的现代性批判表现出必然的限度,有待于与当代的实践和理论展开批判性对话以得到有效的拓展。在我看来,至少如下五个方面需要切实的展开和推进。

马克思确立了内在于实践的历史概念,其历史范畴不是根源于形而上学的目的论预设。如果说历史唯物主义具有某种目的论因素的话,可以说它是一种内在于实践的目的论。历史唯物主义认为,共产主义作为人类的理想目标对现代性的超越是内在超越,此种超越的动力来自资本本身。那么,这是否意味着共产主义的实现是一个没有时间缺口的必然性过程,经济决定论牺牲掉了实践主体之能动性呢? 我们知道,在马克思的时代,自然科学还没有揭示出宇宙和地球的生命,资源的资本主义利用还没有触及生存环境的底线,同样,人类社会内部的对抗能力也没有达到自我毁灭的程度,因此,马克思没有从资本绝对扩张中看到人类毁灭的可能性,共产主义社会扬弃资本现代性的必要性没有从这种"死亡"意识中得到论证。如今,资本原则的强化已经触及了人类生存的自然底线和社会底线,如果没有超越性的能动实践,人类完全可能终结于资本现代性的肆意扩张之中。历史唯物主义的现代性批判应该以此突出共产主义之必要性,就像海德格尔以"向死而在"确立"此在"的生存论意义一样,历史唯物主义也可以从这种"人类终结"的意识中批判资本现代性,阐释共产主义的终极意义,将社会主义革命概念真正奠定在主客体辩证实践的历史基础之上,以实践性消解那种僵硬的自然必然性概念。

由于批判黑格尔观念主义国家观的需要,马克思充分强调了国家对经济基础的从属性,主要是从资本的原则中透视现代国家的阶级统治职能,国家更多被看成是资本的"随从"。比如说在《共产党宣言》中,马克思就明确指出:"现代的国家政权不过是管理整个资产阶级的共同事务的委员会罢了。"①马克思没有全面地考察国家可能的"超越性"及其限度。的确,马克思也一般地谈论过国家的能动作用,但国家职能的当代强化确实超出那时的想象。与自由资本主义时代不同,如今看来,正是市场资本与国家权力的相互巩固才完成了资本本身,因为只要社会的经济基础不变,马克思说资本是一种社会权力,同样,其实权力也就是一种社会资本。国家和市场只是资本运转的两个因素。国家干预可能调节市场自由交换的缺陷,同样,市场交换的自由诉求也可能对抗国家权力的越位和滥用,但它们都没有也不可能从根本上走出资本现代性的困境,至多随着时间的发展来回摇摆。今天的现代性批判,既要立足于政治经济学批判的"基础存在论",更应该看到这些方面阐释的不足,批判的重心

---

① 《马克思恩格斯选集》第 1 卷,人民出版社 1995 年版,第 274 页。

要移到对权力与资本的辩证运动的考察,将资本的异化和权力的异化当成现代性状况的一体进行批判。

有一种极大的误解认为,历史唯物主义只是一种历史哲学,而且是一种斗争性的哲学。这种误解产生了两个思想后果,要么认为历史唯物主义只是历史观,没有形成完整的自然概念,因此需要自然唯物主义作为基础来补充;要么认为从历史唯物主义出发阐释的自然概念是一种人类中心主义、主体主义的范畴。归结到一点:面对当今日益恶化的环境问题和资源问题,马克思主义不是无用就是有害。的确,虽然马克思和恩格斯有过一些关于环境破坏的零星论述,但并没有从人与自然的关系切入现代性批判,而这一点已经成了当今现代性批判的重要主题。不过,今天环境问题的现代性批判更多是从"主体主义"、"理性主义"和"人类中心主义"批判入手,试图重新恢复自然生命的神圣价值,某些方面甚至于退回到了蒙昧主义和神秘主义。事实上,从历史唯物主义的一般原则来看,当实践性和历史性被引进存在概念的时候,意味着自然(自然的存在形式、存在规定和性质)是被历史中介的自然,而不是绝对的、无历史规定性的抽象物;进一步从现代性的存在论批判来看,现代自然环境问题、能源的透支问题等就应该密切联系资本主义生产方式这一现代性存在论架构来进行批判。马克思认为,在资本主义条件下,自然仅仅成为有用物,劳动异化中已经包含自然异化等等,这些思想为环境批判提供了基本的理论资源,有待进一步挖掘和展开。

社会存在决定社会意识还只是思想原则,经济基础如何在上层建筑,尤其是如何在人们的意识观念中发挥作用,还需要进一步探索和理论化。如今人们不是单纯生活于经济关系的异化中,经济关系的异化导致了生活的全面异化,乃至于人的本能也被资本原则规定,成为"非人的存在"。人们的观念意识、人格结构、心理状态、思维方式显现出现代性的特征,虚假意识和虚伪意识交织成了意识形态的幻象。现代性批判不可能不触及个人内在的心理领域,这一领域如何与历史唯物主义联系起来呢? 一方面,要强调不能仅仅从观念论批判的方面来阐释这些内在的意识和心理现象,突出历史唯物主义的方法论意义;同时,也应该注意到历史唯物主义在这些方面没有得到全面的拓展,以至于有所谓"历史唯物主义人学空场"这样的论断。如何将现代性存在论批判的方法论原则贯穿到对现代人的意识形态和心理状况异化的批判之中，虽然西方马克思主义的弗罗姆、马尔库塞等人做出了相当的努力，但应该说还是一项有待被彻底课题化的理论任务。

马克思主义的现代性批判以政治经济学批判为基础，在经济运行的客观性和阶级革命的主体性之间建立内在联系，实践主体是现代雇佣劳动关系中的无产阶级，或工人阶级。由于阐释中不能辩证地理解这种内在关系，这一理论在当代遭到了两个方向上的批判：一种认为随着资本主义经济的发展，工人阶级的生活状况得到了极大的改善，社会主义革命失去了革命的动力和阶级基础；一种认为社会主义革命理论建立在宏大历史主体假设之上，作为总体的无产阶级并非不再存在，而是从来就没有真正存在过，超越现代的实践不应该再立足于这种宏大主体，而应该具体而微地在环境、性别、种族等多个主题上展开。今天，历史唯物主义必须在新的历史条件下对阶级革命理论做出新的阐释，回应挑战。我想，从理论上讲此种阐释要点大致有三：其一，重新以"雇佣劳动"这一范畴科学地、严格地阐释无产阶级或工人阶级概念，这样才不至于将无产阶级革命等同于饥民的造反，以经济的发展否定革命的可能性；其二，作为阶级革命理论基础的劳动价值论不是唯科学主义的实证概念，它包含现代的主体性和超越现代主体性的阶级价值取向，以此批驳各种对劳动价值论的实证主义证实或证伪；其三，要从主客体辩证互动的立场看待革命，它不是由自在自发的经济因素所决定的，而包含着超越资本现代性的主体能动性。显而易见，所有这几个方面的阐释既需要立足于政治经济学批判的理论基础，同时也要能正确把握政治经济学批判的历史唯物主义性质才能有效地展开。下面，我们首先来讨论历史唯物主义视域中的主体性概念，将主体性的批判奠定在存在论的基础上。

第六章　现代主体性的存在论批判

　　与历史唯物主义存在论的现代性批判不同,在观念论的现代性批判那里,现代之规定被理解为主体性的确立,因此,主体性的张扬被看成是现代性危机的根源。"启蒙辩证法"范畴表达了由启蒙确立的主体性内含并最终导致自我否定这一反思现代性的阐释逻辑。于是,有两条不同的思想道路在当代被标划出来:对主体性的激进解构和重塑合理主体性之间保持着某种对峙,对峙的共同前提就是"主体性"乃现代之规定和病因。此前提是否成立呢? 起码以下问题还有待严肃考虑:其一,人是在何种意义上成了主体,以主体性为本质规定的现代性范畴谈论的是哪方面的事情? 第二,现代性危机在于此种主体性之张扬还是主体性受制于历史存在论基础得不到张扬,简言之,是人的主体性的过剩还是不足? 因此第三,出路在于批判人的主体性傲慢,以宽容的姿态表达对他者的承认和自觉的"界限意识",还是从社会历史的存在根基上揭示人的存在异化,再次推进人的解放这一诉求? 在前面两章阐释历史唯物主义现代性存在论批判路线的基础上,本章将揭示现代性批判话语中主体性批判陷入的观念论困境,在资本批判范式的基础上阐释历史唯物主义的主体性思想。在与唯意志论和命定论划清界限的前提下,面对"主体终结"的时髦呼声,我们将在历史唯物主义的基础上突出主体性精神对于面对当代存在论处境的根本重要性。

第一节　观念论的现代主体性概念

哲学的"现代"开端是笛卡尔,黑格尔在《哲学史讲演录》中较早确认了这一点①,海德格尔也表示了对这一通常看法的支持②,并多处讨论过这一开端。在笛卡尔哲学中,"我思故我在"作为第一原理,确认了"我思"作为认识的确定性"根据","这样,'自我',人类主体性,就被说明为思想的中心。"③主体成了自我意识,主体的主体性取决于这种意识的确定性④,客体在思想中被建构为对象⑤。"自我"作为主体在认识中的建构作用及其限度成了康德《纯粹理性批判》的主题,黑格尔虽然以过程性和具体性批判这种先验"我思",但能动的理性自我毫无动摇地成了整个现代主体性哲学的内核。以笛卡尔为开端的这种现代哲学,以意识主体性为原点、以主客体分裂及其联系为基本建制。如今,现代性哲学批判乃是批判这一"我思"主体性之理性主义、还原主义、抽象主义以及逻各斯中心主义等等,尽管存在着命名上的不同,但所指基本是一致的。

在这一哲学语境中,现代性批判的任务指向了以现代主体性哲学为标志的思维原则和精神特征。这就带出了一个至关重要而又未被澄清的问题:"现代性哲学批判"是指"批判现代性的哲学"还是"以哲学批判现代性"? 换言之,在现代性哲学之外是否有一个作为哲学关注对象的现代性,而哲学只是批判此种现代性的一个领域、一种方式? 如果现代性在哲学之外成为可以哲

---

① ［德］黑格尔:《哲学史讲演录》(第4卷),贺麟、王太庆译,商务印书馆1978年版,第59页的相关论述。

② ［德］海德格尔:《海德格尔选集》(下),孙周兴选编,上海三联书店1996年版,第875页。

③ ［德］海德格尔:《海德格尔选集》(下),孙周兴选编,上海三联书店1996年版,第876页。

④ ［德］海德格尔:《海德格尔选集》(下),孙周兴选编,上海三联书店1996年版,第791页。

⑤ ［英］雷蒙·威廉斯:《关键词》,刘建基译,三联书店2005年版,第475、477页。

学地探讨的对象,当然也可以非哲学地探讨,那么,在上述意义上作为哲学之现代规定的主体性就不能非反思地成为现代的本质范畴,现代性的困境就不能被追溯为作为思想根据的此种"我思"主体性。

　　然而,在现代性批判话语中,精神主体性被阐释为现代本质,现代性被规定为一种启蒙"态度"和"社会精神气质"①,而这种社会精神气质又在现代主体性哲学中获得其规定。海德格尔就明确指出,在笛卡尔《第一哲学沉思》中"根据"被规定为意识的主体性②,切中了现代自由的本质③,笛卡尔由此成为新思想和新时代的开端。在海德格尔看来,只有在笛卡尔确立的此种主体性中,诸如利己主义、主观主义才是可能的,现代的自我立场及其主观主义即源出于笛卡尔的"我思"④,现代以此种新思想的开端为标志。秉承了黑格尔以"精神"命名现代的思路,海德格尔对现代的这一理解值得关注:认识论哲学中的"我思"被确认为现代主体性的基础,主体性进而被确认为现代的基本原则。现代性的规范基础就这样铆钉在主体性的精神原则上,主体性进而被以反思中的绝对"我思"来阐释。由于笛卡尔的"主体性"被认为为人的现代解放奠定了形而上学基础⑤,现代性批判结成了驱逐笛卡尔主体幽灵的神圣同盟⑥,变成了对以绝对"主体性"为本质规定的思想原则的批判,绝对"主体性"被阐释为现代困境的"原罪",超越的出路则是放弃主体性或限制主体性。

　　以主体性范畴来阐释笛卡尔开始的现代性哲学固然是确切的,但反思哲学中绝对的观念主体性是否真正抬高人,使人填补了上帝被驱逐之后的空缺

---

　　①　[法]福柯:《什么是启蒙?》,汪晖译,见《是明灯还是幻象》,云南人民出版社 2003 年版,第 5 页。
　　②　[德]海德格尔:《海德格尔选集》(下),孙周兴选编,上海三联书店 1996 年版,第 791、921 页。
　　③　[德]海德格尔:《尼采》(下),孙周兴译,商务印书馆 2004 年版,第 774 页。
　　④　[德]海德格尔:《海德格尔选集》(下),孙周兴选编,上海三联书店 1996 年版,第 876、919、921 页。
　　⑤　此种指认可见[德]海德格尔:《尼采》(下),孙周兴译,商务印书馆 2004 年版,第 778 页。
　　⑥　[斯洛文尼亚]斯拉沃热·齐泽克:《敏感的主体——政治本体论的缺席中心》,应奇等译,江苏人民出版社 2006 年版,第 1—2 页。

而成为绝对存在呢？事实上,意识哲学的绝对主体性与人作为主体的实际生存状况和实践诉求之间并不同一。福柯就曾指出,笛卡尔以主体自身认识中的自明性强化了"认识你自己",关注的是认识,不是完成主体自身和改善主体自身,而是极大地贬低了"关心自己"这一原则①。福柯甚至认为,笛卡尔和莱布尼兹哲学与改变人的哲学精神性相对立②,也即是说,意识哲学"沉思"中的"我思"主体与改造存在的现代主体精神非但不相关反而背道而驰,意识主体性与实践主体性之间存在基本差异。哈贝马斯在《现代性的哲学话语》中认为,黑格尔发现了主体性乃是现代的原则③,这一主体性原则在哲学上表现为笛卡尔抽象的主体性和康德哲学中的自我意识④。主体性或是体现在哲学中——诚如它也体现在宗教生活、国家和社会生活等多个领域一样⑤,哲学用主体性范畴将现代性概念化,这就意味着主体性原则是在哲学中被确证,被发现,或者说被表达的,它只是"呈现"在现代哲学之中,而不是哲学之自身的规定。这里似乎可以看到马克思在"观念论副本"与现实之间所作的区分⑥,对作为观念的现代哲学之主体性的批判不能等同于对现代主体性的批判。

　　批判"我思主体性"的本质主义、还原主义、绝对主义的确是抓住了现代哲学的根本,就哲学的自我理解而言无疑是切中要害的。但是,以此种观念的主体性作为理解现代性的规范基础,将现代文明的困境看成是具有这些特征的主体性思想原则出了问题,批判的任务就是解构或更新此种绝对主体性原则,则隐藏着巨大的观念论和还原论倾向:其一,以精神的观念特征作为现代性的规范基础,不自觉地将对现代文明的探讨还原为对主体性精神原则的批判和反思;其二,由于批判对象是观念,而不是人现实的存在状况和存在关系,批判的任务就只是改造思想,而不是改造历史。现代性批判由此变成了意识

---

　　① 　[法]福柯:《主体解释学》,佘碧平译,上海人民出版社 2005 年版,第 15—16 页。
　　② 　[法]福柯:《主体解释学》,佘碧平译,上海人民出版社 2005 年版,第 15—16、30—33 页。
　　③ 　[德]哈贝马斯:《现代性的哲学话语》曹卫东等译,译文出版社 2004 年版,第 19 页。
　　④ 　[德]哈贝马斯:《现代性的哲学话语》曹卫东等译,译文出版社 2004 年版,第 22 页。
　　⑤ 　[德]哈贝马斯:《现代性的哲学话语》曹卫东等译,译文出版社 2004 年版,第 22 页。
　　⑥ 　这一区分在《黑格尔法哲学批判序言》中较为显著,马克思将对黑格尔法哲学的批判看成是对现代观念论副本的批判,而不是对现实本身的批判。

形态的观念论批判,超越现代性的出路被指明为在话语审判中对绝对主体性原则的处决或者拯救,以确立一种新的思维方式和处世原则。

在这一思路上,后现代主义激进地解构主体性,宣布理性主体之终结,而作为"德国理性拯救者"的哈贝马斯则以交往理性实现从"主体性"到"主体间性"的换代,他们都不同程度地提倡多元、差异和宽容的承认姿态,以对抗现代的绝对"主体性"。然而,以欲望或审美的微妙感性解构理性主体同以交往理性扬弃抽象主体性之间虽然存在差异,但在坚硬的现实面前,尊重他者的思想原则一定程度上往往沦为话语中的"应当",被利益面弄得哑口无言,因为正如马克思和恩格斯所言,"'思想'一旦离开'利益',就一定会使自己出丑。"①这当然不是说观念论批判没有积极意义——就其在观念的范围之内确立了正确的观念原则而言,它无疑是必要的——而是说,离开了规定思想和话语的社会存在基础,将批判理解为思想重写,乃至于话语游戏,那么,现实就会在思想原则的争论中岿然不动,原则不是成为现实的俘虏,就是远离现实成为观念的想象。我们在倡导交往理性和商谈伦理的哈贝马斯为北约轰炸南联盟提供的辩解中体会到了话语的无力,在 9·11 事件及其引发的后果中双重地体会到了这种无力,更不用说日常生活中身体欲望的商业铺张和思想话语的生产本身也被牢牢置于资本循环这一历史的"座架"上了。诚如马克思恩格斯所言,意识的一切形式和产物不是可以通过精神的批判来消灭的,要消灭错误的观念意识,首先要实践地消灭产生这些观念的现实历史条件②。但是,"哲学家们"总是容易误认为"新时代的特征就是新时代受观念的统治,从而把推翻这种观念统治同创造自由个性看成一回事"③。

---

① 《马克思恩格斯文集》第 1 卷,人民出版社 2009 年版,第 286 页。

② 《马克思恩格斯选集》第 1 卷,人民出版社 1995 年版,第 92 页。原文在中文中译成"唯心主义",从本文的立场和阐释的重点以及马克思原文的语境来看,我在这里主张用"观念论"这一译法。在我看来,观念论和物质论(或质料论)作为本体论的两种形态,是两种思想体系和思想路线,"观念"或"质料"并不是宇宙发生学意义上的"本体"。

③ 《马克思恩格斯全集》第 30 卷,人民出版社 1995 年版,第 114 页。

第二节　资本生产中人变成被动的存在

在历史唯物主义看来,一个时代的特征和本质不在于某种观念的统治,占统治地位的观念原则总是根源于生活的生产和再生产,应该从实践来解释观念的形成①。历史唯物主义的这一核心思想蕴含了其现代性批判的三个基本立场:其一,不能以表示精神原则的主体性范畴规定现代的基本特征,将现代性批判还原为一种意识形态的观念论批判;其二,现代主体性精神同历史的存在变迁之间存在着内在关联,应该通过对存在历史的剖析,在人的实际生存状况中揭示时代精神的基础及其限度;其三,超越现代的努力不仅仅是要在观念上确立先进的思想原则,而是要改造存在的历史。正因为如此,马克思恩格斯在批判青年黑格尔派只是宣扬"唯灵论自由"时曾经指出:"世俗社会主义的首要原理把单纯理论领域内的解放作为一种幻想加以摒弃。"②这并不是要否认思想领域内也可能构成必要的解放,否认改造世界的实践需要理论的指导,从而在思维与存在、理论与实践之间进行简单颠倒。并不像海德格尔所说的那样,马克思只不过是非本质地颠倒了黑格尔的观念论,给予存在先于意识的优先地位③。如果是这样,马克思无疑是退回到抽象本体论的形而上学立场上去了。

其实,在笛卡尔抽象"我思"奠定的思想确定性之后,康德以"自在之物"表达的"界限"意识已经确认了思维与存在的同一与差异④,而黑格尔则以思辨的过程性表明了二者之间的辩证关联。问题的关键已经不再是对存在与意识相关性的确认,而在于在何种思想境域内确认。在《费尔巴哈提纲》第一条

① 《马克思恩格斯选集》第1卷,人民出版社1995年版,第92页。
② 《马克思恩格斯文集》第1卷,人民出版社2009年版,第297页。
③ 因此,海德格尔针对马克思《费尔巴哈提纲》第11条的如下追问并没有深入问题的根本,反倒是将一个明确的命题带进形而上学的思辨框架了:"难道对世界的每一个解释不都已经是对世界的改变吗"?"对世界的每一个改变不都把一种理论前见预设为工具吗"?([法]费迪耶等辑录:《晚期海德格尔的三天讨论班纪要》,丁耘摘译,《哲学译丛》2001年第3期,第52页)
④ 可见罗骞、蒋超英:《康德"自在之物"辨正》中的具体阐释,《福建论坛》2003年第5期。

中,马克思以"感性实践活动"这一范畴对本体论的两种典型样式进行批判,揭示了唯心主义中得到发展的主体性原则和在唯物主义中被坚持的客体性原则之抽象对立,主体对象化活动的建构性与作为对象化结果之客体的制约性被置于实践的辩证关联之中。作为感性活动的实践范畴意味着思维与存在不仅不是抽象的二元对立,同时也不再是概念中的反思联系。社会存在与社会意识之区分以此种实践范畴为前提,消解了一系列根源于逻辑思辨的抽象联系和抽象对立。唯此马克思才有理由批判黑格尔只是为历史运动找到抽象的、逻辑的、思辨的表达,这种历史还不是作为一个当作前提的主体的人的现实的历史①。现实的历史乃是感性实践活动中的生成,应该在社会存在规定(实践的对象化结果和条件)中把握时代,揭示人的存在状况和主体性诉求之间的相互关联。

　　我们知道,马克思思想的出发点是法国启蒙精神②,其《博士论文》是以"自我意识"对启蒙人本主义和理性主义主体性的哲学论证,《莱茵报》时期的政治评论乃是这一立场的政治表达,将理性作为自由、平等的立论依据。但是,当发现物质利益击败了理性原则之后,马克思从 1843 年回到了黑格尔法哲学批判。马克思思想中出现了一个"异化"主题,思想的逻辑在于指出现代社会中人的实际生活状况与主体性精神诉求——诸如自由、平等、博爱等等之间的反差,从而将批判导向了对社会存在的解剖,而不再是单纯对主体性精神的呼唤。在对社会存在的政治经济学解剖中,马克思揭示了以启蒙为标志的

---

① 《马克思恩格斯全集》第 3 卷,人民出版社 2002 年版,第 316 页。
② ［日］城塚登:《青年马克思的思想》,尚晶晶、李成鼎等译,团结出版社 1988 年版,第 17 页。马克思出生的莱茵省特里尔 1794 年被法国占领,直到 1815 年才归还德国。该地区深受法国大革命和启蒙精神的影响,后来还形成了资产阶级和左派力量对普鲁士专制主义的政治反抗。除这种客观环境的影响外,马克思启蒙精神的熏陶早年主要来自他的父亲、岳父和当时的中学老师。在柏林读书期间,通过与青年黑格尔派的接触,马克思完全接受了资产阶级启蒙运动的精神原则。我国的台湾籍学者黄瑞祺指出,马克思在很大程度上继承了启蒙运动和文艺复兴一些其他现代思想运动揭橥的理想。启蒙运动已经成为西方现代性的象征及主要内涵。(黄瑞祺:《马学与现代性》,允晨文化 2001 年版,第 108 页)戴维・哈维更对马克思与启蒙理性的关系作出了细致的分析(可见［美］戴维・哈维:《后现代的状况》,阎嘉译,商务印书馆 2003 年版,第 23 页)。

现代解放只是观念的解放、思想的解放，人并不是在解放中成为上帝，而是陷入新的资本奴役。在此种意义上，观念生活中的绝对主体性其实只是一种"伪主体性"，或者说是"主体性的面相"。人们真实的生活表现为被资本规定的存在异化。极端主体性——诸如个人主义、利己主义等等——并不是主体性观念原则的外化，而是受资本这一存在论原则的支配和规定，只是极端客体性、被动性的同步表现而已。

"生产方式"是历史唯物主义的一个基本范畴，马克思"以资本立论"展开现代性批判，由主体性规定的"理性时代"这一现代概念被代之以"资本时代"，人的主体性精神及其实际生存状况被纳入"资本"这一现代历史建制中进行考察。作为对象化活动后果和结构的资本，是一种客观性的制约和诱导力量。现代以资本为"座架"，形成了以"物的依赖"为基础的存在关系，商品交换确立和推进了人们之间普遍而全面的联系。不仅存在关系而且人们的观念也受到资本原则的规定和制约，上帝拜物教转型为三位一体的商品拜物教、货币拜物教和资本拜物教。此种"转型"只是意味着拜物教结构被等值地平移到了"此岸世界"：过去是"上帝"以救赎承诺实施统治，现代是"资本"以平等交换掩盖剥削，以人的名誉取得的主体性全面地被资本剥夺了，作为客体力量的资本获得了主体性的力量。

资本作为一种人格化的力量对人的统治以及人对资本统治的非反思性崇拜，从存在和观念两个方面表现了人与资本之间主体客体化的颠倒。此种颠倒不再表现为此岸与彼岸、人与神的异化，而是世俗领域内部人与人、人与物之间的存在异化，相互交织的人对人的统治和人对物的掠夺实质是对象化的社会历史结构——资本主义生产方式对存在的普遍中介。在这一存在处境中，资本具有独立性和个性，而活动着的人本身却失去这种独立性和个性[①]。在马克思看来，即使在资本关系中居于主导的、似乎是被满足和被巩固的有产者其实也只获得了一种人的生存的外观。他们仍然受资本支配，更不用说劳动被资本家占有、不能自由支配自己劳动的人变成比畜牲更可悲的存在了。

---

① 《马克思恩格斯选集》第 1 卷，人民出版社 1995 年版，第 287 页。

自然、社会、人及其观念全面地被资本所规定,资本成为"特殊的以太"和"普照之光",体现为一种无坚不摧的塑造世界的力量。资本由此被作为无时间和空间规定的永恒上帝成为世俗生活的普遍的"神",在现代性批判中就被无意地悬置为先验的原则。

　　通过对上帝和自然的祛魅,启蒙中人被确立为主体,人的主体性范畴表达了人在价值上成为目的,而在实践上成为现实存在的根本创造者这一现代思想的核心。在马克思的论证中,我们看到的是这一启蒙主体性原则在资本概念中的投射:人没有在对上帝的祛魅中获得彻底解放,倒是前脚被驱逐的上帝换了一件世俗的资本便装再度出场,人在资本这一"特殊的普照之光"中沦为消极被动的客体性存在,同自然一样成为被资本驱动的"素材"。将人作为尽可能完整和全面的社会产品生产出来本身降格为资本运动的一个环节,在资本为基础的生产和交换之外,再也没有什么东西表现为自在的更高的东西,表现为自为的合理的东西了①。理性觉醒的人类却在资本的统治中沦落为被动的异化存在,人陷入了具有合理化形式的新的统治之中。在马克思思想中,主体性概念实际上被移植到了资本范畴上,对资本逻辑的批判指出了现代没有实现人的真正解放,现代性的问题不在于所谓人的绝对主体性之张扬,反倒是资本统治导致人的存在异化。因此,在马克思看来,扬弃异化以实现人的全面而自由的发展将成为继启蒙之后新的历史走向。

第三节　阶级作为创造历史的主体

　　那么,实践地扬弃此种存在异化的"根据"何在呢? 马克思认为在于形成革命的无产阶级。无疑,无产阶级是体现现代主体性精神的"肉身"。马克思

---

　　① 《马克思恩格斯全集》第 30 卷,人民出版社 1995 年版,第 389—390 页。

认清了主体性到实践的本质以及进一步由实践到无产阶级革命行动①,这其实意味着"主体本身作为社会过程影响和结果的构成性"②,也就是通常所说的剧中人和剧作者的关系问题,主体参与历史的建构,同时本身又是在历史过程中建构起来的。主体性并不是主观的任性,不是绝对的内在性精神,而是一个统摄了存在和精神辩证关系的范畴。虽然人始终创造着历史,但唯当这种创造在反思中被确认,从而进入理论和实践上的自觉时才意味着主体性的获得。人并非天然具有主体性,当然也并非天然具有主体性的诉求。从观念的主体性到实践之主体性的这一推进,实际上是现代主体性的扬弃,也就是现代解放诉求的当然逻辑。但是,在马克思那里集中体现了现代解放和现代异化这一双重现实的无产阶级,如何可能成为创造历史的实践主体呢? 由资本强化的现代分工产生的"职业痴呆"能够形成开创历史的主体性意识吗?

历史唯物主义的阶级概念包含了社会经济结构中的身份归属和对这种归属的主观认同,社会经济结构中的阶级身份只是一个被规定的事实,只有进入主观的认同和反思才能成为建构主体性的因素。关于这一点,可以在马克思对法国小农既是一个阶级又不是一个阶级的精辟论述中发现③。阶级意识正是无产阶级从"自在"到"自为"成为历史主体的必要条件,它不是源于对完美社会形态的"预设",而是在领会和把握社会历史运行趋势的基础上形成的改变自身存在状态的集体意志。马克思将社会经济基础运行的客观性和阶级革命的主体性统一起来,"科学"和"价值"两条平行的论证逻辑在革命哲学中被结合在了一起:一方面,资本作为对象化了的客观历史结构以一种外在的僵硬逻辑淹没了启蒙"人本论"的欢欣鼓舞,对客观历史过程的剖析既揭示了现代人本主义的抽象本质,也能把握历史发展的基本趋势。另一方面,继承启蒙解放诉求的马克思又认为工人阶级具有洞穿这一异化生存处境、形成自觉阶级

---

①　[法]埃蒂安·巴利巴尔:《马克思的哲学》,王吉会译,中国人民大学出版社 2007 年版,第 43 页。巴利巴尔正是在这个意义上指认马克思是彻底的唯心主义者,或者说是现代观念论的彻底化。

②　[法]埃蒂安·巴利巴尔:《马克思的哲学》,王吉会译,中国人民大学出版社 2007 年版,第 97 页。

③　《马克思恩格斯选集》第 1 卷,人民出版社 1995 年版,第 677—678 页。

意识以改造这一处境的理性力量,张扬着鲜明的人文主义价值取向。既然资本力量已经异化为占支配地位的"主体",那么,对资本的扬弃就不可能来自资本的外部,资本应该在自己的逻辑中遭遇自身的内在限度;同样,既然人在资本的统治中失去了主体性而沦为被动性的存在,只有对这种被动处境和资本限度的理性自觉才会促成主体性革命意识的成长,从而利用资本来消灭资本①。这一辩证实践过程促成消极的被动性反转为改造历史的主动性,历史的动力既不是非人的经济力量,当然也没有交给作为主观设想的意志,而是在历史中生成的无产阶级。

　　无产阶级革命主体性的形成立足于社会客观的经济关系,但并不意味着是这一关系派生的消极反映,而是能够以理性的自觉洞悉现代经济结构之限度并突破这一结构的意志。如果经济结构的客观性无缺口地封闭着作为消极结构的阶级,革命就没有可能性和必要性,历史就不可能有断裂和飞跃,而只是一个命定论的自在延续。客观主义的宿命论历史观不仅被法国大革命而且也被后来的俄国十月革命动摇了。就像对革命的拒绝已经内在地包含了对历史的干预和参与一样,主体性必然参与历史构成,这就在历史理解中引入了意志和理性范畴。主体性范畴包括着情感、意志、理性等多种因素,不能简化为认识论关系,它不是由阶级身份单向决定的机械反映过程。否则,无产阶级就只是资本狡计摆弄下的玩偶,哪怕它顺应了浩浩荡荡的历史潮流。

　　认为无产阶级的革命主体性意识天然存在或不存在都是非历史的思维。无产阶级并不具有天然的革命主体性,从自在阶级到自为阶级的道路本身并不是自发的,阶级意识需要通过斗争、宣传、组织才能形成。所以,《共产党宣言》提出了共产党最近的目标是"使无产阶级成为阶级"②这样一个看似悖论的命题,其实充分表明了无产阶级革命主体性的形成本身是一个建构性的过程。此种建构性在列宁那里表现为阶级意识的"灌输论"对自发性的批判③,表现为对作为先锋队组织的党的突出强调。当然,主体性这种建构的性质,意

---

① 《马克思恩格斯全集》第30卷,人民出版社1995年版,第390页。
② 《马克思恩格斯选集》第1卷,人民出版社1995年版,第285页。
③ 《列宁选集》第1卷,人民出版社1995年版,第317—318页。

味着它是流动的,有起伏的;既可能被解构,也可能被有效地巩固,它甚至可能因为形势的变化发生根本性的流失。就像谈论某种在手之实物一样,抽象地谈论无产阶级革命主体性的"存在"与"不存在",充斥着一种非实践性的形而上学思维。

随着 20 世纪末以马克思主义命名的社会运动中革命成果被直接或间接地淹没,现代文明的批判主题发生了明显转移,问题似乎不再是揭示资本这一存在论规定对主体存在的扭曲,不再是对资本主义这一文明形态的实践扬弃,而是变成了以主体性和理性批判为主题的现代性观念批判,批判指向了以"理性"和"人性"为基础的启蒙精神原则①。阶级革命的主体性遭到了根本的质疑,解放话语被批评为一种立足于抽象人性和抽象理性的宏大叙事结构,马克思主义被毫不含糊地纳入了现代性理论进行批判。这一当代思想状况只不过表明了:在挑战资本统治的实践之异化和衰退中,强大的资本逻辑再度被确认为一种坚硬的外在客观性,压制着试图挑战其权威的人的主体性力量。在这样的实践处境中,批判话语只好将其"悬置",迅速地向观念内部龟缩,现代性批判转化为对主体性精神原则的反思和对实践主体性的解构。于是,日常生活中非批判的肯定主义和观念批判中的伪激进主义相安无事地并存着,以资本拜物教为前提的犬儒主义成为主流的意识形态。

主体性精神批判在当代成为主题乃是实践主体性受挫的观念折射。如果说现代主体性精神的觉醒与资本统治的确立具有一种存在论关联,资本运行在解放人的同时也以强大的力量制约了人的解放这一历史唯物主义的基本观念能够成立,那么,现代性批判就不应该取一种主体性观念批判的立场,或者说,它至少应该将这种观念批判建立在历史存在批判的基础之上。问题不在于从观念上批判主体性或者重建主体性,而在于揭示资本之规定导致的主体性扭曲和遮蔽。然而,我们今天看到的不是"资本"在批判视野中的淡出,就是资本被宣称为永恒的原则。因此,在我看来,面对当代中国实践中新一轮的资本拜物教,需要一场新的启蒙,此种启蒙当然具有用现代原则批判传统遗留

① ［美］戴维·哈维:《后现代的状况》,阎嘉译,商务印书馆 2003 年版,第 59 页。

的一面,但其根本目的已经不再只是单纯地成为"现代",而是揭示现代解放的限度,解现代之蔽。这就意味着在主体性的流失中呼唤主体性的重建,在对主体性的自觉反思中高扬主体性以实现具有"原则高度"的实践。在此意义上,今天的探索固然要指向马克思阶级主体性的理论限度,但由此否定创造历史的主体性,退回到思想的内部将现代性批判变成一种观念批判和文本重写则是一种根本性的迷失。

第四节　不能弃置的主体性精神

在启蒙进步主义的亢奋之后,产生了从传统原则批判现代的保守主义和试图超越现代的马克思主义。今天,在革命的社会实践陷入衰退之后,不论对现代主体性的观念论批判、对现代主体性原则的捍卫,还是对现代主体性的修正救赎,批判和反思总是直接或间接地与马克思的阶级主体性思想相互关联。在这种多维语境中,我们如何在并不拒绝马克思遗产的基础上关照实践及理论层面的发展? 这当然是一个十分复杂的问题。但无论如何,在我看来:在马克思之后不论以传统对抗现代主体性解放,还是以现代主体性解放为终极目标,或者是仅仅在观念层面激进地批判现代的主体性,都不会成为对时代的真实把握。问题不再是要不要主体性,而在于以何种方式参与历史建构的何种主体性,因为一经启蒙,主体性就已经成为历史发展无法排出的内在因素了,不论是就其作为价值诉求还是历史动力而言均是如此。

为否定封建时代的专制和等级特权,欧洲的启蒙运动论证了人的同质性,形成了以抽象同一性为基础的"人"的主体概念,为政治上的自由、平等和道德上的博爱提供人本论基础,发挥了巨大的解放作用。在对此种现代解放的反思中,通过对市民社会物质关系的政治经济学解剖,马克思以阶级分化理论质疑这种人性同一性论证,进而提出了以无产阶级革命的形式彻底解放人类的命题。无产阶级既然只是现代社会分化之一个特殊的、部分的主体,它如何可能实现人类的总体性解放呢? 马克思以差异性否定同质性,最后又以特殊

的差异性实现普遍的同一性,即以无产阶级解放的方式承担人类解放的使命,
这里是否存在无法消解的困境?如今,革命运动开始碎片化为多元主体承担
的微观政治实践,这就是以多元性和差异性为思想基础的新社会运动对阶级
总体性革命的置换,就是以"力比多"为基础的欲望主体对经济理性主体的话
语置换。核心是对总体性阶级主体的解构,马克思的主体性思想被看成是以
经济决定论为基础的阶级还原论。

　　从马克思思想的阐释史来看,曾经有第二国际经济决定论的科学主义阐
发,今天又有立足于相同逻辑对马克思的广泛批判,比如哈贝马斯、鲍德里亚、
吉登斯等等①。当然,如果无产阶级革命的主体性仅仅源于对经济结构中受
损阶级利益的自觉,革命的合法性和合理性基础仅仅被阐释为无产阶级贫困
化,那么毫无疑问,无产阶级实际上就只是受本能驱动的"经济动物",行动只
是被肠胃驱动的消极反应,是"饥民的造反"。这就根本谈不上革命的主体
性,而只是阿Q式革命的所有权易主,就像中国的历次农民起义一样,统治的
历史结构和实质不会有任何变化,革命将面临革命意志消退后的异化,逃不出
历史的"周期律"。问题还在于,随着所谓经济发展和收入增多,这种主体性
就会消融同化到资本的统治结构之中,带来发展、财富和进步的资本就会被确
认为不容置疑的"先验"原则。今天,不论是告别革命的喧嚣,还是找不到革
命主体性的苦闷,都以此种唯物主义的"经济动物"假定为基础,同古典政治
经济学分享同样的思想前提,人被理解为受本能驱动的自在存在。

　　然而,从马克思的论证中可以看到,经济剥削和压迫并不只涉及物质利
益,而是关系到存在领域中的正当性和公正性问题。资本对劳动的统治或者
说死劳动支配活劳动这一现代社会的基础逻辑以形式公正掩盖了实质上的不
公正,导致整个上层建筑和意识形态的公正、自由、平等、博爱停留于抽象的、
形式的层面。无产阶级的阶级意识在于在对这种阶级关系的自觉中对不公正
结构的批判,因此,具有无产阶级意识的人未必具有无产阶级的经济地位,反

---

　　① 可以参见罗骞的《马克思的现代性批判及其当代意义》中第七章的相关阐释。(上海人
民出版社 2007 年版)

之亦然。无产阶级革命的主体性具有正当性的价值担当,而不是立足于社会阶级分化的、单纯的利益驱动,更不是根源于"怨恨"心理的暴力造反。

资本仍然是现代的总体性原则,对资本统治的超越当然是"利用资本来消灭资本"。但是,超越资本的主体性并不附属在资本主义的"经济危机"上,资本发展不会自发地成为革命的因素和解放的力量,而可能摧毁人类的存在。然而,在马克思时代资本现代性的进展还没有触及人类生存的自然底线,同样,人类社会内部的对抗也没有达到自我毁灭的程度,也就是说,资本作为现代的总体性原则尚没有全面完成这种总体性的展现。因此,马克思没有从资本绝对扩张中看到人类毁灭的可能性,扬弃资本统治的阶级主体性没有从这种"死亡"意识中得到领会,而只是立足于资本统治的不正当性和资本运行的危机概念,我们看到了马克思对人类未来的乐观。

如今,资本原则的强化不仅进一步加深了人的存在异化,而且已经触及了人类生存的自然底线和社会底线。如果没有超越性的能动实践实现生存方式的再造,人类完全可能终结于资本现代性肆意扩张的"历史"中,而不是由地球和宇宙生命规定的"寿终正寝"。在这种可能性面前,主体性必须成为当代政治哲学和历史哲学的根本问题,此种主体性的觉醒乃是存在的呼唤,是对人类生存的本真"操心"。就像海德格尔以"向死而在"确立"此在"的存在论意义一样,历史唯物主义也可以引入这种"终结"的存在论视角批判资本现代性,主体性的建构并不只是一个阶级的事业。在这种"向死而在"的意义上,对资本的超越就不仅从积极的方面指向人类的解放,而且从消极的方面指向人类的自救。这当然不意味着人类必然能够突破自然规定的没落界限,但它在自然的界线以内将历史看成是人类活动的结果,要求人类自觉地参与历史的建构以避免历史性的灾难和不幸。如果说这也是一种救赎的话,它乃是一种自我救赎。相对于海德格尔式的只有一个出现或不出现的上帝能够救渡我们的悲怆而言①,历史唯物主义内在地蕴含着真正的历史理性和主体性原则。

---

① 参见[德]海德格尔:《海德格尔选集》(下),孙周兴选编,上海三联书店1996年版,第1306页。

至于主体性的实现则完全是一个构成性的开放过程,因为历史性的主体不可能是被给定的、不变的"在者",它本身在实践中构成和消解,是一个流动的辩证过程。这就像历史的飞跃和渐进、革命和改良本身体现了主体性实现的不同方式,因此是辩证的可能性过程一样。

第七章　革命范畴的存在论阐释

　　历史唯物主义将社会历史看成实践中的生成过程,因此,人应该在历史中发挥创造和推动的主体性作用。这种主体性不是观念的主体性,而是实践的主体性。它呼唤人类生存中的自我创造和自我担当,在面对现实中超越现实。立足于实践的主体性概念,历史唯物主义将对现实的理论思考指向了对于现实的革命改造。因此,在讨论了历史唯物主义的主体性概念之后,本章将讨论历史唯物主义的革命范畴。历史唯物主义的实践范畴与革命范畴内在地联系在一起。实践范畴为历史唯物主义的革命理论提供了后形而上学的存在论基础。革命范畴是马克思主义实践范畴在政治哲学和历史哲学层面最为直接的表达。革命性是马克思主义区别于一般思想流派的显著特征。然而,且不论目前实践语境的挑战,单就理论阐释方面而言,对于马克思主义的革命理论以及历史中的革命现象本身都存在诸多误解。本章围绕理性、实践、改良和异化几个范畴展开,以主客体辩证的实践概念为基础阐释马克思主义的革命观,目的在于澄清对马克思主义革命理论的一些常见误解,对革命这一重大的历史现象做出历史唯物主义的阐释,将对革命的理解奠定在后形而上学存在论的基础之上。当然,此种阐释虽然限定在理论原则的层面,但总也免不了对具体事件的触及,因为诸多事实——不论是实践事件还是思想事件,虽然不是我们直接的研究主题,却是这一理论阐释沉默不宣的语境。

第一节　作为主体性的客观实践

在现代政治哲学和历史哲学中,革命被看成理性的要求和实现,成为一个核心的范畴。这种理性主义的革命观念在黑格尔哲学中得到了概念化。从黑格尔的观点来看,法国大革命作为现代的标志,所带来的历史决定性转变就是人类达到了对精神的依赖,并且敢于使现实服从于理性的原则。[①] 换句话说,理性是现实的最终决定力量,革命是理性的要求,是理性原则的外化。马尔库塞在《理性与革命》中对革命的理性主义基础做出了深刻的阐释。的确,尽管现代的无数次革命中包含着非理性的现象,但就以理性作为革命的合法性基础这一点而言,不论是现代的革命者还是思想家,他们的理解都存在着广泛的一致性。马尔库塞指出:"法国启蒙哲学和法国革命的继承者们的哲学都断定理性是客观的历史的力量,这种力量曾使法国人民从专制的桎梏下解放出来,这种力量将使世界成为进步和幸福的乐园。他们认为'理性的力量,而不是武器的力量,将会使我们的伟大的革命原则得以传播。'"[②]正因如此,如今在检讨现代性灾难和困境的时候,不少人将批判指向了理性的革命叙事。

在一些后现代思想家看来,现代革命,包括法国大革命、俄国十月革命乃至法西斯主义等等,以理性的规划和设计来改造历史,根源于理性预设的革命带来了现实的灾难,导致了总体化的专制和集权。他们对理性主义的现代性革命叙事进行了激烈批判,认为当代思想的任务就是要从现代"解放"和"革命"的理性主义承诺中解放出来。然而,后现代主义仍然将革命看成是理性的结果,差别只在于它不再认为此种革命应该得到肯定和颂扬,而是把它看成极端异化的力量,是现代灾难的根源。因此,从本质上说,此种批判不过是理

---

① ［美］马尔库塞:《理性与革命》,程志民等译,重庆出版社1993年版,第5页。
② ［美］马尔库塞:《理性与革命》,程志民等译,重庆出版社1993年版,第6页。

性革命概念颠倒过来的影子,它们共同分享着观念主义历史观的思想前提。结果好像是,最初的革命是依据理性人为制造出来的,今天同样可以以理性批判的方式告别革命。

与各种理性主义的革命理论相反,历史唯物主义为理解革命提供了重要的方法论基础。历史唯物主义从根本上扬弃了以理性为基础的革命概念,既不像启蒙主义那样单纯以理性呼唤革命,也不像某些后现代主义者那样批判理性、拒斥革命,而是从社会的存在论基础中揭示革命的动力,从现实的脉动中把捉革命的可能性,从历史发展的趋势中阐释革命的作用,真正将革命范畴提升到了一种政治哲学和历史哲学的高度,并且从原则上改造了现代政治哲学和历史哲学的思想基础。历史唯物主义的革命范畴是马克思主义思想体系的拱心石,是历史唯物主义哲学、政治经济学和科学社会主义之间相互贯穿的桥梁,它体现了鲜明的实践品格,连接着对资本现代性的批判和未来社会的设想,全面贯穿在经济学、哲学和政治学等学科的研究之中。没有历史唯物主义的革命范畴,马克思主义的理论和实践就会失去灵魂。

历史唯物主义的革命范畴首先应该在马克思思想的发展进程和逻辑体系中得到定位。在博士论文中,马克思以"自我意识"概念为启蒙理性和主体性原则进行哲学论证,成为哲学上的山岳党。[①] 接着的《莱茵报》政治评论贯彻了博士论文的这一立场,"自我意识"的绝对原则现实化为政治上的"自由"、"平等"口号,以批判普鲁士的专制统治,要求理性的法和理性的国家。至此,马克思的思想基础完全是理性主义的观念论,以现实不符合理性的原则来批判现实,要求改变现实。由于在《莱茵报》政论中遇到"原则"被"利益"击败的"物质困惑",马克思回到对黑格尔法哲学的批判,以检视自己的思想基础。通过这一检视马克思明确了两个基本点:其一,物质生活关系,即市民社会的

---

① 所谓山岳党,意指革命民主派、激进派。卢格说,鲍威尔、科本和马克思的思想特征同资产阶级启蒙运动具有密切的联系,他们是哲学上的山岳党。参见梅林:《马克思传》,人民出版社1965年版,第29页。

基础性地位,要求到政治经济学批判中解剖市民社会①,不再是从观念原则而是从现实生活的生产和再生产揭示社会历史发展的动力,这就颠覆了理性历史观的思想基础。其二,现代解放仅只是政治解放,即实现了政治领域抽象的、形式的解放,市民社会的生活领域还处于现实的桎梏之中,这就意味着"革命尚未成功",新的革命应该深入到市民社会物质关系的内部,实现"人类的解放"。这两点从根本上预示了历史唯物主义哲学、政治经济学和社会主义研究的基本方向,体现了三者之间的内在关系,同时也奠定了历史唯物主义革命概念的思想基础:一方面,革命不再被理解为理性的呼唤,而是在政治经济学批判的视域中被阐释为社会结构性矛盾的结果,这涉及历史唯物主义革命概念的方法论基础;另一方面,对现代解放限度的揭示意味着历史唯物主义建构未来的政治革命指向,理论批判的任务不再是成为现代,而是从现代获得解放。理性主义的政治哲学和历史哲学的方法论基础及其认为现代解放为历史终结的形而上学论调被彻底打破了。

革命不再需要到完美的价值预设中寻找自己的诗情,而是在社会历史的存在论分析中获得现实力量,这就是马克思后来集中全部精力于政治经济学批判的根本原因。像我们在前面第五章指出的那样,《资本论》的目的不是"为资本立论",而是以"资本立论"展开现代社会批判,揭示未来革命的发生学根源,它不是单纯的实证主义研究。早在《1844 年经济学哲学手稿》中马克思就明确地指出:"整个革命运动必然在私有财产的运动中,即在经济的运动中,为自己既找到经验的基础,也找到理论的基础。"②理论的任务就是对这一现实基础的描述:"在思辨终止的地方,在现实生活面前,正是描述人们的实践活动和实际发展过程的真正的实证科学开始的地方。关于意识的空话将终止,它们一定会被真正的知识所代替。对现实的描述会使独立的哲学失去生

---

①　在回顾《黑格尔法哲学批判》的思想成果时,马克思曾经说:"法的关系正像国家的形式一样,既不能从它们本身来理解,也不能从所谓人类精神的一般发展来理解,相反,它们根源于物质的生活关系,这种物质的生活关系的总和,黑格尔按照 18 世纪的英国人和法国人的先例,概括为'市民社会',而对市民社会的解剖应该到政治经济学中去寻找。"(《马克思恩格斯全集》第 31 卷,人民出版社 1998 年版,第 412 页。)

②　《马克思恩格斯全集》第 3 卷,人民出版社 2002 年版,第 298 页。

存环境,能够取而代之的充其量不过是从对人类历史发展的考察中抽象出来的最一般的结果的概括。"①唯物主义的历史观不是在每个时代中寻找某种范畴,而是始终站在现实历史的基础上,不是从观念出发来解释实践,而是从物质实践出发来解释观念的东西。

历史唯物主义的革命概念是根源于现实历史的存在论描述,并不像一些阐释者所说的那样,是形而上学目的论预设的产物,《共产党宣言》描述的历史序列反映的是由"天意规定的救赎历史",历史唯物主义是以国民经济学语言讲述的救赎史。② 在历史唯物主义这里,革命理论是实践的思想表达,革命本身是历史的自我否定。无产阶级的反抗意识和"共产党人的理论原理,决不是以这个和那个世界改革家所发明或发现的思想、原则为根据的",它"不过是现存的阶级斗争、我们眼前的历史运动的真实关系的一般表述"。③ 革命并不是理性的创造和主观想象,更不是为了展开某种形而上学目的论预设的具体环节,对于历史目的论《神圣家族》早有批判。在马克思和恩格斯看来,历史并没有一个在先的目的,不是为了给理性充饥,为了证明真理而存在。《神圣家族》中指出:"正像在从前的目的论者看来,植物所以存在,是为了给动物充饥的;动物所以存在,是为了给人类充饥的;同样,历史所以存在,也是为了给理论的充饥(即证明)这种消费行为服务的。人为了历史能存在而存在,而历史则为了真理的论据能存在而存在。在这种批判的庸俗化的形式中重复着思辨的英明:人所以存在,历史所以存在,是为了使真理达到自我意识。"④在马克思和恩格斯看来,历史"不过是追求着自己目的的人的活动而已"⑤,并不存在外在的目的决定着历史的进程。正如伊格尔顿指出:"对于马克思来说,关键不是使我们朝着大写的历史的目的前进,而是从这一切的下面摆脱出来,以使我们能够从此开始——以便严格意义上的历史,带着所有它们

---

① 《马克思恩格斯全集》第3卷,人民出版社2002年版,第73—74页。
② [德]卡尔·洛维特:《世界历史与救赎历史》,李秋零、田薇译,上海世纪出版集团2006年版,第70—71页。
③ 《马克思恩格斯全集》第1卷,人民出版社1995年版,第285页。
④ 《马克思恩格斯文集》第1卷,人民出版社2009年版,第284页。
⑤ 《马克思恩格斯文集》第1卷,人民出版社2009年版,第295页。

的丰富差异，能够从此开始。"①

　　马克思在《资本论》第一卷《第一版序言》中说过："我的观点是把经济的社会形态的发展理解为一种自然史的过程。"②必须全面准确理解马克思的这一论断。这里的所谓"自然史的过程"，同时批判了古代"神义论"和现代"人义论"的历史观，前者将人类历史的发展看成上帝意志的结果，一个外在目的论的过程，后者则将人类历史的发展看成理性的、人为操作的唯意志过程。相对于"神意"和"人意"，这一命题的意义在于指出了社会运动是"自己"运动，突出了历史发展的客观性。作为"历史前进火车头"的革命，不是奉天承运式的轮回，也不是个体唯意志论的理性创造，而是根源于人们现实生活的生产和再生产，根源于社会中的结构性对抗和矛盾本身，革命的理论和革命的实践只是对这一状况的自觉反映。正如帕·瓦·沃洛布耶夫所说的那样，革命群众不会为抽象的思想而斗争。③　因此，在启蒙的思想家以"理性"呼唤革命的时候，马克思指出，法国大革命不过是使已经在经济上确立了的资产阶级统治进一步在政治上得到确立；在青年黑格尔派看到观念斗争的地方，马克思和恩格斯看到的却是这种斗争同现实实践之间的内在关联。《共产党宣言》指出："当基督教思想在 18 世纪被启蒙思想击败的时候，封建社会正在同当时革命的资产阶级进行殊死的斗争。信仰自由和宗教自由的思想，不过表明自由竞争在信仰领域里占统治地位罢了。"④在马克思看来，作为法国大革命理论表达的黑格尔理性哲学"只是为历史的运动找到抽象的、逻辑的、思辨的表达"。⑤　在《〈政治经济学批判〉序言》中，马克思对革命的发生学作出了完整的、历史唯物主义的经典表述，要求从物质生活的矛盾中，即从社会生产力和

---

① ［英］特里·伊格尔顿：《后现代主义的幻象》，华明译，商务印书馆 2000 年版，第 78 页。
② 《马克思恩格斯全集》第 44 卷，人民出版社 2001 年版，第 10 页。
③ 帕·瓦·沃洛布耶夫说："应该明确地说，像参加革命的广大群众所说的，推动他们参加革命的不是抽象的思想，而是直接的物质利益，基本的生活需要，为满足它们而进行的斗争。"［俄］《祖国历史》1996 年第 5 期，转引自徐向梅：《历史的选择+人的选择——十月革命道路问题探讨》，《东欧中亚研究》1998 年第 5 期。
④ 《马克思恩格斯全集》第 1 卷，人民出版社 1995 年版，第 292 页。
⑤ 《马克思恩格斯全集》第 3 卷，人民出版社 2002 年版，第 316 页。

生产关系之间的现实冲突中理解革命,理解社会形态的变革,而不是单纯以时代的意识为依据来判定一个时代:

"社会的物质生产力发展到一定阶段,便同它们一直在其中运动的现存生产关系或财产关系(这只是生产关系的法律用语)发生矛盾。于是这些关系便由生产力的发展形式变成生产力的桎梏。那时社会革命的时代就到来了。随着经济基础的变更,全部庞大的上层建筑也或慢或快地发生变革。在考察这些变革时,必须时刻把下面两者区别开来:一种是生产的经济条件方面所发生的物质的、可以用自然科学的精确性指明的变革,一种是人们借以意识到这个冲突并力求把它克服的那些法律的、政治的、宗教的、艺术的或哲学的,简言之,意识形态的形式。我们判断一个人不能以他对自己的看法为根据,同样,我们判断这样一个变革时代也不能以它的意识为根据;相反,这个意识必须从物质生活的矛盾中,从社会生产力和生产关系之间的现存冲突中去解释。无论哪一个社会形态,在它所能容纳的全部生产力发挥出来以前,是决不会灭亡的;而新的更高的生产关系,在它的物质存在条件在旧社会的胎胞里成熟以前,是决不会出现的。所以人类始终只提出自己能够解决的任务,因为只要仔细考察就可以发现,任务本身,只有在解决它的物质条件已经存在或者至少是在生成过程中的时候,才会产生。"①

第二节　能动地超越现实的辩证过程

历史唯物主义突出革命的社会历史基础,从生产力和生产关系、经济基础和上层建筑的矛盾运动中揭示革命的发生学根源。所以马克思指出,无论哪一种社会形态,在它所能容纳的全部生产力发挥出来以前,是决不会灭亡的;而新的更高的生产关系,在它的物质存在条件在旧社会的胎胞里成熟以前,是

① 《马克思恩格斯全集》第31卷,人民出版社1998年版,第413页。

决不会出现的。① 如何理解历史唯物主义的这一基本论断呢？两个"决不会"是否意味着：第一，在历史的发展中偶然性因素被绝对忽视？因此，第二，主体能动的创造性没有运转空间，选择性和策略性被低估，历史的发展成了自在的而不是自为的过程？亦即是说，历史唯物主义是否是一种机械决定论，一种排除了主体能动性的经济还原主义？

　　卡尔·施米特曾经指出："马克思主义的科学性不打算赋予临近的事变以机械的精确性，使之成为一种机械计算和机械建构的胜利，而是把它们留给时间的流逝和历史事件的具体现实，这些事变是从自身发展而来的。"②在批判把马克思主义理论作为机械决定论的意义上，这一说法无疑是正确的。按照马克思主义看来，经济并不是唯一的决定性因素，③甚至经济运行本身也不是一个中性的僵硬事实，历史的构成包含着主体建构，这种建构的时间性就意味着历史向可能性开放，意味着非自然的实践性，意味着在历史中拒绝冰冷的机械必然性。马克思本人并没有提供一种"超历史"的"一般历史哲学"，排除历史环境的因素将历史发展过程概括成机械的必然性。④ 马克思固然也谈论"铁的必然性"，比如说在《资本论》第一卷《第一版序言》中，但他是就历史发展的总的趋势而言，而不是针对具体的历史事件，更不是说这种必然性是人之外的自在性。葛兰西在《狱中札记》指出，必须批判性地发展马克思《〈政治经济学批判〉序言》思想的全部意义，要求清除所有机械论和宿命论残余，革命必须考虑三个主要的"时机"。⑤ 这无疑是对的。事实上，只要我们用辩证的总体观来考察马克思的某些具体论断就会发现，用两个"决不会"将革命的历史唯物主义还原为一种宿命论的历史哲学，实际上已经离开了马克思主义辩证的实践范畴。

　　虽然强调资本主义的全面发展和最终成熟是无产阶级共同革命的条件，

---

　　① 《马克思恩格斯全集》第 31 卷，人民出版社 1998 年版，第 413 页。
　　② ［德］卡尔·施米特：《政治的浪漫派》，冯克利、刘锋译，上海世纪出版集团 2004 年版，第 204 页。
　　③ 《马克思恩格斯全集》第 4 卷，人民出版社 1995 年版，第 695—696 页。
　　④ 《马克思恩格斯全集》第 3 卷，人民出版社 1995 年版，第 340—342 页。
　　⑤ ［意］葛兰西：《狱中札记》，曹雷雨等译，中国社会科学出版社 2000 年版，第 78 页。

但马克思并没有否定资本主义尚不发达的俄国发动共产主义革命的可能性。在《共产党宣言》1882 年俄文版序言中,马克思说:"假如俄国革命将成为西方无产阶级革命的信号而双方相互补充的话,那么现今的俄国土地公有制便能成为共产主义发展的起点。"①这一看法与 1881 年他给查苏利奇的信的正文尤其是初稿结论部分的看法是完全一致的。② 马克思指出俄国农村公社存在着两种发展的可能,"一切都取决于它所处的历史环境"。只是在分析了俄国农村公社的特点和处境之后,马克思才在给查苏利奇的信的初稿中提出了"俄国可以跨越卡夫丁峡谷"的设想。③ 马克思既没有断定俄国只有在资本主义充分发展之后才会产生革命,同样没有断定落后俄国革命发生的"绝对"必然性。

　　历史的发展不存在绝对的教条,而是多种合力相互角力的结果。在诸种相互作用的因素中,大体可以归并为主体和客体两个方面,不能将"主体能动"的方面和"客体消极"的方面分别夸大为抽象的绝对。在《关于费尔巴哈的提纲》第一条中,马克思指出,我们不能单纯从抽象"主体"或"客体"的方面理解现实对象,因为现实的一切乃是感性活动的结果并始终处于主客体相互作用的实践过程之中。正因为费尔巴哈只是从客体形式去理解对象、现实、感性,而忽视了主体的能动的方面,所以马克思批判费尔巴哈不了解"革命"的、"实践批判"的活动,费尔巴哈在历史观上最终陷入唯心主义。历史唯物主义要求以实践范畴为核心从主体和客体相互作用的关系中理解现实存在的事物,突出了实践范畴对于后形而上学存在论的奠基性意义,构成了历史唯物主义革命理论的哲学基础。

　　如果不是在黑格尔"观念异化(外化)"的意义上理解"生产",那么,海德格尔的"对马克思而言,存在就是生产过程"④这一说法倒是准确抓住了马克

---

　　①　《马克思恩格斯全集》第 1 卷,人民出版社 1995 年版,第 251 页。
　　②　《马克思恩格斯全集》第 3 卷,人民出版社 1995 年版,第 773 页。
　　③　《马克思恩格斯全集》第 3 卷,人民出版社 1995 年版,第 765 页。
　　④　这是海德格尔晚年阐释马克思思想的一个重要命题。可见费迪耶等辑录的《晚期海德格尔的三天讨论班纪要》,丁耘摘译,载《哲学译丛》2001 年第 3 期。

思主义思想的基础。在马克思那里,"存在"不是实践之外的抽象"纯有",相反,是实践中的具体生成,是历史中主客体相互作用的动态过程。人们不应该离开这种对象性的实践关系去讨论抽象的、绝对的、无人的存在。马克思和恩格斯在哲学上多次批判费尔巴哈离开了历史实践,离开了现代工业和科学发展的、抽象的自然概念,①更批判了青年黑格尔派的"无身体的理性"这种唯灵论的存在。存在是对象性的存在,存在物在对象性的关系中获得它的存在形式和存在规定,而最本质的对象性关系是由人的对象性活动(尤其是劳动)产生和建构的,对象化活动即实践的成果构成具有社会性、历史性的客观条件和客观关系,即社会存在。社会存在既然是对象化的,它就不是没有"主体性"因素的抽象。这里的所谓"客观"仅就其作为"对象化了的"而言,是一种不由人随意支配的力量。与人相关的存在物——毋宁说一切存在物,不论实践上还是认识上总是通过这种"客观力量"与人发生关系,相互之间存在作为桥梁和隔膜的社会历史性中介。历史唯物主义的核心在于对这一中介的有效把握,它不是从主体的理性、意志和情绪方面,也不是从客体的绝对、自在、必然性方面来把握事物和现实,而是以社会性、历史性从而是时间性中的"实践"概念构成基本理论视域,关键之处就在于这个交互作用的"界面"。

然而,实践并不是历史唯物主义特有的范畴,甚至黑格尔也不比马克思较少强调实践。至于在当今的后现代语境中,不论是将"生活世界"纳入实践范畴并标志为哲学创新,还是以存在主义的"生存"同马克思的实践范畴联姻,实际上都远离了历史唯物主义的实践性,并且极有可能在后形而上学的思想合唱中淹没马克思主义理论的突出意义。在马克思主义这里,实践的客观性、社会性、历史性、具体性等等是通过生产力、生产关系、经济基础、上层建筑、劳动分工、财产所有制等特定的"对象化"范畴被规定的,它们充分体现了历史唯物主义实践概念的特殊性。作为表达对象化规定的范畴,它们既是实践的结果也构成实践赖以出发的条件,革命既改造着这些关系,也受这些关系的制约。这些特殊的范畴,充分体现了社会历史领域的实践本质不过是主体能动

---

① 参见《马克思恩格斯选集》第 1 卷,人民出版社 1995 年版,第 76—77 页。

创造性同客观条件制约性之间的辩证运动。① 这是一个具有时间性缺口的辩证过程,也是主体性发挥作用的真正空间。

在马克思主义的政治哲学和历史哲学中,以这种主客体辩证运动的实践概念为基础的"革命"范畴,从根本上超越了宿命论(实体主义)和意志论(主体主义)之间的抽象对立。革命的理论构成革命实践的内在环节,革命实践是革命理论的来源和归宿。马克思资本主义批判理论的全部努力就是要在无产阶级革命的主体性和资本运行的客观性之间建立有效结合,既为革命寻找客观性的科学基础,也在客观性的科学基础上唤醒革命的主体意识。按照卡尔·科尔施的说法:"'生产力和生产关系之间的矛盾'作为物质生产整个历史发展和奠立其上的社会经济形态隐蔽的推动力,不过是马克思在《共产党宣言》和其他著作里许多其他地方阐明为社会阶级的对立与斗争的同一事物的如实表达。"②不论是马克思还是列宁,都没有期望通过纯粹宿命论地等待社会经济的发展去替代工人阶级的实际的革命行动,③也没有单纯地将阶级革命的意识和实践看成是经济因素增长的自发结果。相反,马克思将革命看成历史前进的火车头,将革命的无产阶级看成是改造资本主义的根本历史主体。

这种辩证的革命概念最大限度地在对历史事件的理解中引进了时间性概念,由此容纳了具体性、差异性、特殊性、偶然性,容纳了主体创造的选择性、灵活性和机动性,而不是以客观决定论的方式消融主体的创造性,或者以绝对的主体性向实践颁布命令,无视实践中的客体因素。具体来说,诸如评价俄国十月革命以及中国革命等等,就不能因为它们从客观的方面具有不同于马克思和恩格斯所谈论的无产阶级革命的基础和前提,就低估它对社会主义事业的巨大历史贡献及其性质,将客观方面的因素作为判断革命性质的唯一标

---

① 参见《马克思恩格斯选集》第 1 卷,人民出版社 1995 年版,第 88、92—93 页。

② [德]卡尔·科尔施:《卡尔·马克思——马克思主义的理论和阶级运动》,重庆出版社 1993 年版,第 149 页。

③ 参见[德]卡尔·科尔施:《卡尔·马克思——马克思主义的理论和阶级运动》,重庆出版社 1993 年版,第 162 页。

准——这正是梅革纳德·德赛《马克思的复仇》中的基本立场。当然,同样不能忽视这些革命与经典作家阐释的社会主义革命之间的客观差异。忽视了这种差异,就可能将未来社会主义原理机械地套用到具体革命和革命后的建设实践中,从而以"抽象原则"为尺度指责某些具体实践措施和策略的"不对",同样可能会无原则地认可实践中的所有做法并将它们拔高为原则,诸如此类的倾向不胜枚举。比如说,罗莎·卢森堡在《论俄国革命》中批判列宁的土地路线,认为它不仅不是社会主义的措施,而且给社会主义制造了强大的农村顽固阶层。① 卢森堡的批判从抽象原则上说无疑是对的,小土地的私有制显然不符合社会主义的原则,但是,如果农民得不到土地,十月革命就会失去最大的同盟而失败。针对当时的具体形势,卢卡奇则颇有见地指出,布尔什维克在十月革命中根本没有选择社会主义的土地路线还是偏离社会主义土地路线的可能性,他们唯一的选择是:"或者动员自发农民运动的被释放出来的能量为无产阶级革命服务,或者站在农民的对立面,使无产阶级陷入绝望的孤立,从而帮助反革命获得胜利。"②

马克思说:"在将来某个特定的时刻应该做些什么,应该马上做些什么,这当然完全取决于人们将不得不在其中活动的那个既定的历史环境。"③马克思主义在看待革命事件的时候总是以具体的时间、地点和条件为转移,坚持实践的开放性。当然,这绝对不是说历史唯物主义的历史观是一种历史机缘论,将各种事件的出现看成是机缘耦合的结果,从而否定历史的方向性和规律性;相反,在马克思主义者看来,具体历史事件受制于历史的辩证运动总体,应该从历史总体的演变中确定其意义和性质,把握其可能的发展方向和趋势,而不能看成是受众多偶然因素聚合而产生的孤立事件,没有规律和方向可言。唯有如此,才可能对人类历史发展趋势获得宏观认识,而不至于迷失于纷繁复杂的现象之中。

---

① [德]罗莎·卢森堡:《论俄国革命》,殷叙彝等译,贵州人民出版社2001年版,第12—14页。
② [匈]卢卡奇:《历史与阶级意识》,杜章智等译,商务印书馆1996年版,第361页。
③ 《马克思恩格斯选集》第4卷,人民出版社1995年版,第643页。

第三节　历史发展中渐进与飞跃的统一

马克思和恩格斯曾经在《德意志意识形态》中说过:"共产主义对我们来说不是应当确立的状况,不是现实应当与之相适应的理想。我们所称为共产主义的是那种消灭现存状况的现实的运动。这个运动的条件是由现有的前提产生的。"①共产主义并不是单纯停留于伦理的"应当",而是具备现实条件,既包括了资本自身运行的客观逻辑,也包括无产阶级作为历史主体的推动,资本运行的规律性与阶级的革命性相互勾连,而不是相互排斥的。割裂这种主客体辩证的实践关系,夸大革命的"主体"方面,就会陷入唯意志的革命冲动;相反,将客观经济基础的作用无限夸大,又会陷入机械宿命论,对现实的社会状况采取一种无批判的肯定态度。此种割裂,往往对马克思主义理论的科学性与革命性之间的关系做出形而上学的理解,进而在超越资本主义的问题上陷入相互对立的和平道路和革命道路的抽象争论。

有人指出,"革命"是马克思虚假"科学"的推论前提,科学性不过是革命前提在先的一种演绎性论证策略,亦即是说,马克思论证资本主义必然灭亡的科学性本身并不科学,而只是救世主义的自打包票。② 在否定马克思主义理论科学性的人看来,俄国革命受到了马克思主义意识形态的蒙骗,像法国大革命假借"理性"那样假借"科学",其"科学"不过是带有明显先验原则的历史解释。③ 与这种否定马克思主义革命范畴奠定在科学基础上的观点相反,一些人强烈地坚持马克思主义的"科学性",认为马克思主义揭示了社会历史发展的绝对必然性,资本主义的灭亡是一个自然历史过程。实际上这是一种唯科学主义或者实证主义的科学概念,它以一种冰冷的、排除至少是忽视了主体

①　《马克思恩格斯全集》第 1 卷,人民出版社 1995 年版,第 87 页。
②　让·伊尔斯特指出,马克思共产主义的思路是建立在臆想而不是社会科学分析的基础之上。(见卡尔佛特:《革命与反革命》,吉林人民出版社 2005 年版,第 63 页)
③　[英]埃德蒙·柏克:《自由与传统》,蒋庆等译,商务印书馆 2001 年版,第 6、11 页。

的必然性概念阐释历史发展。在历史的连续性和中断性之间,侧重于连续性的解释,否定由革命造成的历史"飞跃"。在实践上他们主张以和平的方式渐进地长入社会主义,在政治上主要奉行以第二国际发端的民主社会主义为代表的改良路线,其思想的基础是"实体主义"。在他们看来,晚年的马克思和恩格斯已经改变或者说放弃了早年提出的激进革命理论,成为一种"科学"的理论。他们批判十月革命强化了革命的马克思主义,使之成为唯一合法的马克思主义和社会主义代表,①背离了马克思和恩格斯晚年的思想路线。

　　这里涉的核心问题是:马克思主义的创始人是否是以二元对立的方式来看待和平道路与革命道路? 事实上,在对待革命道路和和平道路问题上,马克思主义的创始人始终是革命的思想家,没有所谓从革命到和平的转变问题,当然也没有否定过和平道路的意义。这一点在经常被引证的《卡尔·马克思〈1844 年至 1850 年的法兰西阶级斗争〉一书导言》中也是显而易见的。在那里,恩格斯根据形势的发展肯定了合法斗争的意义,说"我们是'革命者'、'颠覆者',但是我们用合法手段却比用不合法手段和用颠覆的办法获得的成就要多得多"。② 尽管如此,恩格斯根本没有否定革命的作用,而是强调了"革命权总是唯一的真正'历史权力'",③而且同时指出,议会斗争的目的在于将革命的突击队"好好地保存到决战的那一天"。④ 在恩格斯看来,马克思同样没有将和平手段和非和平手段看成是非此即彼的关系,马克思通过毕生的研究得出了"英国是惟一可以完全通过和平的和合法的手段来实现不可避免的社会革命的国家"这样的结论。⑤ 事实上,给人强烈推崇暴力革命印象的列宁,甚至在十月革命前不久的《革命的任务》一文中,还在讨论革命和平发展的必要性和可能性问题。列宁说:"我们的任务是帮助人们尽一切可能不放过革命和平发展的'最后'一个机会,帮助的办法是解释我们的纲领,说明它的全

　　① ［英］卡尔佛特:《革命与反革命》张长东等译,吉林人民出版社 2005 年版,第 13—14 页。

　　② 《马克思恩格斯全集》第 4 卷,人民出版社 1995 年版,第 524 页。

　　③ 《马克思恩格斯全集》第 4 卷,人民出版社 1995 年版,第 522 页。

　　④ 《马克思恩格斯全集》第 4 卷,人民出版社 1995 年版,第 523 页。

　　⑤ 《马克思恩格斯全集》第 44 卷,人民出版社 2001 年版,第 35 页。

民性质,说明它是绝对符合大多数居民的利益和要求的。"①列宁还说:"不管民主会议的结果如何,我们的工作总不会徒劳无益。"②他最后还在考虑如何根据形势运用和平的方式"保证政权由一个政党和平地转到另一个政党手里"。③ 只是随着当时形势的发展才使革命起义提上了日程。显而易见,这里根本没有革命道路与和平道路的绝对对立的问题。

这就涉及第二个关键问题:既然没有一般地忽视和平道路,那么,在消灭资本主义的过程中,经典作家是否认为和平改良与革命同等重要呢? 显然不是。马克思认为,由于资本主义生产方式的内在矛盾和限度必然导致共产主义的实现,这是一场巨大的社会历史变革,马克思称之为"人类史前时期"的结束,真正世界历史时代的开始,它意味着人类存在方式的基本变革,一种断裂和扬弃,一种全新人类文明状态的开启。这种变革的必然性意味着资本主义的存在方式不是永恒的,未来的人类在资本主义之后如能存在,除了共产主义之外,没有其他的可能。但是,共产主义的实现并不是像搭便车那样的自然到达。从今天的实践处境来看,没有无产阶级革命对资本的能动超越,按照资本的"自发原则",人类完全可能在资本的冲突和紧张中灭亡,比如说在能源的资本化使用中失去存在的客观条件,在争夺生存资源的斗争中毁灭等等。共产主义取代资本主义的革命并不是一般意义上的社会形态变革,而是以阶级革命的方式对人类的挽救和文明的历史性再造。人们不可能在资本的自发成熟中等待"真正世界历史时代"的温柔降临,创造历史的革命性概念内在地包含在"扬弃资本"的思想中。马克思和恩格斯是革命的思想家,而不是一个反对革命的自发论者,在他们那里,革命是历史前进的火车头。

马克思主义的经典作家强调革命在实现共产主义中的根本作用,但并不是"唯革命论"者。有人将马克思主义当成"唯革命论"进行批判,并不是因为马克思主义否定了"和平道路",而是他们想将改良的道路抬高到根本地位,将马克思主义温和化为"人道"的"无害思想"! 好像历史唯物主义的革命概

---

① 《列宁选集》第 3 卷,人民出版社 1995 年版,第 223 页。
② 《列宁选集》第 3 卷,人民出版社 1995 年版,第 223 页。
③ 《列宁选集》第 3 卷,人民出版社 1995 年版,第 231 页。

念是反人道的、野蛮的,而不是以特殊的方式对非人道的、形式上文明实质上野蛮的现代制度的实践批判和超越。在这种歪曲中,存在着一系列具有传递关系的命题:革命就直接地等同于暴力,暴力就直接地等同于杀戮,杀戮当然就是不人道的。于是,在一些人看来,苏联和中国的社会主义革命被看成了反对自由民主制度的野蛮,它们不仅涉及物质资源,而且极其残酷地动摇了人类自由权利的理念,①革命成了专制、暴力、野蛮、非理性、嗜血的代名词。对革命的批判打着人道的、文明的旗号,马克思主义和共产主义被罗织了反人类的罪名!② 至于将十月革命开创的社会主义等同于法西斯主义就更常见的了!不少人从一种抽象的和平主义命题出发责备历史唯物主义的革命理论,甚至要求批判和放弃作为其思想基础的"斗争哲学",声称矛盾的同一性要高于矛盾的斗争性等等。在他们看来,好像革命并不是人们实际生存斗争的结果,倒是一种理性的鼓吹,甚至是少数人的阴谋。革命是被压迫者的反抗这一命题所蕴含的正义基础被广泛地忽视了,革命被妖魔化为赤裸裸的非理性暴力。

　　然而,革命毕竟不是理性主义的产物,只要社会的结构性矛盾没有有效地消除,革命就不会退出历史的舞台,这是来源于直接实践经验的一个基本常识。马克思主义从来不抽象地谈论革命的理性与非理性,而是从社会历史的存在论基础中探索革命的动因,并且从特定的社会关系中解释不同利益集团对待革命的特定姿态。对于无产阶级革命来说,资本主义的危机是触发革命的必要条件和动力,资本主义生产方式以雇佣劳动中的平等交换掩盖着的剥削与压迫构成了革命诉求的正当性基础,无产阶级对这一生存处境的自觉构成革命的"理性",它们一同构成了革命的主客观条件。当然,这种主体对自身存在处境的自觉本身也不是一个纯自发的过程——就像一些社会存在决定社会意识的机械论解释者所认为的那样,事实上,在一定程度上它甚至需要从

　　① ［美］弗朗西斯・福山:《历史的终结及最后的人》,黄胜强、许铭原译,中国社会科学出版社 2003 年版,第 13—14 页。
　　② 2007 年 6 月 12 日,美国总统小布什在演讲中,将共产主义与恐怖主义相提并论,说共产主义已经导致了大约 1 亿人的无辜死亡等等。参见《青年参考》2007 年 6 月 19 日,详细评论参见《环球视野》网站发表的《评华盛顿反华反共的"立碑"闹剧》。

外部灌输,因为现代资本主义生产方式极易形成意识形态的幻象,掩盖人们之间真实的存在论关系。正因为如此,就不能单纯以无产阶级革命意识一时的淡化等等来否定革命的必要性和可能性,为资本主义的永恒性和合理性作辩护,同样,也不能单单从资本主义的客观矛盾中理解革命的必然性。

单纯从经济危机的实然描述中得不出阶级革命的必要性与合理性,资本主义危机是一种多重危机,而不只是表现为一种系统性的经济危机。在这一点上我同意哈贝马斯的观点,但我不像哈贝马斯那样认为,社会亚系统的功能及其危机随着"社会组织原则"的变化而改变它们在社会进化中的地位,①从而淡化马克思主义生产方式批判的基本意义,而是运用历史唯物主义的经济基础范畴,强调资本主义生产方式作为现代社会历史的基本架构,作为现代存在的普遍中介,其基本原则必然贯穿到政治、经济、文化、观念之中,贯穿到人与人、人与自然的关系之中,其危机的形态是多样的、多层的,我们应该全面地考察诸种危机之间的内在关系和相互作用,将马克思对现代资本主义的基础性批判拓展到相关的领域,而不是远离这一基础性批判。在我看来,正是马克思对资本主义经济危机的研究完成了内在批判的奠基性工作。比如说,生态危机问题,虽然在马克思时代还没有凸现出来,但从马克思的在资本主义生产方式的条件下"自然也发生异化"这一思想出发,可以揭示资本主义生产方式对环境恶化的本质性影响。所有诸如此类的批判对于变革资本主义的革命意识在新时代之觉醒十分重要。在对当代资本主义的批判中,放弃了历史唯物主义的生产方式这一理论钥匙,或者将生产方式为基础的批判还原为机械的经济决定论,都无法抓住问题的根本。只有以生产方式批判为基础,才能拓展马克思资本主义的危机概念,进一步把握历史发展的趋势,并转换为创造历史的主体性意识。

关于作为革命主体的"无产阶级"概念,是就生产中的"雇佣"关系而言,是就自己的剩余劳动被无偿占有而言,而不是说他们收入的相对多寡。是前

---

①　[德]哈贝马斯:《合法化危机》,刘北成、曹卫东译,上海人民出版社2000年版,第21页。

者,而不是收入的多寡构成无产阶级革命的正当性基础。"无产"是指没有生产资料,只有通过被剥削才能实现劳动,才能获得多寡不等的报酬,而不是简单地指生活上"没有出路"。所以,将历史唯物主义的无产阶级革命理解为"饥民的造反",不是一种有意的歪曲,就是一种庸俗唯物主义。革命的动机不再是对不正义存在关系的理性自觉,而被看成单纯求生本能的反抗,这就根本谈不上革命的主体性,无产阶级实际上只是被看成受本能驱动的"经济动物",这恰好是现代资本运行的基本前提。正是基于这种理解,才有人认为随着工人生活水平的提高,马克思主义已经失落了革命的主体,过时了,"工人阶级已经被资本同化",革命不再可能。真正说来,只有雇佣阶级不再是出于"钱包"和"肠胃"而革命,"革命的第二天"不再会为"重新开始争取必需品"而斗争,全部陈腐污浊的东西不会死灰复燃的时候,[①]亦即是说,只有当革命的主体真正达到对存在处境的理性自觉,而不是生存的自发反应的时候,马克思主义才算真正获得了社会主义革命和建设的历史主体。唯有如此,革命才不至于发生"异化",才不至于像历史上的一般政权更迭一样跳不出历史的周期率;唯有如此,革命才能真正成为具有社会形态变迁意义上的历史前进的火车头。

第四节　革命第二天的建设实践

在给查苏利奇的一封信中,恩格斯曾经说过:"那些自夸制造出革命的人,在革命的第二天总是看到,他们不知道他们做的是什么,制造出的革命根本不像他们原来打算的那个样子。这就是黑格尔所说的历史的讽刺,免遭这种讽刺的历史活动家为数甚少。"关于此种革命"出乎意料"的现象,马克思在《路易·波拿巴的雾月十八日》中谈到1848年革命时就有过描述。他说:"自以为借助革命加速了自己前进运动的整个民族,忽然发现自己被拖回到一个

早已死亡的时代。"①在谈到资产阶级革命时,恩格斯也指出了革命建立的社会制度和政治制度与"启蒙学者华美诺言"之间的强烈反差。② 革命对革命初衷的背离似乎成了一种普遍的现象。问题的要害是,我们大家的命运都会是这样的吗?这一问题坚硬地刺激着革命者的神经。也许正因为如此,恩格斯才在谈"革命第二天"这段话的后面紧接着删掉了"也许我们大家的命运都会是这样"这一句。③ 如今苏联的解体更是再次让人想到了经典作家这些精辟的言论,"革命的第二天"已经成了一个表达革命困境的常用概念。后现代主义者利奥塔就指出:"今天我们知道,在马克思主义的庇护下'十月革命'只是成功地再次打开同一伤口,现在和将来的所有革命都只能再次打开同一伤口。问题的确定和诊断可以变化,但在这一重写中同一疾病又再次出现。马克思主义者认为他们在努力消除异化,但人的异化以几乎毫无变化的现实被重复了。"④

　　掌握政权之后,由于革命精神衰退、革命原则受到侵蚀,被压迫者往往成为新的压迫者,革命者最后成为被革命的对象,逃不出所谓"其兴也勃焉,其亡也忽焉"的历史周期率。从这个意义上看,正如毛泽东在革命胜利前夕所说,取得政权,万里长征才走完第一步,真正的困难和问题发生在"革命的第二天"。革命取得的政权如何保证政权的革命性,对于执政的无产阶级政党来说,是一个严峻的考验,在根本缺乏无产阶级普遍革命形势的历史处境中尤其是一个真正严峻的考验。由革命而来的执政者怎样才能避免蜕化为新的统治者、压迫者,如何保持为一种先进的、解放的力量,如何代表历史的发展方向开创人类文明的新形态,总之,从积极的方面说是如何保持革命政权的革命性,从消极的方面说是如何克服"革命异化",是无产阶级政权面临的艰巨任务。不去完成这一任务、或者说不能完成这一任务,它将失去自己存在的合法

---

① 《马克思恩格斯选集》第 1 卷,人民出版社 1995 年版,第 586 页。
② 《马克思恩格斯选集》第 3 卷,人民出版社 1995 年版,第 723 页。
③ 《马克思恩格斯选集》第 4 卷,人民出版社 1995 年版,第 671 页。
④ [法]利奥塔:《后现代性与公正游戏》,谈瀛洲译,上海人民出版社 1997 年版,第 158 页。

性,再度陷入权力更迭的历史循环。

亚当·沙夫在《论共产主义运动的若干问题》中提出,凡是人所创造的东西都可能背离人们的设想和愿望,都存在异化的可能性,革命也是如此。"人们为了达到社会发展的一定目标而进行革命(使社会政治结构发生质的改变,而不管实行这一革命的形式),而这一革命在具体的社会条件下却向着一种并非所希望的,某些方面与本来的意图相反的方向上发展,并从而使它的发动者失去对它的控制。在这种情况下,人们往往说是对革命的'背叛',或者更确切些(因为是客观地表述),说是革命的变质或蜕变。然而,用马克思主义的方法来考察,最合适的说法应该是革命的异化。"①从一般的意义上讲,异化是指人类实践活动的对象化结果作为客观的力量不再受到主体的掌控并且成了一种针对主体的否定性的因素。真正说来,"异化"恰恰不是简单的主观背叛,反而是一种客观"压力"的结果,它具有"存在的合理性",就像马克思指出的劳动异化是人类当代客观经济关系的结果,而不只是一种主观力量一样。

革命作为一种集体性的理性行为——这里不是说革命是一种根源于理性的活动,或者说革命能够排除非理性,而是说革命内含一种理性的建构——其目标总有超越既定现实的、批判的一面,作为一种导向对现实发挥作用。目标的这种超越性意味着理想与现实之间存在复杂的历史性中介,存在着"缝隙",这就是革命可能发生异化的根源所在。异化可能从两个方向上发生:或者实践迫于现实的压力放弃可能性的革命原则,蜕变为对现实的非批判肯定,或者固守抽象的革命理想,无视一些现象存在的合理性和必然性,两者都不能有效地处理主体建构和客体制约性之间的相互关系,某一方面的因素被极度地夸大了,不是脱离实际的理想成为剪裁现实的教条主义,就是脱离理想的实践成为否定方向的实用主义,建构性的理论与操作性的实践从中间爆裂。

历史唯物主义讲的社会主义革命不是一般意义上的革命,不是简单的政权更迭,而是同共产主义代替资本主义这一巨大的历史变迁联系在一起的,它

---

① ［波］亚当·沙夫:《论共产主义运动的若干问题》,奚戚等译,人民出版社1983年版,第34页。

宣布的是社会彻底告别对抗式的发展形式,开启一种全新的人类存在方式,马克思甚至称之为"人类社会的史前时期"的结束。① 这种变迁的根本性意味着其长期性和艰巨性,不仅要求具备客观的社会历史条件,也要求革命主体具有开创历史的坚强意志和担当意识,这决定了以马克思主义为指导的革命政权相对其他革命而言,更容易发生"革命异化"。马克思和恩格斯提出了"总体性革命"的思想,但这是对历史趋势的抽象概括,不能简单地理解为革命在时间上、空间上"同时"发生,也不能理解为毕其功于一役。② 每一次具体的革命以总体性的目标为导向,却未必能分享总体革命的优势。十月革命、中国革命等等非但没有分享这种优势,甚至发生在资本主义并不发达的国家,受到现代资本强势的巨大压力,开创未来的主体性更容易被现实的客观力量击垮,革命的异化和蜕变总是更容易发生。从这一客观方面来看,苏联的解体其实是极为"合理"并且不难理解的,并不能单纯地解读为一种主观的"背叛"。

革命的性质以及革命政权开创未来的可能性并不只是由革命条件和现实任务来决定,否则,马克思的确要为十月革命开创的社会主义的终止而感到高兴了,因为它本来就不是所谓"真正"的社会主义,像德塞所说的那样。③ 辩证的态度从来都是从客观历史条件出发来考虑具体的任务和策略,同时将具体实践导向确定的方向和目标。没有了前者就成为教条主义和本本主义,没有了后者就成为经验主义和实用主义。革命坚持的基本原则和历史导向应该是判断其性质的因素,以建立社会主义为目标的革命无疑具有社会主义革命的性质,它充分张扬了历史主体能动的建构性。但毫无疑问,它们本身并不一定

① 《马克思恩格斯全集》第31卷,人民出版社1998年版,第413页。

② 马克思和恩格斯在《德意志意识形态》中提到:"共产主义只有作为占统治地位的各民族'一下子'同时发生的行动,在经验上才是可能的。"我认为,"一下子"并非简单指时间上的同时,而是表达一种总体性的趋势。因此,1847年恩格斯在《共产主义原理》中虽然肯定共产主义革命不可能在一个国家发生,但同时也谈到不同国家和地区革命的"或快或慢"、或早或迟的问题。也许可以这样说,具体的革命事件是可能在一国成功取得政权的,但共产主义作为社会历史形态意义上的一个文明阶段和样式必然是全人类的,总体性的。这里的引文参见《马克思恩格斯选集》第1卷,人民出版社1995年版,第86、241页。

③ ［英］梅革纳德·德赛:《马克思的复仇》,汪澄清译,中国人民大学出版社2006年版,第3页。

是完整意义上的社会主义革命。问题的要害在于：在这种情况下，马克思主义如何可能作为国家的指导原则并且真正发挥其指导原则的作用，既不被架空为一种单纯的意识形态宣称，也不简单成为粗暴剪裁现实的"原教旨主义"教条？

这是现实社会主义必须面对的根本问题，它要求在理论与实践之间、理想与现实之间形成一种良性的互动关系，以能动的主体性将立足于现实的实践坚定地导向未来。理想与现实、理论与实践之间的分裂就导致所谓的"革命异化"。或者，出于革命的热诚和忠贞，将理想中的、至今尚不可能实现的未来社会主义的原则在现实中强制推行，对各种不符合"原则"的事物进行裁剪，按照"清理杂草"的观念来对付"他者"和"异己"，导致"专政"和"暴力"，最终是以自由的名义葬送自由，以民主的名义葬送民主，以人民的名义背离人民；或者，出于现实的压力，全面向现实投降，将理想信念高悬在遥远的未来，以一种"实用主义"的方式挪用"原则"，裁剪理论，不是降低原则将就现实，就是抬高现实适应原则，革命话语和未来理想只是形式上的观念标志。

不论哪一种情况，即使以马克思主义的名义进行，本身也都不是真正的马克思主义实践，没有坚持历史的、实践的辩证法。建设年代同革命年代一样，需要列宁那样深刻的思想实践家，将注意力集中于理论变为实践、实践上升为理论的关节点上的人。① 没有高瞻远瞩的理论和由此激发的对未来的坚定信念，建设的实践就会变成没有原则的技术操作，对理论的坚持实际上变成实用主义的随意取舍。同样，缺失了对现实的深刻把握，就不能将现实的辩证运动导向理想。真正的理想从来都将自己的生命触角深入到现实的每一个角落，关键的问题就在于找到连接现实和未来的中介。十月革命胜利和苏联解体雄辩地证明，马克思主义的基本原理只有同具体实践相结合才能取得革命和建设实践的胜利，而不是成为抽象的教条和"圣谕"。在这个意义上，俄国人给中国人民当了两次老师：十月革命的胜利给中国带来了马列主义，从此中国革命走上了正途，最终取得胜利；苏联的解体，又敲响了居安思危的警钟，我们应

---

① ［匈］卢卡奇：《历史与阶级意识》杜章智等译，商务印书馆1996年版，第29页。

该从中学会如何辩证地坚持和发展马克思主义。中国特色社会主义的建设实践及其与马克思主义的关联,尤其需要它能辩证地处理理想与现实、理论与实践的关系。

在这一伟大实践中,马克思主义的意义在于作为指向未来的历史路标,它能使这一实践展现出历史的担当意识和雄伟气魄,成为具有"原则高度的实践",为开创人类新的文明样式做出积极探索。当然,这一探索如果缺乏辩证的智慧,不能勇敢直面现实,以教条化的方式推行理想,将理想变成空洞的说教,甚至是剪裁现实的"极权"力量,革命的第二天终究会与革命的解放初衷相异化,最终难逃被历史惩罚的命运。同样,如果放弃马克思主义指示的未来历史发展方向,不加保留地肯定资本现代性的基本原则,将对自由资本市场的迷信推崇为巨大进步,好像资本主义内部的"凯恩斯革命"没有留下任何遗产,20 世纪的社会主义革命实践更没有留下任何遗产,剩下的只是有待"收拾的革命残局",实践的任务就是搭建从"抽象理想"回归现实的"楼梯"。如果此种取向成为现实,中国将与苏联解体的勇敢"一跃"相反,温和地步入资本现代性的怀抱。这正是不少人在比较中国和苏联社会转型时,看到的中国人的智慧和聪明之所在。从特殊的意义上讲,这将带来现实的灾难,这一点不可否认地体现在解体后的苏联现状中;从普遍的意义上讲,这将意味着失去开创未来的宝贵机遇和历史担当。历史一定不会原谅:磨灭了走向未来的坚强意志,却将第欧根尼的木桶看成至高无上的理性和智慧。在我们看来,政治的智慧不是单纯地放弃理想,屈从现实,而是使现实走向洞穿了历史的理想。当然,革命并不是现实趋向思想的唯一方式。在历史唯物主义这里,也不是说只能存在革命政治的理论,而不能引出政治理论的其他形态。

第八章　存在论视域中的政治[①]

革命是历史唯物主义的核心范畴,它是历史唯物主义实践概念在历史观上的根本体现。我们只有在后形而上学的存在论视域中才能真正理解革命范畴的存在论意义和深刻内涵,既不将革命看成是唯意志论的乌托邦冲动,也不将革命的发生看成是自在的必然性,而是辩证实践中历史发展的一种可能性的方式。革命范畴标志了历史唯物主义对于政治的基本理解,历史唯物主义的政治概念甚至可以称之为革命政治。革命政治产生于对现代人类生存状况的存在论批判和探索人类未来发展的思想指向。在探讨了历史唯物主义的现代性批判和革命范畴之后,本章将进一步揭示历史唯物主义的政治概念如何在存在论的基础上颠覆了西方主流的政治传统,不仅扬弃了古典的政治概念,而且扬弃了现代以自由主义为主导的政治概念。同时我们还将阐明,革命政治蕴含的主体性精神如何在有所改变的前提下成为新的政治理解的基础。也就是说,如何在历史唯物主义的存在论基础上探讨新的政治概念及其实践形态。

第一节　经济学批判的政治视角

如今,经济学与政治学之学科分裂[②]已经使政治经济学这个范畴岌岌可

---

①　本章的内容曾经作为本人承担的国家社科基金青年项目《历史唯物主义视野中的后现代政治哲学研究》的前期成果发表过。

②　关于这种分裂,可见埃里克·沃尔夫在《欧洲与没有历史的人民》(上海世纪出版集团2006年版,第12—17页)中的粗略分析。我想强调的是,这种分裂不只是学科内部的知识现象,而是从属于存在历史的基本强制,或者说"框架"。

危了。政治经济学的实证经济学化又几乎淹没了马克思政治经济学批判这一范畴,作为现代社会存在论批判的政治经济学批判被逐渐地引向数量化、模型化和精确化的方向。当然,从"现代"之内在要求来看,这一过程是极为合理的,它顺应着效率与精算的时代原则。然而,在理解历史唯物主义的思想性质时,我们还是要着重强调:《资本论》以及相关著作根本不是现代实用的、实证的、唯科学主义的经济学,也不是作为此种经济学之源出者的政治经济学(或国民经济学),恰恰相反,马克思明确地将其命名为"政治经济学批判"。这一关键性命名意味着:不论以现代经济学的模样费力改写《资本论》,或者将其搞成流俗意义上的一门政治经济学,以便同"西方经济学"抢夺学科地盘,且不论具体内容是否存在误解,单就思想出发点而言可能就已经失之交臂了。

前面我们已经阐释过,从马克思思想的总体旨趣来看,十分明显的是:《资本论》不是"为资本立论",而是"以资本立论",通过政治经济学批判解剖现代的社会存在架构,以探索未来历史的发展方向。社会批判和历史批判是历史唯物主义视域中经济研究的内在定向,目的在于为政治地介入存在之历史提供思想基础。因此,其基本性质和意义不可能在实证经济学的范围之内,也不可能单纯在现代社会学或历史学的范围之内得到足够理解——当然它并不能拒绝这些学科化理解,或者认为此种理解毫无价值。马克思思想发展过程表明,历史唯物主义存在鲜明的政治切入路径,政治经济学批判是在变革现实的政治诉求中出场的。遗憾的是,不论在《政治经济学批判》的导言、序言以及其他地方都已经预告了的国家等等政治问题,马克思并没有课题化地最后落实,他没有留下系统的政治学或政治哲学著作。不过,这一点非但不排斥、反而迫切地需要我们厘清马克思对政治的理解,重构马克思的政治概念。从一种宽泛的意义,其实也是内在的思想特质来看,马克思的整个理论大厦可以看成是大写的政治哲学体系。

现代启蒙的政治性质以及马克思与启蒙的关系,应该说不用详细指证了。岂不说马克思《莱茵报》时期直接以启蒙"理性"和"自由"原则批判普鲁士的专制集权,就连纯粹的哲学博士论文也具有鲜明的政治取向。当马克思宣称理论精神成为实践力量,作为意志走出阿门塞斯冥国,面向理论精神之外的尘

世现实①的时候,无疑是哲学化的重要政治宣言。在博士论文中,马克思赞不
绝口地称颂伊壁鸠鲁是"最伟大的希腊启蒙思想家",其哲学原则是"自我意
识的绝对性和自由",而这种"自我意识"不过是政治原则的哲学表达罢了②。
不过,马克思很快坚决而果断地一转身,对此传统发起了最为严峻的挑战,以
至于汉娜·阿伦特将马克思看成是发端于柏拉图和亚里士多德的整个西方政
治哲学的明确终点,"洞喻"中开端的以理念同尘世区分为基础的政治哲学终
结于马克思"改造世界"的实践。因为在以实践统一性为基础的历史唯物主
义看来,哲学及真理并不外在于人间事物及其共同世界,而恰好置身于其中。
所以,阿伦特认为马克思由此不仅颠覆了黑格尔,而且颠覆了思想与行动、沉
思与劳作、哲学与政治的传统等级秩序③。如果可以说政治是一种观念之实
践的话,颠覆此种二元结构的政治哲学传统,其意义是显著而重大的。

　　这一颠覆开始于黑格尔法哲学批判。在马克思看来,批判黑格尔法哲学
"既是对现代国家和对同它相联系的现实所作的批判性分析,又是对迄今为
止的德国政治意识和法意识的整个形式的坚决否定。"④本来,马克思以黑格
尔的理念论为基础,以理性和自由的原则批判专制和集权,认为"国家应该是

　　①　《马克思恩格斯全集》第 1 卷,人民出版社 1995 年版,第 75 页。
　　②　对当时青年黑格尔派成员(包括马克思自己)坚持的这种"自我意识"哲学的政治性质,
马克思后来有过深刻指证:"如果埃德加尔先生把法国的平等和德国的'自我意识'稍微比较一
下,他就会发现,后一个原则按照德国的方式即用抽象思维的形式所表达的东西,就是前一个原
则用法国的方式即用政治和思维直观的语言所表达的东西。自我意识是人在纯思维中和自身
的平等。平等是人在实践领域中对自身的意识,也就是人意识到别人是和自己平等的人,人把
别人当作和自己平等的人来对待。平等是法国的用语,它表明人的本质的同一、人的类意识和
人的类行为、人和人的实际的同一,也就是说,它表明人对人的社会的关系或人的关系。因此,德
国的破坏性的批判,在以费尔巴哈为代表对现实的人进行考察以前,力图用自我意识的原则铲
除一切确定的和现存的东西,而法国的破坏性的批判则力图用平等的原则来达到同样的目的。"
(《马克思恩格斯全集》第 2 卷,人民出版社 1957 年版,第 48 页)非但如此,马克思甚至将德国古
典哲学整个看成是法国政治实践理论上的良心。倒是对马克思哲学或政治学的专业化阐释忽
视了这种关系。如今,对马克思哲学之政治性质和对马克思政治学之哲学高度的再度指认是使
二者各自走向深入的必要准备。
　　③　[美]汉娜·阿伦特:《传统与现代》,见《西方现代性的曲折与展开》,吉林人民出版社
2000 年版,第 397 页。
　　④　《马克思恩格斯全集》第 3 卷,人民出版社 2002 年版,第 206—207 页。

政治理性和法的理性的实现",希望唤醒人们的"自信心"以促成一个"民主的国家"。① 但是,在《莱茵报》的社论中马克思遭遇了对物质问题发表意见的"难事"②。这一"难事"严重地触及到了马克思赖以为支撑的黑格尔观念论哲学的思想基础:应该从现实利益关系理解法和国家,还是相反,应该从自由、理性的观念原则来理解法和国家的本质呢? 马克思借着辞去《莱茵报》主编的机会,返回"书房",开始对黑格尔法哲学的批判性分析。

在马克思看来,市民社会与政治国家的分裂是现代解放的基本成果,这一成果确立了"人"作为国家公民在政治生活中自由、平等的地位。但是,马克思同时指出,在现代的这种解放中,人在市民社会中经验的、现实的生活被排斥在政治之外成为"私事",它们既不再是参与政治生活的尺度或障碍,也不再是政治干预和介入的对象。人作为政治的国家公民和市民社会中的私人过着双重的生活,在政治的自由、平等、博爱中,人们经验生活的对立和冲突依然存在,而且个人主义和利己主义突出地成为市民社会的基本原则。为此,马克思在《论犹太人问题》中提出,现代解放只是政治解放,只是抽象的、形式的解放,而不是人的真正解放。只有对政治解放本身的批判,才能使这个问题真正变成"当代的普遍问题"③。马克思认为,黑格尔不明白现代国家只是现代市民社会本身的抽象,试图以政治国家来调节现代的冲突以实现和解,实际上是在两支敌对的军队之间建立同一。对黑格尔的这一批判在方法论上使马克思开始离开观念论哲学的路线,确立了市民社会是政治国家的基础这一基本原则,在理论立场上开始告别启蒙的政治哲学,政治生活中抽象的、形式的自由和平等不再是马克思的诉求,而被排斥于政治生活之外的市民社会的物质生活关系被纳入其政治批判的视野,将现代政治批判同对市民社会的解剖结合起来,走出了批判现代政治关键性的一步。

《〈政治经济学批判〉序言》在回顾黑格尔法哲学批判的理论成果时曾经

---

① 转引自罗骞:《论马克思的现代性批判及其当代意义》,上海人民出版社 2007 年版,第41 页。

② 《马克思恩格斯全集》第31 卷,人民出版社 1998 年版,第411 页。

③ 《马克思恩格斯全集》第3 卷,人民出版社 2002 年版,第167 页。

明确地指明了这一理论走向和内在逻辑。马克思说:"法的关系正像国家的形式一样,既不能从它们本身来理解,也不能从所谓人类精神的一般发展来理解,相反,它们根源于物质的生活关系,这种物质的生活关系的总和,黑格尔按照 18 世纪的英国人和法国人的先例,概括为'市民社会',而对市民社会的解剖应该到政治经济学中去寻找。"①因为:既然现代解放只是"纯政治的部分的解放",那么,从"现代"获得解放就应该超出现代政治形式的领域,进入社会存在基础的变革,即马克思后来提出的生产方式的革命性变革;既然现代政治解放以市民社会利己主义的个人为基础,"人类的解放"就应该是在市民社会革命中消除利己主义本身的基础,以人类社会为基础,使每一个人的发展都成为其他人发展的前提,实现每一个人全面而自由的发展;既然现代抽象的、形式的平等和自由"是一大进步",未来的解放就必然不是对现代解放的抽象否定和排斥,而应该是以现代解放为基础的全面解放;在政治国家完成的抽象政治解放之中,市民社会中的对立和冲突被排除在政治的范围之外获得相对的独立性被认可,对现代解放的批判就必然要越出现代政治的范围去揭示这些实际生活过程中的对立和冲突。② 这样,政治经济学批判的出场就成为当然的理论事件,它以学科专业化批判的方式巩固和拓展现代解放只是政治解放这一命题,成为探索人类未来发展之方向的理论努力。

可以毫无疑问地指出,不是后来的经济学成果限定了马克思的政治理解,而是马克思的政治批判指示和规定了政治经济学批判的基本方向。因此,不能脱离马克思的政治指向,在狭义的经济学范围内领会政治经济学批判的性质。马克思的政治经济学批判不单纯是任何意义上的实证经济学,更不是任何意义上的唯科学主义的经济决定论,它通过解剖现代社会的存在论基础,揭示现代解放的困境和限度,为革命实践(人类解放)探索理论和经验的基础。如果说《德法年鉴》时期,马克思的批判只是在"法哲学批判"中展开,而且确立了现代解放只是政治解放这一核心命题的话,政治经济学批判通过对现代

---

① 《马克思恩格斯全集》第 31 卷,人民出版社 1998 年版,第 412 页。
② 见罗骞:《"现代解放"仅只是"政治解放"》,载《毛泽东邓小平理论研究》2006 年第 11期。

生产关系的分析,以"资本"而不再是以"理性"来阐释现代,揭示了现代社会的对立和冲突,从理论上进一步完成和巩固了现代解放只是政治的形式解放这一命题,为阶级革命找到了现实的历史存在论基础。在这一批判中,政治本身不再单纯从政治领域的内部,不再从人类精神的一般发展来理解,而是向存在历史开放。经济研究突破了政治的自我封闭,使政治实践成为变革现实的基本因素,启蒙确立起来的解放政治在革命概念中进一步激进化,成为挑战保守化了的自由主义政治的历史力量。这就使政治的性质、作用发生了根本的转变。

第二节 革命政治的理论逻辑

前面我们已经说过,"现代"因为个人主体性的确立而被称为人本论时代。这种主体性在政治领域表现为个人权利的优先性将国家权力从道德生活和经济生活中驱散出去,政治权力本身变成被限制和监控的领域,以确保个人的自由,由此构成制约政治的公共空间,平等的个人之间通过意见的达成和多数的原则影响政治,商谈和投票成了政治参与的基本形式。从根本上说,现代政治的核心原则是限制和反对政治,政治成了社会生活消极性的补充结构,主要执行着"守夜人"式的管理职能,个人的道德和经济生活不再具有政治意义而成为"自律"的领域。经济自由主义本质上是对政治权力的抵抗,政治的自由主义乃是以这种抵抗为前提对政治的监视,以确保市场平等交换为基础的自由。

然而,通过对资本主义生产方式的解剖,马克思则指出,市场中获得的只是劳动力买卖的自由,资本主义生产关系隐藏着资本对劳动的束缚和剥削,是一种不公正的社会结构。现代政治树立于这个结构之上维护着这个结构,执行着一种阶级统治的职能,并没有实现人类的全面解放。因此,必须以革命的方式改变现代社会的经济基础,才能实现真正的自由和平等。马克思由此将政治的概念延伸到经济关系中得到考察,极大地拓展了政治阐释的理论空间,而不是将政治局限在抽象权利的层面。而且,在这一理论转向中,与通行的经济决定论阐释相反,马克思恰恰揭示了现代政治概念的消极性而试图改造政治领域,以革命的范畴突出政治实践对存在历史的本质性介入,革命政治具有了基本的历史存在论使命,而不是简单的政权更迭。

马克思不是以经济运行的自在性封闭政治的能动性,而是以政治视角关照经济活动的价值性,探索政治革命的社会历史基础。马克思提出了两条相互联系的论证逻辑,即劳动与资本对立的阶级话语和生产力与生产关系辩证运动的科学话语。前者以"阶级剥削"概念为核心置于规范性领域,后者以"经济危机"概念为基础置于事实性领域,分别论证的是超越现代资本主义社会的正当性基础和科学性基础,革命政治由此获得了价值取向的必要性(因为剥削的存在)和科学规律的必然性(因为危机的存在)基础。在马克思看来,现代政治形式上以认同为基础的管理掩盖了阶级统治的实质,因为把政治拒斥在人们的经济生活之外捍卫所有人抽象权利的同时,有意或无意地遮蔽了资本剥削劳动的不公正关系。现代政治国家作为现代市民社会的抽象完成①,本身不可能构成克服这种不公正的本质因素,人类解放的可能性和必要性只可能在劳动的阶级关系中生成。阶级革命的诉求源于对经济客观规律的理性自觉和异化状态的生存体验,既不是理性的创造,也不是一种主观的"妄想"。这样一来,政治活动就不再局限于现代民主法制框架内的参与,不再被看成是达成共识的协商一致,而是改造现实的革命实践,是适应着资本主义灭亡趋势而进行的宣传、组织和动员,而在既定框架中进行的管理、服务,立法、行政等没有成为马克思关注的主题,商谈、对话等等规范性的"交往行为"(哈贝马斯意义上的)也没有被看成是政治的基本活动方式。

有一种误解认为,马克思在经济运行的绝对必然性中排斥了对政治的积

---

① 马克思说过:"国家的唯心主义的完成同时也是市民社会的唯物主义的完成。消灭政治桎梏同时也就粉碎了束缚市民社会利己主义精神的羁绊。政治解放同时也就是市民社会从政治中获得解放,甚至是从一切普遍内容的假象中获得解放。"(《马克思恩格斯全集》第3卷,人民出版社2002年版,第187页)

极理解,政治被看成是由经济决定的、没有自身逻辑的领域①,绝对必然性的科学概念严重地损害了马克思主义,并且需要一种规范性的政治理论作为替代。② 事实上,我们很难对人类行为进行工具性行为和价值行为的二元论区分,价值行为(哈贝马斯所谓的交往行为)发生并且植根于作为人类存在基础的劳动实践之中。事实性和价值性不过是我们理解同一行为的不同视角。在马克思那里并不存在事实与价值之间的抽象对立。因此,政治经济学批判并不是一种排斥价值的实证科学。比如说,剩余价值这样的所谓经济学概念根本没有离开价值的形而上层面。马克思在《1844 年经济学哲学手稿》和《神圣家族》中都明确地指出过劳动价值论与现代主体性之间的关系,劳动创造价值不过是以经济学的命题肯定了人的尊严。没有现代人从神性和自然中的双重解放,没有现代主体性的自由,没有现代主体性的意识,劳动创造价值的命题就是难以理解的。

　　资本家从投入产出中看到利润,这种实证实用的姿态是再合理不过的了,而区分可变资本与不变资本,剩余价值与利润,就存在显然的价值立场。如果说现代人本论抽象地颂扬了人的价值,而劳动价值论是其经济学版本的话,那么,可变资本与不变资本的区分肯定工人的活劳动创造价值,则是进一步深化了现代主体性的维度,从一般的抽象"人格"落实到了实体性的"无产阶级",在提升劳动阶级价值和尊严的同时,将其树立为具体的政治实践主体;进而,剩余价值与利润的区分中提出的剥削概念把生产劳动的经济性质与政治性质联系起来,实质是立足于一定的价值立场对经济现象的政治理解。因此,剥削是一个在实证经济学范围内不可能得到正确理解的范畴,其成立首先具有一种先行的价值判断。马克思将人类未来的解放理解为消灭剥削,理解为从现代雇佣劳动中获得解放,不是通过政治的形式解放获得受雇佣的劳动自由,而

---

　　① 比如索尔·纽曼在《激进政治的未来》一文中批评马克思的政治概念时说:"马克思主义的问题在于它对政治的根本误解。政治领域不再被认为是由经济所决定,相反,它大体上是一个具有自身偶然性逻辑的自治领域。政治斗争不再被简单地理解为阶级冲突,政治的场域零碎化为种种不同的抗争。"(周凡:《后马克思主义》,中央编译出版社 2007 年版,第 297 页)

　　② [加]威尔·金里卡:《当代政治哲学》,刘莘译,上海三联书店 2005 年版,第 304—305页。

是使劳动本身成为自由自觉的劳动。这里不仅充满着人文主义的激情,而且高扬了创造历史的主体性精神,根本就没有冰冷的客观性和僵硬的事实性,好像马克思是历史之外的研究者,如实记录着中性的历史事实,并且心安理得地等待着资本灭亡天命的降临。

的确,如果将历史唯物主义理解为一个经济决定论的体系,势必排斥政治的概念,因为它从根本上消除了人的主体性,从而也就排除了政治活动。然而,马克思历史唯物主义的政治概念不是削弱低估了政治的作用,倒是在政治经济学批判的基础上以革命范畴提升了政治活动的作用,政治不再是一种权力制约和意见表达,而是改造社会存在基础的激进力量。问题只在于不能单纯在政治的范围、在现代公共空间中权利实现的范围之内理解政治活动,将政治无意识地自我限定为真实存在中一个自足的孤岛,隔断它与存在世界的多样联系,从而降低其社会历史的存在论意义。当然,马克思在政治经济学批判中揭示现代政治解放的限度,提出了实现劳动解放的革命范畴,这并不是说政治与存在在世界之间只有经济这一接口,从经济关系中获得解放就是人类的全面解放。庸俗经济学的立场必然导致对马克思产生庸俗经济学的理解!社会存在决定社会意识被看成还原主义命题,经济基础决定上层建筑自然就成了经济还原主义和劳动还原主义,进而是阶级还原论等等。其实,基础之为基础的意义就在于它不是全体,而是全体之必要的前提,对于全体之理解而言基础是绝对必要的,但全体绝对不可能还原和化约为基础。经济基础决定上层建筑,绝对不意味着对政治作用和价值的低估,而是通过政治对经济基础的改造强化了政治的意义。

社会历史不是一个自在的领域,可以精确地算计,从而为行动提供绝对的依据,而是主客体相互作用的动态生成。马克思论证革命的双重逻辑本身留下了历史的辩证空间,而不是机械的决定论或唯意志论。正当性的革命与必然性的危机、客体逻辑与主体诉求只有在历史的时间中才能实现同一,这种同一只能交给实践。这里似乎存在一道理论的裂缝,实则是政治实践的可能空间,此空间容纳了具体性、差异性、特殊性、偶然性,主体创造的选择性、灵活性和机动性。属人的世界没有绝对封闭的静止事态,僵硬的必然性,而是"应当"与"实存"在实践中不断演化的可能性空间,因此是辩证的生成。当然,开放的生成性不仅意味着革命之可能,同时意味着革命与改良处在辩证的转化之中,没有哪样一种方式是历史发展的绝对必然。

我们知道,自由主义要求限定国家权力,国家只是提供自由活动的秩序和制度保证,这里存在市民社会与政治国家二元划分的思想前提。马克思循着这种二元论提出两条理论反对自由主义:一是市场交换中的自由只是劳动力买卖的自由,形式的自由,实质上掩盖着剥削;一是市场不会导致自发的和谐有序,而是带来周期性的危机。国家保持对于市场的外在性时,马克思对自由主义的批判无疑是击中要害的。一旦国家在实践中出于经济的需要,再度将经济问题政治化的时候,这个二元论前提就被动摇了。经济生活中国家职能的强化必然带来两个问题:第一,在国家对经济的干预中,资本主义的"危机"概念在何种意义上是可能的,它是否应该同"毁灭"概念区分开来(比如哈贝马斯《合法化危机》中的见解)?第二,国家对社会阶级关系的调整,资本主义的"剥削"概念在何种意义上还是可能的,它是否应该同"对立"范畴区别开来?这两个问题对应着的是:马克思对抗性的"革命"概念在何种意义上还是可能的?对抗性的、冲突性的"危机"和"革命"概念是否将让位于常态化的"差异"乃至于"和谐"?革命政治的话语将失去现实基础而让位于改良的进化论模式,政治将由此再度被改写?

当今一系列的晚期资本主义概念,包括民主社会主义、国家资本主义、福利国家、第三条道路等等,都是对这两个问题的肯定回答。自由主义作为恶的政治概念在这些范畴中被渐进置换的同时,国家干预下自由资本主义的终结也被看成对马克思的根本性颠覆:马克思批判自由主义时,坚持了自由主义市场与政治的二元论前提,在批判现代政治解放的实质和限度中提出革命概念。如今政治对经济的介入质疑了自由主义的二元论前提,同时也就动摇了马克思持论的实践基础。然而,这一对马克思的动摇恰好遵循着马克思批判自由主义的话语逻辑,国家职能的强化产生于对资本主义"危机"和"剥削"的介入和调整。此种状况因而可以看成是马克思批判理论的反思性后果,亦即是观念对存在的反思参与了存在的生成,从而削弱或化解了观念最初产生的存在论语境。当然,也还可能有另外的理解思路:经济的政治化带来的调节性政治并没有动摇经济基础,而是维护这一基础,只要这一基础不被消除,危机和剥削就只是发生现象上的改变,政治就被这一基础限定在自身的框架之内,且不会失去统治的职能。不过,此解中刚性的概念结构也仍然在历史的过程意识中变得柔软了,问题似乎变成了一个集欲与解欲的周期性过程。历史语境的变化和阐释策略的调整改变了人们的政治理解和政治期待,马克思政治概念的有效性也面临着历史考验。

第三节　瓦解政治叙事中的抽象人性论

　　我们说马克思的批判实际上是突破了理解政治与经济关系的封闭线,这一封闭线是自由主义在反对专制、集权的斗争中确立起来的。自由主义消极的防范性政治概念将政治限定在经济自由之外,无意中掩盖和维护着现代真实的异化生存。循着马克思理论批判的逻辑,政治表现出两种可能性:一种是通过政治职能的自我拓展延伸到作为社会基础的经济关系中,提供一种调节性的政治概念,以政治权力化解和限制经济生活中的基本困局;一种是以革命政治的方式推翻现代社会的经济基础,从而改变立足于这一基础之上的政治本身,按照马克思的说法公共权力将由此失去政治性质①。马克思显然主张和阐释的是革命道路。

　　这里留下的问题是,在革命之外政治何为? 革命是一种断裂,在这种断裂发生之前和之后,政治会承担着什么样的职能,公共权利将发挥怎样的作用,并且如何发挥作用? 如果资本主义生产方式中的问题诚如马克思所揭示的那样,那么,作为人类生活组织方式的政治对经济生活的各种介入就是必要的;如果推翻了资本主义生产方式并不能立刻自动地带来一个透明的社会,政治作为组织社会的一种方式尽管失去了统治的职能但仍然是必要的。在马克思

---

　　①　《马克思恩格斯选集》第 1 卷,人民出版社 1995 年版,第 294 页。

的身后我们的确看到,政治对经济的介入在不断地延宕马克思预期的革命高潮,而且高潮过后的革命也在平淡中为遏制权力的僭越绞尽脑汁。在这两种情况之下,政治都处于高潮前后的平静,变成了温柔的理性抚慰,一种唠叨,一段说理,是苏格拉底的辩证法,是聊天!马克思革命的生猛遭到了批判,他把政治理解成暴力和战斗,理解成推动历史激进飞跃的实践。这不仅离西方的古典政治哲学、现代政治哲学,而且离后现代对政治的理解都已经足够遥远了,以至于他甚至被认为缺乏必要的政治概念。马克思颠覆传统政治哲学的政治概念本身需要在政治哲学的传统中得到领会。

　　亚里士多德说人天生是一种政治动物,这当然意味着应该从政治性(在亚里士多德那里主要指社会性)来把握理解人性,但反过来,对政治的理解也一定存在人性论的思想前提。粗略地说,古代政治哲学、近代政治哲学和当代政治哲学因为不同的人性论前提导致了政治概念的范式性变迁。古希腊思想家强调天生的等级身份,正义和善就是确保这种立足于等级划分的"自然"秩序,以达到内在灵魂和外在关系的和谐。不仅统治者与被统治者是一种天生的关系①,而且作为奴隶的人只是所有物②,一种会说话的工具而已。妇女和奴隶作为工具性的存在,被排除在公共政治活动之外,并不从事工具性劳动的男性公民成了民主政治的主角,奴隶劳动使他们从物质生产领域中解脱出来过上了"政治的生活",追求"高尚和正义"。在工具性劳动与政治实践的二元论社会架构中,形成了民主政治的公共空间,政治作为"实践"乃是商谈性的、话语性质的活动,是说理,是达成共识。这一政治概念对整个西方政治生活产生了巨大的影响。在那里,还不存在抽象的、一般的人,每一个具体的人都依据其本性在等级秩序的系列中占据着不能更改的位置,能够参与公共政治的公民也没有形成法权意义上的独立"人格",他只是整体秩序的一个天然部分。全部政治哲学就是建立在这一人性理解的基础之上,政治的目的就在于促进这种居于等级划分基础之上的整体和谐,以一种民主的形式直接实施统

---

①　苗力田主编:《亚里士多德全集》第九卷,中国人民大学出版社1994年版,第4页。
②　苗力田主编:《亚里士多德全集》第九卷,中国人民大学出版社1994年版,第9页。

治的职能。

这种等级秩序在中世纪发展成为特权和专制。近代政治哲学秉承文艺复兴的人文主义传统,反对等级特权和政治专制,要求实现人的自由和解放,实行民主政治,获得平等的政治参与权利、言论自由的权利、游行集会的权利等等。同古希腊相比,近代政治哲学以"同质性"人本概念为基础,认为人天生平等,不受地缘、血缘、等第的限制,享有自由、平等的"天赋人权",民主和自由不是以等级而是以打破等级概念为基础,所以并不是古典民主制的简单复归。这里的人,是赤裸裸的没有任何规定性的抽象"人格",是一种公民意义上的法权人格,他被赋予了平等的权利和改变自己命运的自由,政治就是为这种权利和自由,为人的自我实现提供空间。因此,国家权力被要求撤出人们现实的、具体的、私人的领域,不能干预经济的、道德的、宗教的、情感的"私事"。限制政治权力成为现代政治的基本原则。宗教、经济、道德等等不再是参与政治的因素,政治本身也就成了以公民抽象"人格"为前提的"类生活",成了中立性的公共空间,一个意见认同和共识达成的领域。现代政治作为解放的、革命的政治其基本的逻辑恰好是以对政治权力边界的划定和控制为前提的,其根本的任务就是解除政治权力对个人自由和日常生活的宰制,反对专制主义和集权主义,通过对人生活的不干预确立抽象的人本论立场。

这种解放的话语本身也蕴含着使政治更加激进化的因素,革命概念作为它的产物意味着政治被赋予了直接地改造现实以实现人类自由和全面解放的意义。在当代反对启蒙主义的思想家看来,解放诉求以至善的社会为目标,通过强制乃至暴力的方式推行理性预设的"社会工程",以一种"同一性"标准压制和剪裁他者,本质上是专制极权而不是真正的自由和解放。在这种批判和反思解放话语的后现代语境中,政治思想又发生了一次显著的转移。当代思想强调对差异性、多样性的尊重,突出主体身份的变异性、偶然性,认为现代政治哲学将个人看成抽象同一的法权人格,忽视了人的欲望、身份、性别等方面的多样性,忽视了主体身份在特定社会历史中的构成性和变异性,因此形成了一种宏大的政治叙事。后现代理论家更多从微观的多元视角理解人的主体身份及其实践,理解权力因素对于个体存在的影响。在他们看来,没有同一不变的历史主体能代理人类解放的历史使命,阶级革命的政治不过是人类主体性的僭越,总体性革命导致透明社会的到来是一种乌托邦构想。政治应该是一种微观政治,是一种分散政治,因此,是一种多元性政治。政治话语关注的不再是立足于天赋人权基础上的个人权利和群己关系,更不是经济革命、政治革命等改变社会结构和基本框架的宏观实践,而是向心理、族群、生态、性别等具体而微的领域拓展,探讨这些领域中存在的政治因素和参与政治的可能性。

　　古代将人的等级存在看成是"自然"事实,这里的"自然"不仅在事实上意味着必然、不可更改,并且在价值上意味着应该维护和捍卫。这是对人之层级差异事实的话语表达,政治哲学总是在有意或无意地为这种建立在层级分化基础上的社会秩序提供合法性论证。近代启蒙政治哲学反对等级制和专制主义,天赋人权立足于抽象同一的人性概念反对命定论的等级秩序,它只是在理性的预设中抹平了实际生活中的差异,同传统主义将现实的不平等提升为原则相反,它是用预设的平等原则批判现实的不平等。后现代主义批判这种抽象同一的人性概念及其政治哲学,强调差异的本体论地位,不相信同一的主体,哪怕像马克思指出的那种阶级分化基础之上的阶级主体,因此也不相信根本的总体性革命和无差异的同一性社会,认为即使能实现也将是真正的人道灾难。他们关注当下,关注此时此地的存在感受和具体实践。因此蕴含着一种多样性的、差异性的主体概念,不过,这里的多样性是一种平面上的差异性,在对抽象人本概念的反对中并没有重复古代的等级概念,而是以平等的差异性反对以等级为基础的差异政治,为他者、边缘人呼吁。这一呼吁在当代产生了重要影响,并且正在改变着政治实践和政治思考方式。

　　如果说人性论的假设在西方政治哲学的发展中经历了古代等级差异到现代抽象同一,再到后现代水平差异的多元性两次重大转型的话,马克思在从现代到后现代的转移中处于十分重要的位置上。是他首先质疑和深刻地批判了现代立足于抽象人性论假设的政治哲学,在社会性、历史性中突出了对人之存在论状况和地位的具体分析,形成了阶级分析方法。应该说这一思想路线从根本上打破了现代同质性的人本概念及其政治理解,启迪了后现代对于启蒙现代性同一性主体的批判。马克思主义认为经济领域的阶级分化,意味着人们之间存在事实上的不平等,启蒙自由主义的普遍平等的人性概念是抽象的,政治中的、言论中的平等实际上是形式的平等,它抽象掉了人性社会的、历史的规定。

马克思主义以经济生活中事实上的分化和差异为理论出发点,但它不认为这种事实上的不平等不可改变并将其提升为原则,相反,认为应该实践地改变这种不平等,真正的事实上的平等成为革命实践追求的目标,以对立和冲突理解现代的分化和差异,马克思阐释了一种斗争的、革命的政治概念,由此秉承了现代自由解放的政治价值取向并将其激进化。这一点又与后现代主义立足于常态化的差异政治区别开来。差异性的突出,意味着革命政治之后宽容、尊重、对话、协商等的再度出场。不过,由于资本主义生产方式的坚硬在场,劈开了劳动领域中的社会分层和存在异化这一基础,单纯地谈论人身份的多元性、差异性以批判同一性主体,不过是以抽象的具体反对抽象同一罢了,现代原子个人是抽象同一,同时也就是抽象的具体。个体欲望、个性、心理、身份等等乃是在"经济基础"上发生并受其普遍中介的,因此需要从这一维度获得正确理解。这不是说人乃是"经济人",经济之解放就是人之全面解放,因此政治乃是提升经济领域之内的斗争,它只是突出强调经济,在现代,毋宁说是突出"资本"原则对于存在之构成作用,因此,政治作为人之存在论维度绝对不是外在于这一架构,而是在此架构之中。革命政治的意义就是实践地打破这一构成人之存在异化基础的架构,是一种存在论革命,而不是观念更新!马克思历史唯物主义视野中的政治概念因而具有实践的存在论意义,是对整个西方政治哲学传统的颠覆,并且也超越了后现代政治哲学与现代政治哲学之间的抽象对立。当然,这并不是说马克思的政治概念就是一个已然完成的东西,我们可以现成地挪用。恰恰相反,其实践的品性要求在实践中不断生成!

第四节　政治的存在论使命

按照亚里士多德在《尼各马可伦理学》中的说法,政治学的目的不是知识而是实践,其理论来源于生活经验并说明生活经验。① 此概念立足于柏拉图真理与意见、哲学与政治的区分。的确如阿伦特所说,马克思真正颠覆了西方思想史中这一本质性的区分,非但政治学就是哲学本身,从而真理和认识都被纳入生活实践的范围。然而,马克思实践概念之理论后果主要还不在于这种方法论层面,而在于其理论直接的政治实践向度。阐释马克思政治概念的关键也在于在其与实践的关联中揭明其意义和限度。我们知道,如今有一种不言而喻的见解:随着中国向市场经济的转轨,中国的民主政治也势必走上西方国家的道路,马字打头的所有政治宣传都只是一种话语掩体,一种偷渡策略。两种基本对立的思想立场分别在批判和肯定的意义上持有这一看法。在我国,马克思的政治概念在何种意义上还具有生命力已经成了一个十分严重的理论问题和实践问题。

如果说当代中国实践要具有世界历史意义的话,在我看来,这种意义一定不在于达到现代西方各国的水平而在于达到其尚未达到的人的解放的水平②。这就内在地蕴含着积极的建构性政治概念,它从根本上来源于马克思对政治的理解。因为真正说来,是马克思第一次赋予了政治直接改造社会历史的沉重而伟大的使命,改写了政治形象。如果政治只是在西方传统中被阐释为一种规范性的活动,一种公共空间中的话语行为,它只是在既定结构的内部进行维护和保养,那么,对于后发的中国,政治力量就不可能起到巨大的助跳作用,而会在民主选举、三权分立、多党制中被预期和规划,一种高扬主体性的政治实践就会衰退为自我阉割的权力限制,不同程度地回归到现代自由主义消极的政治概念上去。

但是另一方面,如果政治只是在革命的意义上去理解,理性化、秩序化的规范性活动被排斥在政治之外,不仅意味着在连续渐变的历史中缺乏常态下的政治实践意识和规制,而且不断强化的革命意志可能会导致一种自我指涉,亦即是革命者本身被树立为革命的对象,不断地使社会失去平衡、陷入无序和

---

① 苗力田主编:《亚里士多德全集》第八卷,中国人民大学出版社1994年版,第5页。

② 这是马克思在讨论德国革命之实践意义时的提问逻辑(《马克思恩格斯选集》第1卷,人民出版社1995年版,第9页),我们在此借用来表达对中国当代实践意义的理解和期待。

冲突。因此,对于以马克思主义为指导并且积极开创未来历史的当代中国来说,在后革命的建设实践中,马克思的政治概念处于十分核心的地位,它需要通过重写和更新为当代中国之实践和当代历史之未来明确方向。当然,此种更新和重写也正是在当代中国的实践中发现了自己坚实的基础,一种区别于现代主义和后现代主义的独特政治概念及其实践在这一基础上将成为可能。

启蒙主义的政治哲学是一种解放政治,它要求从封建专制集权和蒙昧迷信中解放出来,此种解放政治立足于抽象的人本论。马克思通过资本主义生产方式批判揭示了这种人本论的抽象,批判资本对人的剥夺,将扬弃资本实现人的全面自由发展作为至高目标,秉承解放政治的传统蕴含着创造历史的主体意识。但是,在今天的语境中,至少以下两点需纳入思考:其一,资本推动的人类发展已经触及环境和自然资源的底线;其二,与资本结盟的现代军事和非军事力量能够多次摧毁人类,人类发展已经触及了社会底线。这两点当时还没有本质性地进入马克思解放政治的视野,因此,今天的政治哲学应该引入"死亡"意识,在解放中容纳"救赎":政治之意义,不仅在于人的自我实现,而且在于人类的自救。这一观念的引入将使政治概念发生根本变化,由此我们才能理解现代的反核运动、生态政治、全球治理以及可持续发展等等的存在论意义。当然,这种立足于"死亡意识"之"救赎政治"理应在马克思的资本批判中获得灵感,并由此同解放政治结合起来,为解放政治的乐观加入几许审慎,以便将政治哲学的基本理念同"生于忧患"的存在意识关联起来,既然在忧患中生存,政治作为存在论范畴之基本意义就将大为不同了。

不论是解放还是救赎,都是一种积极的政治概念,要求对人之存在历史的介入和参与,打破自发性的社会历史观,赋予了政治沉重的担当意识,而不是对权力的消极限制和防范。以资本主义生产方式为基本架构的现代社会,发展动力在于资本的效率和增值原则,市场被看成能够自发实现资源有效配置、推动社会进步的"看不见的手"。正是立足于这种基本观念,自由主义政治哲学以防范政治对社会和个人生活的入侵为核心,对政治权力的制约和限定成为基本原则,由此建构了一种消极的政治概念。在这种概念的主导下,形成了一套较为完善的自由民主制度,以确保公民的政治参与和权力的规范运行。

但是,此种政治之二元论前提排除了解决现代社会困境的可能。随着晚期资本主义条件下经济生活的再政治化,政治之功能发生了改变。面对人类的存在论困境,问题显然不再是限制政治,而是规范权力,使政治能够规范地承担它的解放和救赎功能,从根本上说,需要的是一种积极的政治概念以提升政治的担当职能。这一点对于以革命方式取得政权的当代中国来说,是不成问题的,问题恰恰是自由主义政治对这种担当意识的解构,尤其是在苏东剧变之后,实证主义的意识全面地封堵了未来的想象,历史的终结论成为解除政治武装的持论依据。面对着政治权力异化之现实,中国民主政治建设的基本理念不应是对政治功能的消极弱化,而应是通过政治权力的规范运行确保和强化政治功能,将革命政治的积极遗产在和平的建设中转化成为一种强劲的动力,以一种积极的姿态促进人类存在方式的改变。

政治总是立足于一定的价值立场,在古代尤其是古代的希腊,政治跟道德伦理密切联系。到了现代,政治不但从宗教、伦理,而且从物质性的经济活动中分化出来,成为一个相对独立的领域,在世俗化的过程中变成了社会实务管理,一种技术性操作,今天表现为所谓的专家治国和严密的科层化体系,接受着技术理性和工具理性的统治,变得务实而逐渐解除价值诉求,被搞成了价值中立的职业。面对当代人类的存在论困境,积极政治概念的提出,就在于重新赋予政治庄严的价值担当,将它从琐碎的实务中提升出来,将人的自由全面发展作为基本的价值取向,将避免人类自取灭亡作为最低的底线领会其基本的存在论意义。这意味着政治乃是关乎人类存在和发展的事业,它必须以强烈的历史担当和过程意识超越实用主义和实证主义的"短见",关怀着人类未来,而不是"我死后哪管洪水滔天"。

当然,政治作为实践,并不只是一种价值,一种应当,而是连接未来和现在,连接应然和实然的一种对象化活动。所以,当马克思说共产主义不是应当确立的状况,不是现实应当与之相适应的理想,而是依据现有的前提消灭现存状况的现实的运动时,他真正深刻表达了政治的逻辑。马克思的共产主义,或我们这里突出的政治之价值担当,绝不是现在所谓"伦理社会主义"或"价值社会主义"等等范畴所要表达的东西,因为我们不是主张政治从社会的存在论基础中撤离，而是坚强的介入，不是主张观念的、意识的批判以树立正确的价值原则，而是实践地改变现实的生存论状况。正是这一点连接着作为社会存在论基础的物质生活领域，连接着马克思对资本主义生产方式的批判。离开了此点，价值就只是被悬置为价值，一种抽象的"应当"。在当代中国，由于市场经济的引入而带来对资本原则的抽象崇拜，政治不仅有被实证主义化为一种中性技术的可能，同样有将政治之诉求变成一种抽象价值的可能，政治之被实证化与政治价值之被抽象化不过是一体两面的思想事实。在马克思那里，价值与事实的二元论划分已经被决定性地打破了①，政治之意义——在马克思那里主要地是指革命政治——就在于对事实与价值的实践连接。中国当代政治实践应该在这里获得思想支撑，以过程意识超越事实与价值的僵硬对立，在政治对社会存在论基础的介入中实现其价值的担当。

政治之价值诉求如果脱离了社会存在论基础，不能在物质生活的实践中得到落实，它就只是停留于抽象的、形式的层面，比如现代政治的自由、平等、解放等等就是以抽象人格为基础的抽象权利，理论上立足于"抽象的人本论"。马克思并不否认现代解放的基本成果，而是认为现代的解放受其经济基础的制约并不是真正人类的解放，而只是部分的解放、形式的解放。马克思认为真正人类的解放乃是以无产阶级为代表的解放，马克思的政治价值是通过无产阶级这一历史主体来承担和实现的，其政治乃是一种阶级的政治。

马克思由此第一次改变了政治之性质，阐释了社会底层和弱势群体的政治概念，将人类解放之命运置于具体的被统治阶级身上，不再是为既定的统治秩序服务，或者说在一种笼统的抽象的人本概念下提出自己的政治诉求。在马克思看来，无产阶级体现的是现代社会的真正解体，如果无产阶级这一被统治的阶级没有得到真正解放，就不可能奢谈普遍的人类解放。在分裂的社会中，强势群体不需要代表，他们就是自己的代表，政治总是建立在强者统治的逻辑之上。革命是要打破政治统治关系的存在前提，被统治阶级获得解放不

① 参见罗骞：《马克思的现代性批判及其当代意义》，上海人民出版社 2007 年版，第202—207 页。

再是成为新的统治阶级以实现简单的换位,而是消除统治本身,实现类的解放。在这里,阶级的价值取向与人类的取向同一。

然而,在彻底解放尚不现实的情况下,社会分化总是使政治成为强者的游戏,成为统治术,统治者与被统治者轮回换位。任何还称得上与马克思相关的政治实践必然要改变导致统治关系轮回的存在结构,本质上是草根政治,只有草根政治才可能是人类政治。当然,这种草根政治绝对不是流俗意义上的"为民做主",而是从社会的存在论基础上理解政治的性质、意义和根本指向,并由此产生和导向一种解放的、救赎的、积极的,具有明确价值担当的建构性政治实践,此种实践在后革命的历史中承担革命的全部遗产和债务,只有在这个有限的意义上才可能谈论告别革命!

因此,面对今天人类的存在命运,对于那种试图将政治与道德,与经济乃至于与多维的存在世界抽象地分裂开来的诉求,我持一种极度怀疑的态度,对政治边界的僵硬划分和限制实质上是放弃实践之主体性,不同程度上重塑一种命定论的历史意识。在这个动荡不安的世界上,这将意味着政治回避存在历史的本真呼唤,从最高意义的实践变成一地鸡毛的琐碎,仅仅被看成须要严加管治、不得而已的存在之"恶"。消极的政治概念已经不能适应今天的历史需要,不能带领人类面对自身遭遇的存在论困境,只有积极的建构性政治才能成为当代政治的核心理念。①

---

① 关于这个问题的详细讨论,可见拙著《走向建构性政治——历史唯物主义视野中的后现代政治哲学研究》,本书近期将由上海华东师范大学出版社出版。本章主要内容被纳入该书第三章,作为讨论后现代政治哲学理论框架的一部分。

第九章　生态哲学的存在论基础

在当代人类生存处境中,资本生产带来的存在异化不仅是人与人之间的对立,而且是人类与生存环境之间的对立。这种对立甚至到了毁灭人类存在的地步。因此我们提出,建构性政治的使命不仅是促进人类的自由和解放,而且是维系人类的存在。本章将进一步讨论的是历史唯物主义存在论视域中的自然概念和资本现代性批判对于理解当代生态危机的方法论意义,以此表明历史唯物主义对于当代人类面临的生存困境仍然具有根本的理论意义。这一讨论将围绕如下三个方面展开:其一,就一般原则而言,马克思的思想尤其是自然概念在何种意义上奠定了生态问题探讨的哲学基础,这一方面的讨论奠定在前面提出的历史唯物主义非本体论性质的基础上;其次,马克思如何在生产方式为基础的资本批判中为生态问题的批判规定了历史唯物主义的基本方向,这一方面的讨论是将非本体论的自然概念同资本范畴的中介性本质地联系起来;第三,当今的思想界如何使得问题的争论走向抽象,实践上又如何陷入困境。在历史唯物主义的存在论视域中,人类与自然的关系同人与人之间的关系相互中介,如今它们都本质地受到资本主义生产方式的规定。因此,人类从资本主义生产方式中获得解放,不仅意味着人与人之间的剥削关系而且意味着人对自然的掠夺关系的瓦解。在这个意义上,人类的解放与自然的真正复活将是同一个历史过程,历史唯物主义突出的自由解放和救亡守护在本质上是一个过程。

第一节　对象化实践中的自然

在"人们征服自然和改造自然的能力"这一生产力概念的传统规定中,强硬地体现出了"知识即是力量"这一现代性的主导观念。正如霍克海默和阿多诺严重地指出的那样,知识与权力同一,知识成为统治他者和自然的工具,导致了启蒙衰颓为理性的神话,奴役自然的尝试在打破自然的过程中接受自己的后果,陷入于更深的自然束缚之中。① 对自然的利用和控制成了现代社会基本的意识形态。② 自然仅仅作为有用物,作为绝对的"客观性"这一现代的主体性姿态,已经被以各种不同的方式检讨过了。就哲学的领域而言,这一任务大体是在理性主义和主体主义批判的主题之下得到实现的。人的主体性之确立被看成是现代性的根本标志和根本成果,即是说,现代是一个"人本论"的世界,这一点已经在同中世纪神学世界的比照中得到了认同,并且通常在批判或者颂扬的意义上被领会为"神义论"的人本化颠倒和置换。③

然而,人之本体论地位的确立更是在人与物之间的关系中发生的,只有人在对物的关系中获得了主导地位,上帝作为人的本质力量的自我异化这一点才可能被动摇,并且从理论上被揭示出来。这一过程在观念上大体表现为从培根的"知识就是力量"到费尔巴哈人本主义哲学的进展。在前面对主体性的存在论批判中,我们已经指出,实践中的能动性和主导地位在观念上得到自我确证乃是近代主体哲学的全部秘密。笛卡儿自我反思的怀疑原则本身却实现了自我主体性的确证,至于黑格尔辩证法的"实体即是主体"这一命题,更是表达了主体性的"推动原则和创造原则",尽管只是一种抽象的、逻辑的、思

---

① ［德］霍克海默、阿多诺:《启蒙辩证法》,渠敬东、曹卫东译,上海人民出版社 2003 年版,第 2、10 页。

② 这是［加］威廉·莱斯:《自然的控制》一书的基本观点。(［加］威廉·莱斯:《自然的控制》,岳长龄、李建华译,重庆出版社 1993 年版)

③ 张志扬:《偶在论》,上海三联书店 2000 年版,第 2 页。

辨的表达。①

　　因此真正说来,主体性原则并不是一个理论的态度,而是实践的态度。这即是说,人对自然的主体性成了现实的感性实践活动的内在规定,人在与自然的互动中实施着"权力",一种现实的支配性关系,而自然仅仅被他者化为一种统治和操控的对象,成为一种纯粹的"客观性"而失去了"感性的光辉"和诗意。这就是主体性原则在人与自然关系中的体现。主体性,指向自然,指向上帝,并且是因为指向自然方才指向了上帝,如果人在对自然、对历史的关系中没有主体性的确立,上帝就不会失去它在人世间的统治,上帝与人之间主奴关系的颠倒建基于人与自然之间主奴关系的确立。也就是说,只有人从自然的绝对统治中获得解放,才可能从作为"牧羊人"的上帝那里获得解放。主体性地位确立中这种双重指向关系,意味着以泛神论和物活论的立场来批判基督教神学是不可能成功并且持久的。如今,面对自然遭遇人为的统治和破坏,还诉诸自然的神秘和绝对价值"为自然辩护"大体只能落入保守的浪漫主义怀抱。此种自然只不过是一种与神对立的抽象,而不是人类的现实的、真实的自然。在这种情况下,自然的崇拜甚至于变成一种比基督教还要反动的"自然宗教"。②

　　问题的关键就不在于在"污浊的实践"中重塑自然的神圣观念,或者从观念上宣布人类"主体的死亡",如此等等,而是在现实的关系中揭示"自然受到统治"的社会根源,揭示生态危机的历史基础。马克思和恩格斯指出,现代自然科学和现代工业一起对整个自然界进行了革命改造,结束了人们对自然界的幼稚态度以及其他幼稚行为。③ 可以说,现代的工业实践和科学技术是一

---

　　① 参见《马克思恩格斯全集》第 3 卷,人民出版社 2002 年版,第 320、316 页。
　　② 道梅尔在《新时代的宗教,创立综合格言的尝试》中说:"自然和女人不同于人类和男人,前者是真正神圣的……人类为了自然而自我牺牲,男人为了女人而自我牺牲乃是真正的、唯一真实的温顺和克己,是最高的、甚至是唯一的美德和笃敬。"(转引自《马克思恩格斯全集》第 7 卷,人民出版社 1959 年版,第 240 页。)马克思和恩格斯指出,这是一种比基督教还要反动的"自然宗教",求救于自然不过是"笨拙的农村田园诗歌"。(《马克思恩格斯全集》第 7 卷,人民出版社 1959 年版,第 240 页)
　　③ 《马克思恩格斯全集》第 10 卷,人民出版社 1998 年版,第 254 页。

次具有深远意义的存在论事件,我们只有在这种现实的实践关系之中,才能揭示出自然属人的存在,亦即是自然在现代社会中特定的历史规定性和现实性。剥离了社会历史规定性的绝对自然,只是一种观念论的抽象。因为对马克思来说,现实的存在只能是关系中的、对象化实践中的对象性存在,非对象性的存在物是"非存在物","是一种非现实的、非感性的、只是思想上的即只是虚构出来的存在物,是抽象的东西"①。

　　自然通过工业和实践进入人们的生活,成为人的"无机的身体",同样,人通过对象化的活动,使自然获得了属人的性质。正是在这个意义上说,人和自然的现实性就是人对自然说来作为自然的存在以及自然对人来说作为人的存在。② 在《1844 年经济学哲学手稿》中,马克思指出,在人类历史中即在人类社会的产生过程中形成的自然界才是人的现实的自然界。在《德意志意识形态》中马克思和恩格斯再次指出,那种自然地理解自然,"把人对自然界的关系从历史中排除出去"的做法造成了"自然界和历史的对立","好像人们的面前始终不会有历史的自然和自然的历史。"③正是在这个意义上,马克思批评费尔巴哈说,先于历史而存在的那个自然界,不是费尔巴哈生活其中的自然界,④新的发明和工业的进步不断削减了费尔巴哈"外部自然界"的地盘。⑤

　　马克思的自然概念不是抽象的、居于人之外的"绝对"。历史唯物主义的"人化自然"是对形而上学思维方式的突破。我们已经多次指出,在人的实践关系之外谈论自然的"独立性"、"先在性"、"外在性"等等,只是一种观念的抽象。我们愿意将这种抽象理解成一种本体论的提问方式,它蕴涵的基本命题就是马克思批判性地指出的:"抽象的唯灵论是抽象的唯物主义;抽象的唯物主义是物质的抽象唯灵论。"⑥马克思强调历史实践活动对自然的中介,他

---

　　① 《马克思恩格斯全集》第 3 卷,人民出版社 2002 年版,第 325 页。
　　② 《马克思恩格斯全集》第 3 卷,人民出版社 2002 年版,第 310—311 页。
　　③ 《马克思恩格斯选集》第 1 卷,人民出版社 1995 年版,第 76 页。
　　④ 《马克思恩格斯选集》第 1 卷,人民出版社 1995 年版,第 77 页。
　　⑤ 《马克思恩格斯选集》第 1 卷,人民出版社 1995 年版,第 97 页。
　　⑥ 《马克思恩格斯全集》第 3 卷,人民出版社 2002 年版,第 111 页。

把自然和一切关于自然的意识都同社会的生活过程联系起来。① 人与自然的关系受到了人与人的社会关系的制约,自然现实的存在形式乃是人的对象性活动的客观存在。这就使得在劳动和实践的形式中领会和把握现实自然具体的存在方式,亦即是自然与人类社会的存在关系和存在规定在方法论上成为可能。所以马克思说:"工业是自然界同人之间,因而也是自然科学和人之间的现实历史关系。因此,如果把工业看成人的本质力量的公开展示,那么,自然界的人的本质,或人的自然的本质,也就可以理解了。"②

马克思批判抽象的自然,神秘的自然概念,将自然纳入人类的对象化活动来理解,是否意味着他只是把自然看成"劳动材料"、"工业对象",亦即是说马克思的自然思想是否只是现代主体性的直接遗产,取向于对自然的统治和征服呢?③ 事实上,马克思明确地说过,自然不仅仅是劳动的对象,而且是意识的精神生活的对象④,是人的全部感性活动的对象。但是,在现代性的存在关系中,被资本中介的经济关系成了存在的本质规定,因此自然才单纯成了"有用物",以一种异化的形式呈现在我们的面前,是现实历史的存在论规定决定了经济因素在理解自然时的本质地位。批判的任务不仅只是从观念上揭示此种异化,而且要以实践的方式实现自然的解放,即"自然的真正复活"。

然而,将马克思看成经济中心主义者的误解总是一再发生,第二国际理论家的经济决定论不说,当代的一些生态主义者也常常批判马克思仅仅把自然看成人类经济活动的对象,劳动的资料库,批判马克思是主张掠夺自然的人类中心主义者。与此种指责相反,不少人又批判马克思"自然的全面复活"和"彻底的自然主义"思想是"环境的乌托邦"或"自然的乌托邦",建立在一种

① [联邦德国]阿尔弗雷德·施密特:《马克思的自然概念》,欧力同等译,商务印书馆1988年版,第17页。
② 《马克思恩格斯全集》第3卷,人民出版社2002年版,第307页。
③ 海德格尔就曾经批判性地指出:"唯物主义的本质不在于一切只是素材这一主张中,而是在一种形而上学的规定中,按照此规定讲来一切存在者都显现为劳动的材料。"由此,海德格尔判定马克思主义是一种人道主义的学说。([德]海德格尔:《关于人道主义的书信》,见《海德格尔选集》,孙周兴选编,上海三联书店1996年版,第383页)
④ 《马克思恩格斯全集》第3卷,人民出版社2002年版,第272页。

抽象的形而上学设定之上。事实上,马克思曾经说,未来社会"是人同自然界的完成了的、本质的统一,是自然界的真正复活,是人的实现了的自然主义和自然界的实现了的人道主义"①。这一论断并不是观念的预设,而是建立在对现代资本主义社会深入批判的基础之上。只有通过扬弃和改造资本社会,在人的解放中实现自然的解放,才能真正扬弃人与人和人与自然之间的双重异化。马克思并不是脱离了现实的社会历史关系谈论人与自然之间抽象同一性或抽象的对立,他深刻认识到了资本对人和自然的掠夺,主张通过对现代资本主义社会关系的实践改造来改变人与自然之间单纯的"利用"关系,而不是一种观念论上的抽象"和谐"。生态问题的探讨必须深入社会历史的存在论基础——对此基础而言,生产方式是核心范畴——而不能只是变成一种观念论的批判。在这种历史唯物主义的方向上,我们才能有效地揭示当今生态问题的真实根源,同时也才能真正理解马克思的思想并不只是现代主体主义的非批判继承,或者简单对立。

第二节　资本生产中的自然异化

我们说,在马克思看来,存在乃是对象性的存在,现实的、真实的自然乃是工业中的、生产中的自然,人与自然的关系只有在这些现实的生产关系之中才能得到揭示。虽然,就人的存在而言,人与自然的物质交换是一种"天然的必然性",②但在不同的社会历史中,此种必然关系却表现出不同的形式和不同性质。在《1844 年经济学哲学手稿》中,马克思通过"劳动异化"概念已经明

_____

① 《马克思恩格斯全集》第 3 卷,人民出版社 2002 年版,第 301 页。

② 马克思在《1844 年经济学哲学手稿》中称自然是人的"无机的身体",是人为了能够活着必须与之不断交往的"身体"。(《1844 年经济学哲学手稿》,《马克思恩格斯全集》第 3 卷,人民出版社 2002 年版,第 272 页。)后来在《资本论》第三卷的最后一节,马克思在讨论劳动的必然性、自由王国和必然王国对此也作了强调,问题只在于如何合理地安排人与自然之间的物质交换,不让自然盲目的力量来左右人们的生活。(见《马克思恩格斯全集》第 46 卷,人民出版社 2003 年版,第 925 页)

确地揭示了现代社会中"自然的异化"这一根本状况。马克思说："异化劳动从人那里夺走了他的无机的身体即自然界……异化的劳动使人的身体，同样使在它之外的自然界，使他的精神的本质，使他的人的本质同人相异化。"①在这里，"异化劳动"并不仅仅是指社会关系层面的异化，而且指向了人与自然的关系，马克思在这一著作中多次谈到自然在现代异化劳动中以异化的方式呈现。然而，人们往往在人与人的社会关系层面谈论"异化劳动"，忽视了马克思"异化劳动导致自然的异化"这一重要思想。不用说资本主义生产导致的自然的灾难，就是实践的社会主义国家也往往将"解放"单纯理解为人与人之间剥削关系的打破，自然不是被解放而是成了攫取的对象，导致了人与自然关系的紧张，而不是自然的复活。因此，在目前的理论和实践处境中，生态危机问题的讨论应该将马克思的这一思想作为具有本质重要性的命题揭示出来。

由于一种元哲学的阐释倾向，马克思《1844 年经济学哲学手稿》中的"异化劳动"常常被理解为费尔巴哈"人本主义"的继续，好像由于有一种关于"人的形而上学的预设"，这一概念才是可能的。马克思在这一手稿中如何以异化劳动概念贯穿了哲学批判、经济学批判和社会主义思潮，以及异化劳动概念同后来侧重于生产方式的批判之间的相互关系，在此不能展开全面阐释。但可以提出的有三点：其一，马克思在对象化的意义上理解存在，对象化既表现为状态，亦表现为过程，"异化劳动"批判本质上是指向人与人、人与物之间现实关系的存在论分析，是从"经济事实"出发的②，就像马克思谈到共产党人的理论原理时说的那样，它不过是现存的阶级斗争、我们眼前的历史运动的真实关系的一般表达③；其二，私有财产是异化劳动的结果，同时又成了异化劳动的现实的前提，人在劳动中的异化表现为私有财产制度对人的劳动条件、劳动对象和劳动产品的剥夺，因此，自然作为劳动的要素，作为人的无机的身体受到了私有财产制度的普遍规定，以一种"异化的形式"同人发生现实的关系；

---

① 《马克思恩格斯全集》第 3 卷，人民出版社 2002 年版，第 274 页。
② 《马克思恩格斯全集》第 3 卷，人民出版社 2002 年版，第 275 页。
③ 《马克思恩格斯选集》第 1 卷，人民出版社 1995 年版，第 285 页。

其三,私有制在资本主义形式中达到了极端的形式并因此而走向灭亡,①革命运动在私有财产的运动中找到经验的基础和理论的基础②,革命的指向是扬弃了资本主义私有制关系的"共产主义",在这种扬弃中,人与人之间的关系,人与物之间的关系不再通过私有财产(在这里即是资本)的中介,在这样的原则高度上,彻底的自然主义和彻底的人道主义才是同一个说法。③

马克思的异化劳动也好,人道主义也好,自然主义也好,都不是脱离了现实历史条件的抽象的思辨概念,马克思根本的贡献在于联系现实的社会生产方式和历史条件来揭示和考察这些范畴。马克思揭示出,在资本主义生产方式中,自然作为生产的条件和对象成了人的异己的存在,工人作为被剥夺者意味着自然被从劳动者手中剥夺,④或者自然是作为资本而与劳动者发生关系。与其说自然作为资本参与剥削过程,不如说自然被资本剥削所规定,因为资本不过是体现在物上的属于一定历史社会形态的生产关系,是资本赋予了物以独特的社会性质。⑤ 因此,不能脱离特定的社会性质来谈论自然。在资本主义社会条件下,自然的独特性在于,它仅仅作为"有用物"而存在,作为赚取利润的条件而存在,它已经被剥夺了全部的神秘性,这是由整个资本主义生产体系的基本性质决定的。马克思在《1857—1858 年经济学手稿》中对此作出了具有原则高度的概括:"只有资本才创造出资产阶级社会,并创造出社会成员对大自然和社会联系本身的普遍占有……只有在资本主义制度下自然才不过是人的对象,不过是有用物;它不再被认为是自为的力量;而对自然界的独立规律的理论认识本身不过表现为狡猾,其目的是使自然界(不管是作为消费品,还是作为生产资料)服从于人的需要。"⑥

在这里,自然在资本主义条件下的现实规定被本质地揭示出来了,人与自然之间的关系单面化为一种效用关系,不论是作为生产资料还是消费品,自然

---

① 参见《马克思恩格斯全集》第 3 卷,人民出版社 2002 年版,第 283 页。
② 参见《马克思恩格斯全集》第 3 卷,人民出版社 2002 年版,第 298 页。
③ 参见《马克思恩格斯全集》第 3 卷,人民出版社 2002 年版,第 298 页。
④ 参见《马克思恩格斯全集》第 3 卷,人民出版社 2002 年版,第 269 页。
⑤ 参见《马克思恩格斯全集》第 46 卷,人民出版社 2003 年版,第 922 页。
⑥ 《马克思恩格斯全集》第 30 卷,人民出版社 1995 年版,第 390 页。

都完全服从于人的需要,其神秘性和诗意完全在淹没于冰冷的利己主义打算之中。在资本的普遍中介下,人本身都只是作为商品存在,人与人之间变成了赤裸裸的"现金交易","人的尊严变成了交换价值"①,难道还能确立起纯洁的自然的价值吗?早在《黑格尔法哲学批判》中马克思就尖锐指出,利己主义和个人主义就是现代资产阶级社会的基本原则②。由此,必然的后果是,任何一个对象,只有当我们拥有它时,也就是说,当它对我们说来作为资本而存在时,它才是我们的。③ 人与人、人与物之间的关系单面化一种有用的"物性"。而在马克思看来,只有当物按人的方式同人发生关系时,人才能在实践上按人的方式同物发生关系。只有人的需要和享受失去了自己的利己主义性质,自然界才会失去自己的纯粹的有用性。④ 只要资本主义私有财产关系没有被彻底的扬弃,人的一切感觉和特性就得不到彻底的解放,自然也就不可能在与人单面化的对象性关系中实现"全面复活",所谓确立自然权力的本体论地位来批判生态危机等等如此做法只可能是思辨的抽象,最多是一种观念的革命。

在资本对自然的全面抽象中,自然界仅仅成了"劳动的资料库",自然在资本昼夜不停的循环中被攫取,接受着"资本"的逼迫,这才是当今环境危机的真正根源。这一点在海德格尔的如下追问中也大体得到了说明:"现代技术中起支配作用的解蔽乃是一种促逼,此种促逼向自然提出蛮横要求,要求自然提供本身能够被开采和贮藏的能量。"⑤"但这种开采首先适应于对另一回事情的推动,就是推进到那种以最小的消耗而尽可能大的利用中去。"⑥不过需要强调的一点是,现代科学技术的出现与资本原则的普遍确立之间存在一种内在关系,不能单纯从理性和思想的内部来探讨其本质以及它们对生态环

---

① 《马克思恩格斯选集》第 1 卷,人民出版社 1995 年版,第 275 页。

② 见《黑格尔法哲学批判》,《马克思恩格斯全集》第 3 卷,人民出版社 2002 年版,第 141 页;也可见《论犹太人问题》,《马克思恩格斯全集》第 3 卷,人民出版社 2002 年版,第 194 页。

③ 参见《马克思恩格斯全集》第 3 卷,人民出版社 2002 年版,第 303 页。

④ 参见《马克思恩格斯全集》第 3 卷,人民出版社 2002 年版,第 304 页。

⑤ [德]海德格尔:《技术的追问》,见孙周兴选编:《海德格尔选集》,上海三联书店 1996 年版,第 932—933 页。

⑥ 孙周兴选编:《海德格尔选集》,上海三联书店 1996 年版,第 933 页。

境的影响。然而,当今对生态危机的分析采取的科技理性批判、工具理性批判等等,大都走的是这样一条理性主义的批判道路。与此不同,马克思总是在资本主义生产方式相联系的意义上来考察科学技术的产生、性质及其功能的,①此种考察使得马克思不再是一个抽象的技术乐观主义者或悲观主义者,而是看到了现实资本带来的灾难,也揭示了资本的"文明作用",从而要求在对资本主义生产关系的扬弃中实现自然的解放,而不是面对自然的被"促逼"采取一种"泰然任之"的姿态。②

　　历史唯物主义的生产方式批判,为我们将生态危机这一表面问题同具有结构性地位的现代资本批判联系起来奠定了理论基础。人与自然和谐关系的建构如果不触及社会历史的基本建制,不是从"社会存在"的实践方面着手,脱离人与人之间的社会生产关系来谈论人与自然的和谐,或者相反,在人类与自然的冲突关系中谈论社会的和谐,最终都会陷入意识形态的幻象。因为真正说来,人对人的剥夺和人对物的剥夺是内在同一的过程,人的真正解放才意味着自然的全面复活,意味着人与自然的和谐。因此,生态问题的批判不能只从观念的意识形态批判入手,而应该从现代社会的基本原则和基本历史建制批判入手,在现代性的原则之内,环境的保护大体只具有局部的意义,而不可能是自然的全面复活。

---

　　①　关于这一点,可见马克思的如下论述:"随着资本主义生产的扩展,科学因素第一次被有意识地和广泛地加以发展,应用并体现在生活中,其规模是以往的时代根本想象不到的。""自然科学(自然科学是一切知识的基础)的发展,也像与生产过程有关的一切知识的发展一样,它本身仍然是在资本主义生产的基础上进行的,这种资本主义生产第一次在相当大的程度上为自然科学创造了进行研究、观察、试验的物质手段。""由于自然科学被资本用作致富的手段,从而科学本身也成为那些发展科学的人的致富的手段,所以,搞科学的人为了探索科学的实际运用而互相竞争。另一方面,发明成了一种特殊的职业。"(见《马克思恩格斯全集》第47卷,人民出版社1979年版,第520—572页)

　　②　[德]海德格尔:《泰然任之》,见孙周兴选编:《海德格尔选集》,上海三联书店1996年版,第1239—1241页。在我看来,海德格尔的这一姿态只是以思想家的深邃导致对自然的"理论直观",按照马克思批判费尔巴哈的说法,海德格尔毕竟只是哲学家和理论家。

第三节　资本批判的生态学意义

我们知道,大约从 20 世纪 40 年代起,产生了一种逐渐被命名为现代性批判的理论话语,在这种对现代性的批判和反思中形成了意义十分广泛的"后现代语境"。在这一语境中,面对现实的社会灾难和自然灾难,自由资本主义、法西斯主义和实践的社会主义被看成是现代性的产物和具体表现,三种主义都各自将对方看成是与第三者的联盟,并妖魔化为"邪恶",是当代灾难的根源。整个争论远离了对现代社会基本原则的存在论分析和批判,批判的话语不断地模糊了社会制度之间的差异,开始走向一种意识形态批判和观念论批判的道路。

在这种情况下,马克思以历史唯物主义为基础的批判理路被放弃了,马克思的历史唯物主义甚至被作为经济决定论和经济还原主义遭到批判。在对生态危机的分析中由于忽视了资本主义生产方式批判这一根本路向,批判陷入了对所谓发展主义的批判,对人类中心主义的批判,以及对主体主义、工具理性主义的批判等等,这一切都被看成是启蒙精神的后果,看成是现代性的内在规定。问题当然不在于展开诸如此类的批判,而在于此种批判往往从根本上忽视了资本原则的普遍中介这一基本的存在论事实,使批判无意中陷入抽象,根本没有触及问题产生的社会存在论基础。在这种语境下,马克思的理论被看成极端的现代性理论,在马克思的名誉下实施的社会主义实践则被看成是现代性的极端化,比现代性还现代性的现代性[1],它造成了比资本主义更加严重的生态危机,是人类主体主义和人类中心主义最激进的版本。

历史唯物主义并不是一种抽象的思辨哲学,作为一种思想视域,它不仅产生于马克思对现代社会历史的批判,而且本身就在这一批判中得到全面展开

---

[1]　参见［英］齐格蒙特·鲍曼:《现代性与矛盾性》,邵迎生译,商务印书馆 2003 年版,第 396—404 页。

和实现。马克思思想的基本意义在于,为理解现代社会历史提供了建基于历史唯物主义的"生产方式"这一批判范式。马克思以资本命名现代,资本被阐释为现代社会历史的基本原则或基本建制,批判的任务就是揭示资本原则的内在规定及其限度,揭示资本在现代社会历史中的普遍贯穿,揭示资本对自然、人和社会的全面中介,现代性的意识形态(即占统治地位的意识形态)本质上也不过是被资本中介的现实历史过程观念上的"副本"。在这个意义上,在对现代社会历史的剖析中正确地抓住了"资本主义生产方式"这一核心范畴,实际上就站到了马克思历史唯物主义的方法论立场上。

作为资本主义生产方式核心范畴的"资本"不能单纯被狭义地理解为一个实证的经济学概念,而应该在历史唯物主义的理论高度上被阐释为现代性存在论范畴,即现代"存在"的普遍规定和基本建制。这样,人与自然的关系受资本原则的普遍中介这一现代性存在论状况就可以在历史唯物主义的高度上被揭示出来。资本的剥夺本性就不再仅仅指向了人与人之间的阶级剥削关系,历史唯物主义作为一种存在论视域也就不再被阐释为一种与自然基本无关的"社会历史观"。在马克思的思想视域中,资本原则作为现代性的存在论规定才是当代"自然异化"的真实根源,而自然真正复活的最后出路是资本的扬弃,它与人的解放是同一过程的两个方面。在这个意义上,共产主义才被马克思看成是完成了人道主义和完成了自然主义。

马克思虽然没有对生态问题进行专题化的研究,但马克思的这一思想恰恰从根本的意义上奠定了阐释当代生态学问题的理论基础。这一理论基础从根本上意味着生产方式概念作为历史唯物主义的基础范畴,在分析现代人与自然关系中的基本意义,它批判抽象的自然观,反对脱离现实的实践关系诉诸自然的绝对价值等等来谈论人与自然的和谐,最终陷入人与自然抽象同一的浪漫主义天真,而本质上是保守主义,甚至神秘主义的现代复活。从历史唯物主义的角度来看,人与自然关系的和谐建构是一种现实的实践关系,就像共产主义对资本的扬弃并不只是一种观念的更新,而必须是一种改造现实的社会实践一样,此种和谐关系的建构必须触及和推进到社会基础的层面,而不能只是一种意识形态的话语操作。这也是历史唯物主义作为"实践唯物主义"的基本立场。

　　在国外,一些马克思主义者充分地领会到了马克思思想对于研究生态问题的重要意义,他们指出,马克思思想提供了历史唯物主义的基本原则,应该遵循这些原则来研究人类社会与自然环境的相互作用。与脱离当代资本原则来讨论环境和生态问题的思想家相反,不少的马克思主义理论家十分注重将这一问题同资本的批判紧密地联系起来,指出资本主义生产方式才是产生当代生态问题的根本原因,不能离开社会制度和社会生产方式抽象地谈论生态环境的破坏。美国的前共产党书记霍尔指出,科学技术本身也能成为保护环境的重要力量和积极因素,问题只在于在垄断资本主义占统治地位的时候,并不能做到这一点①。在谈到环境资源与人口关系的时候,美国的马克思主义哲学家帕森斯认为,生态问题的产生与资本主义的阶级剥削之间有着本质关系,真正解决生态危机的出路是社会主义。他说:"我们把'人口—资源'的问题看成是因统治阶级的罪过而产生的、由工人阶级加以解决的阶级问题。这种激进的分析要求激进的解决方法。社会主义就是解决方法,并且越快解决越好。"②

　　这当然不是说在资本主义终结之前,任何保护环境的做法均无意义,也不是说马克思的思想已经合盘托出了解决生态问题的具体方案和策略,也许正好相反,马克思思想的原则性和方向性面对具体的历史处境却显得不"实用"。这就要求我们结合现实的历史处境实现理论的"具体化"。与马克思所处的时代相比,由于资本主义生产方式在全球的迅速拓展,伴随着人的需求和欲望的急剧膨胀,各种自然资源、能源的大量消耗,人在与自然的互动中触及了自然的底线,人类的存在已经面临着巨大的威胁,因此,我们需要澄清马克思历史唯物主义尚未考虑的生态学前提③,同时也要阐释马克思思想对生态学的基本意义。像海德格尔以"向死而在"确立"此在"的生存论意义一样,历史唯物主义也可以从一种"终结"的本体论确认中获得建构性的立场。在这

　　① 参见[美]霍尔:《生态危机的阶级方面》,《和平与社会主义问题》1972年第8期。本注及下注转引自斯里夫钦科主编的《当代国外马克思列宁主义哲学》一书,该书由中共中央编译局研究室译,1986年出版。
　　② [美]帕森斯:《马尔萨斯主义和社会主义》,《革命世界》1977年第21/22卷。
　　③ 俞吾金:《马克思哲学的当代叙述方式》,《社会科学报》2006年3月9日。

种立场中阐释它对资本现代性的批判,阐释通过扬弃资本克服"自然异化"的历史性意义。这样就能将生态问题本质性地纳入历史唯物主义的理论事业之中,并与当代中国的实践联系起来,为建构性的政治实践提供思想基础,从而避免单纯从暂时策略的意义上来理解"人与自然和谐"关系的建构,甚至于将这种关系的建构停留在"观念革命"的领域之内。

在这样的视域中,我们认为政治的职能应该强化,而不是相反。当然这并不是马克思面对的问题。在马克思那里,由于批判黑格尔理性国家观念的必要,国家被重新置于市民社会的经济基础之上,国家更多被看成是资本的"随从"。在自由资本主义条件下,马克思没有全面地考察国家可能的"超越"作用及其限度。就资本主义国家干预的加强,被一些人用于宣布马克思思想的失效不说,在两种制度并存的情况下,社会主义国家的功能也需要在当今的历史处境中进行客观的考察。社会主义的国家如何承担起实现人的解放、自然的解放的全部责任,而不是再度成为异化的力量,是必须面对的重要理论任务和实践任务。实践社会主义的衰落及其遭遇的各种指责大都与此密切相关。正是在这样的处境中,我们认为应该重构马克思主义的政治理解,倡导一种建构性的政治理念。

如果说资本的自发性导致和加深了自然的全面异化,而且,从属于资本原则的国家在解决生态问题时,受到资本原则追求效率最大化和利润最大化的制约,那么,社会主义如何来解决这一问题呢,它岂不是也导致了严重的生态危机吗?尤其是在市场对资源起到基础性配置作用的时候,社会主义如何还可能避免环境灾难,避免将自然仅仅作为攫取的对象呢?这当然不只是理论的问题,而且是一个实践问题。但无论如何,国家应该发挥着核心的作用,此种作用绝不是从国家是市场的补充结构这一意义上说的,因为此种见解,甚至是实践无疑会将国家拖回到它试图超越的历史阶段上去。社会主义国家必须历史地承担解决而不是强化人与人、人与自然双重异化的生存困境。唯有承担着这一使命,并实际地完成着这一使命,它才不会失去创造历史的机会,其实践才真正具有指向未来的意义。并且也只有如此,才不会背弃它神圣的伟大承诺,不会失去它曾经拥有的价值制高点。

第十章　创造与守护作为存在论使命

　　前面我们已经阐释过,对于经历了古典统一哲学的历史唯物主义而言,实践是统一哲学的范畴,存在就是实践中的现实统一,就是"物质—精神"与"实存—超越"的统一。现实的存在不是无主体的自在过程,而是实践中的生成。历史唯物主义在实践的主体性中将存在把握为超越实存的过程。因此,存在论的核心不再是存在为什么存在,存在是什么,而是存在怎么样存在而且在实践创造中怎样去存在。正是在这样的思想视域中,超越实存的革命和解放才成为历史唯物主义的核心主题。然而,面对人类生存发展带来的生存困境,尤其是毁灭性的生态危机,创造性的实践不能停留于无限地否定现实,存在的创造应该以存在的守护为前提。因为更好地存在要立足于能够存在的基础之上,在人类自我创造带来的自我毁灭的现实可能性中,能够存在已经不是不言而喻的事情了。我们认为,对于历史唯物主义的存在论阐释必须在解放叙事的基础上,补充救亡的基本主题,在创造与守护存在的双重意义上理解生存的实践,而不再将实践这个概念仅仅停留在革命范畴的意义上。这将意味着人类的自我救亡将像自我解放一样成为历史唯物主义的叙事主题。

第一节　革命作为创造性的实践

　　马克思说,在德国,对宗教的批判归结为人的根本就是人本身这样一个命题,并以此命题结束。我们知道,在马克思和鲍威尔这样的思想家看来,德国哲学的宗教批判乃是法国政治批判的观念,其自我意识是观念中的平等和自由,是法国政治实践的哲学语言。从这种思想关联来看,马克思的这一命题只能作为启蒙主义的根本命题来理解。现代解放,作为思想事实就是人成为根本,成为尺度,成为"主体"。马克思始终打着使人成为人这样一面启蒙的自由解放旗帜。就此而言,他的确是把人做成"根本"了。

但是,"人的根本就是人本身"这个费尔巴哈式的命题,并不是历史唯物主义的本质命题,而是新理论需要扬弃的思想前提。作为启蒙思想的杰出后代,马克思不只守住启蒙遗产,而是体察到父辈的问题,开始了决定性的一跳。他洞穿的秘密在于:资本时代没有能够兑现启蒙自由的承诺,在异化劳动中"人仍然是非人"这样一个存在论事实。蒙昧走向理性的现代启蒙,作为观念的事情,通过思想解放和政治解放实现,虽然它是迄今为止人类解放的最后形式,但尚未触及作为人的物质生活的社会存在。人性解放论中的平等和自由不能止于抽象的权利,而是要求市民社会真正的"物质"生活内容。马克思的这一质疑没有背离启蒙的价值诉求,而是占有启蒙的思想遗产,立足于启蒙原则揭示启蒙的限度。正是在这个意义上,历史唯物主义是现代精神内在的批判者和真正的完成者。

马克思不像尼采,认为启蒙中的上帝之死,让一个没有管束和照料的世界没入虚无,超验的价值世界崩塌了,而是认为,人在尘世化中只占据着本体的虚位,成了物化的伪主体。这就是上帝拜物教转型为商品拜物教的实情,商品货币是世俗的神,资本成为现代存在的本质规定。马克思以压迫、剥削概念将现代的这种异化生存转化为政治问题,政治经济学批判作为基础存在论批判,揭示了启蒙理性时代非理性的存在实情,现代第一次从根基上深刻地被动摇了。不过,这种现代异化概念倒不是海德格尔评注的无家可归状态,而是赤裸裸的生存处境,是商品资本对存在的规定。在这种规定中主客体互相颠倒。这一思想,从根本上颠覆了现代主体性解放的自以为是,抽象同一的先验主体性预设在新的存在规定中分解和没落,成为被动的存在。

在超验世界崩塌中,尼采批判常人统治,呼唤具有强力意志的超人,强化与小人对峙的精英主义。马克思则不同,他批判的是统治和支配本身,革命者追求自由,并不是翻身作主的主奴换位,成为主人,而是打碎异化存在的二元结构,使支配和强制失去前提。无产阶级不是历史的集体超人,作为比畜牲更可悲的非人的存在,他的解放不谋取任何特权,而是作为类的解放,要创造一种新的历史存在状态。这就是所谓人类史前史的终结,在这种终结中人成为人。套用海德格尔的说法,这就是世界历史转世。

不过,在马克思这里,此种转世并不需要等候一个出现或是不出现的上帝之救度,而是依赖于革命实践的推动。历史唯物主义认为从来没有什么救世主,说的是人就是救世主。这是一种存在的自我担当,一种被推进到历史深处的实践主体性。历史被理解为实践之对象化的结果、过程和约束条件。自在的历史概念被意志和激情冲破。近代哲学存在与思维在认识中的同一性,马克思通过实践在对历史的理解中达成了。马克思受到双重启示,一是法国大革命将观念做成实在,二是黑格尔哲学中自我意识的创造性和推动性原则。马克思发出"问题在于改变世界"的行动呼唤,没有现代启蒙理性导向的主体自觉,马克思无力发出这种革命的呼声。在这种存在的主体性自觉中,存在论的本质问题不是存在为什么存在,存在是什么等等,而是人在生存的实践中如何改变既有的现实,创造社会历史。

然而,问题在于:这种将世界历史"生产出来"的观念难道不是依赖作为预设的纲领,是一种立足于理性的定制打造吗?在这种存在的概念中,人被提升为上帝,成为创造者了。巴里巴尔正式在这个意义上把马克思的实践哲学看成是最彻底的观念论,黑格尔逻辑的实现。后现代主义也将马克思思想归结为启蒙理性主义,一种关于社会历史的工程式思维,人成为"造物主"!因此将历史唯物主义作为现代性理论进行批判。但问题还有另一面。马克思曾经说过,社会发展是一个自然历史过程。历史唯物主义不是因此又被阐释成为绝对科学,并且作为客观的经济决定论被突出地强调吗?历史唯物主义的"历史",到底是有人,还是没有人的,是主体还是实体成为原则?在最近的理论进展中,扬弃这种对立的任务交给了没有时间的、作为范畴的"实践":既克服实在论,也克服观念论。不过,这个"实践"最好的情况也只是立足于黑格尔框架:主体,客体,主客体的思辨结合本身只是神秘的观念中的和解。这是黑格尔所取得的思辨形而上学的最后成果。

　　马克思反对的恰恰是这种神秘。马克思认为,社会历史实践会消解诸种理论的对立。但这并不是说把实践做成范畴消解对立,而是说从现实的、感性的实践来看,纯理论对立及其观念中的和解只是一种神秘主义的概念抽象,是没有时间的(因此是思辨的)绝对。悖论,作为绝对对立是观念的产物,存在本身没有悖论。"我在我思",马克思突出反思前的生成——感性实践。"我在"作为生存,不是理论进展,而是生命活动,是世界的构成和展开。不是将已有展开出来,像展开一幅卷轴,而是在面对现实中超越实存,显示出本质的不确定性,存在在这种生存的实践中成为可能性的存在。

　　人类的解放就是自我创造和自我规定,就是在面对现实的基础上改变现实的创造。《德意志意识形态》说共产主义不是一种需要去达成的确定状态,不过是利用现实的条件改变现实的运动。在历史唯物主义的存在论视域中,存在就是这样被理解为感性实践活动中不断延宕的过程和状态。实践中介的存在概念意味着辩证的相互作用,意味着开放的可能性,而不是静止、唯一和绝对。诸如历史的断裂与连续,或者说政治上的革命与改良等,在马克思那里都能找到证词,也就是说同样能找到反证。事实上,没有哪一种模式是历史发展的唯一方式。马克思固然多有对革命的呼唤,却未将革命提升为绝对,就像晚年恩格斯也断然没有将改良弄得绝对一样,改良与革命争夺马克思主义的话语正统,恐怕对存在历史的理解都比马克思来得浅了一些,却被误解为涉及历史之真相。

　　马克思将人把握为实践主体,自由的追求者和获得者,而不是沉思的自我。人改造自然,改造社会,从异化生存中获得解放,脱离非人,促成一种历史状态。这里有一种对历史时间的理解,或者说领会框架。宗教从永恒的上帝那儿获得时间性。在启蒙祛昧中,不再有上帝担保永恒,给出未来,这意味着什么? 未来作为时间,它是时间性的吗? 自由解放叙事之时间前提何在? 这一问题好像还没有真正被讨论过。人类不是在一条时间的中轴上不可回头地奔向未来,从坏的处境跳跃过去,进入一种良好状态。或者说,未来是对当下的永恒诱惑,它伸出双手,随着我们的前进不断后退。这样的时间概念始终还是自然的、物理的时间。时间是人的存在历史，是延宕的生存，而不是人置身于其中的类似于空间的框架，好像有没有我们，它仍在那里，我们能够把自个儿如此这般或如此那般地装进去，舒适或憋屈地装进去。

历史之时间在生存中有其根据。未来不会是给定的，而是实践之生存状态。人在面对现实中不断地超越实存，于是有了社会历史，有了历史中的"未来"。作为历史之未来只能是一个现代之后的概念，以主体性为前提。没有主体性意识和实践，未来不是朦胧的，就是命定般的清晰。未来不是于存在之外给予存在规定，不是我们奔赴、且将永久停留的营地，像某些共产主义的形而上学解读者认为的那样。历史不是为了给预定的观念充饥。未来是人的存在历史，是人开启的人的存在过程和状态。未来中的解放与自由，乃是历史的绵延，持续流动，不是中断或终结，绝对完美的状态，而是实践中的生存和展开，是从无到有的开放过程。

然而，作为创造者的人类之创造是否是解放，是否确定地实现着自由？如果上坡和下坡是同一条路，自我异化和自我解放是同一过程，这一过程不也意味着自我毁灭和自我衰退的内在可能性吗？真正说来，我们每一天都在历演着这样的过程：未来是消逝，是没入于无的有，是"向死而在"！更好地存在的前提是存在，活着，然后才更好地活着走向死亡。而能存在，能活着，是无保证的、不确定的。没有无异化的彻底透明和无终点的永恒。海德格尔就告诉我们，死亡乃是确知的不确定性。个体的生命如此，我想，作为类的存在也如此。这就意味着，人不只是创造者，寻求解放，争取自由，实现自我，而且要守护，要照料。按照德里达的说法，生命的本质是幸存。人类应在创造中守护这一自身的幸存，守护中创造。没有这种存在的领会，人作为创造者就会自诩为万能的上帝，通过自我的创造先于自然的规定而自毁。就当今的历史境况而言，此点已经显见地在人类生存的危机中彰显出来了。在自由解放叙事中补充以救亡担当，才是现实主义。无此，则可能没有了未来。

第二节　在存在的创造中对存在的守护

利奥塔曾经在《非人》中揶揄哲学家说,45 亿年太阳死亡以后,您的现象学,您的乌托邦政治死亡以后,就没有人敲丧钟也没有人听那钟声了,我们所经历及所思不过是一些苍白的幻影。这听起来的确悲怆,但它尚没有真正领会时间之历史的本质根据,不过是一种自然的形而上学,是物质能量守恒的宇宙叙事。真正的存在比起这种命定的消逝不知要让人揪心多少！如果人类世界的毁灭是这样一种自然命定的天寿,那就足够幸运,以致可以称得上是奇迹了。但是,在 45 亿年太阳死亡之前很久很久,也许……也许……我们不知道,没有人知道,我们只知道这是关于人的存在的故事,无法按照能量守恒的原理计算而预先确知。我们只知道这个也许,知道未来是生存中的不确定性。我们知道的存在与时间是历史性的,充满人为的悬念的。

有人存在,才有历史,有未来。未来由人创造,取决于人如何存在和去存在。人类的生存和创造当然在自然规定的界限之内。然而,悲剧绝不在于存在着这个界限,而在于人为地造成人类毁灭之现实可能性:"地球可能的末日"不再由"自然",而是由"历史"规定——我们在缓慢或者一触即发地导致我们的死亡,类的毁灭。这是超出想象(或只能想象)的总体性事件,"没有人敲丧钟也没有人听那钟声了"。我们在日益背离自然对我们的恩惠,那个 45 亿年的存在界限似乎已经变成了极端完美的构想,因为进入现代以来,人类的创造能力已经将人类自我毁灭纳入到了当下存在的每一个瞬间,成为一种历史中的现实可能性。

启蒙的自由解放叙事没有这种死亡的时间意识。依据线性进步的发展概念,它不自觉地将未来看成是自在延伸的矢量,没有限制和终点。因此,乐观的启蒙无限地肯定人的至高地位和创造性,将人看成是存在的创造者,命运主宰。在一定意义上,我们甚至可以说,反思现代解放限度的历史唯物主义之解放概念也在这一观念中有其根据,也还没有类的自我毁灭的意识。人作为类的死亡是一个新近的发现。首先是一个科学的,天文物理学的事件,并没有真正与历史相关联,而是一个事不关己的"悬设"。只是到了 20 世纪,人类创造的毁灭性作为现代后果开始成为思想的基本语境。人类毁灭,成为可能的历史事件,而不是自然事件的时候,死亡才真正变成历史的存在论范畴,"向死而在的先行"才开始重组存在历史及其意识,虽然仍旧面临着"杞人忧天"的通常质疑。

事实上,人类的毁灭作为确知的不确定性每时每刻都构成我们生存的背景,它已经不是像利奥塔叙述的那样一个由物理学能量守恒讲述的命定论故事,而是内在于实践的、可能性事件。正是在这样的存在论语境中,自由解放纯朴叙事的历史限度也才开始呈现出来。依据对这种限度的领会,我们看到了人类精神由现代解放的昂扬步入了后现代主义放弃解放叙事的萎靡。这一转向比起启蒙最初的单纯,毕竟是带着忧伤的深邃,只不过是太过于忧伤了。相对于现代的激昂和自信,后现代主义甚至只看到了伤痛和虚无。也许可以说,后现代主义就是 20 世纪人类历史的伤痛记忆和精神征兆。

现代确实有一种骄人的自信,其成就当然是足可自信且自傲的,看看批判现代的《共产党宣言》对现代的颂扬就可见一斑了。然而,启蒙辩证法的内在逻辑是,文明伴随野蛮,成就催生毁灭。自我创造和自我实现的现代主体逻辑将发展推抵了存在的底线,这就是:其一,人类向外占有已经触及环境和自然资源的承受底线;其二,现代军事和非军事力量能够多次摧毁人类,人类发展已经触及了生存的社会底线。这一双重底线的出场,并不是主体唯意志冲动的结果,恰是根源于作为对象化存在规定的资本逻辑的全面实现。循着这种对象化而异化的资本逻辑,被主体呼唤出来的主体性强力不就打开了潘多拉的盒子?人类存在的迅速拓展对于自在的地球生命体来说,不就是癌变的细胞吗?当我们从夜空俯视一片片色彩斑斓的城市杰作时,的确有人忧伤地看到了地球无法愈合的伤口!姑且不说那些任何其他物种都无法比拟的、足以摧毁地球无数次的毁灭性武器了。

人当然是创造者,他需要改变那种加诸自身的各种扭曲和束缚,不论是观念的,还是实体性的束缚。在启蒙开启的这一解放道路上,历史唯物主义的确有着特别的推进。但是,当创造的无限强力冲击存在之底线时,对伤痛和死亡的体验势必将呼唤对存在的守护,将人领会为家园的守望者,遗忘守护的"生产"是无限的恶,自由和解放应该是一种居家的营建。创造同时守护,首先应该守护。有了家园,才有诗意的安居!按海德格尔的说法,我们不是唯一的在者,我们是存在的邻居。我们只有在共在中才能自在。与天斗,与地斗,与人斗的"自我"岂不应该以"自我限制"为前提?自由和解放应该居于这种存在的领会,守护存在的底线。这种底线意识将成为存在之思的沉默不宣的语境,重组整个存在意识并且规定我们如何存在和如何去存在。

马克思尽管揭示了新时代的存在异化,推进了自由解放的主题,却根本不是动摇而是以启蒙的主体性为前提。在自然和社会中使人成为真正的人,自由和解放成为历史唯物主义的内在诉求。对于创造和改变历史的马克思来说,守护存在还根本不可能被摄入眼帘。存在历史双重底线的出场乃是历史之结果,它不可能事先构成马克思思想之主题。甚至于像恩格斯的《路德维希·费尔巴哈和德国古典哲学的终结》即便已经谈到了人类存在的自然界限,还是认为"我们离社会历史开始下降的转折点还相当远"①。这一说法还是将存在放在了纯自然的尺度上。毕竟死亡,不论就个体还是类而言,作为存在事实,要成为真正的存在论意义上的事实必须居于反思才能走进意识。正如马克思和恩格斯所说,意识在任何时候都是被意识到了的存在。现代意义上的个体的死亡意识可能会早一些,而人作为类的死亡进入意识却是 20 世纪的事情,我们不能期望它先于历史来得更早一些。如今,它伴随着存在历史的步伐恰逢其时地到来,人类毁灭之可能性的摇曳身影撼动着我们对于未来的构想,人类第一次在未来面前是那样的不确定和没有把握。我们该如何存在和去存在?

令人倍感凄惶的这一存在状况已经十分显眼地突出了历史唯物主义思想的缺环。这就是:在对人的存在领会中仅只是把人看成可能的解放者和需要解放者,而没有从死亡的存在论意义中领会自由解放的存在论前提。既然死

---

① 《马克思恩格斯选集》第 4 卷,人民出版社 1995 年版,第 217 页。

亡之于我们,不再是45亿年后的遥远,甚至于不是未来的某个尚未确定的时间点,而是内在于实践的生成过程,是历史实践中的每一个可能的瞬间,在急速或缓慢的自我造成的死亡面前,自由与解放的进展就应当以对存在的当下呵护为前提,救亡应该像解放一样成为基本的思想主题,守护应该像创造一样被领会为生存的基本方式。未来的许诺和追求是一种有待开启的存在可能性,而不是绝对必然,维系人类的继续存在才可能构想和创造更好的存在。在这种意义上,我们才能谈论历史,谈论创造和改变历史。此种谈论,势必越出启蒙的线性时间意识和进步逻辑,并以此为前提,重新将自由解放叙事纳入思之事业。人不再是莽撞的反叛者,只知道一味的否定既有的现实,一意孤行地自我提升,而是温柔的守护者,他自觉地在守护中创造。

存在的意义不再悬设于未来的诱惑,无家可归地流浪,而是安居和营建。在守护中安居,家园的营建就是安居。安居是围炉夜话的闲适,而不是无边的自由和狂野。现代离这种闲适实在是太遥远了,其创造的意志和激情已经自返地使存在岌岌可危,新的远航必将对存在的守护看成是基本的存在论任务。消逝于每一刻的生成,成熟走的是下坡路,自由解放与衰退和消逝同行,进步于衰落之中,而不是无限上升的静态完美。因此,存在的意义不是悬设在未来,而是在熔铸了未来的每一个当下,守护当下,去存在,才能开启未来。在自我创造的毁灭可能性中,救赎当然比自由更基本,谦逊比自是稳健,解放需要补充以守护,守护存在于存在的呼唤中。历史唯物主义必须听到并回应这一呼声,以"生于忧患"的存在意识来领会未来。

尽管历史唯物主义已经足够深入地将自由和解放的诉求拓展到了社会存在的物质领域,但它对未来的理解仍旧立于未经反思的存在论预设,好像存在之存在是不需讨论的当然前提。历史唯物主义要成为当今的思想,成为时代精神的精华,唯有领会"守护存在"这一任务,才能深入历史,成为走向未来的通道。没有这种存在领会,历史唯物主义的"改变历史"就只是停留于现代,并且必然带来现代可能带来的一切不幸。纳入死亡意识,并且在历史存在论的意义上规定死亡,历史唯物主义的自由解放叙事才能获得坚固的存在论基础,真正与当今的存在历史关联起来,回应存在的呼唤,而不是在新的历史主题面前哑然失语。当然,它也将因这一必要的补充而改变形象,在最原始的意义上成为一种存在之思,而不是一种关于人类未来的单纯谋划或者算计。

第三节　以救亡补充解放叙事

历史唯物主义认为,商品—资本是现代存在的存在形式和存在规定。今天看来,这一规定之全面拓展并不只是导致了人的"非人"的存在,而是推进着人作为类的毁灭即"非存在"的进程。也就是说,未来之构想不能建立在资本运行的自在必然性上,资本逻辑之全面实现可能是人作为类的毁灭,而不是资本的自我崩溃和存在的新的开端。在这样的存在论处境中,历史唯物主义自由解放的叙事必须补充以守护存在的救亡逻辑,在"向死而在"的指引下理解人类自我生产的性质和意义,而不是将革命作为历史发展唯一重要的方式,而是应该由创造而守护,由解放而救亡,将历史唯物主义的叙事建立在辩证相关的双重主题上。

我们前面已经说过,历史唯物主义并不是唯教条的革命论者。它并不是要在没有革命的地方制造革命。革命和改良都只是一种历史的可能性。将革命当成一种自在的必然性,在资本危机的不断延宕中期待一次总体性"灾变"的革命等候是浪漫的,它没有源始性地领会资本作为一种存在方式的运行机制和它的存在论意义,好像资本是一种外在的架构,我们可以寻得适当的契机将其撤解或打碎,甚至可以等待它的彻底"腐败",然后猛地一击,世界就转世了,进入自由王国。

这样的线性意识支持着一种外科手术式的观点,好像资本主义生产方式是可以通过暴力的外在打击被掀翻的,一种唯意志的革命意识没有等待的耐心在随时召唤先进力量,创造新世界。然而,创造与毁灭是同一个过程,在暴力呈现出来的人类存在底线裸露出来以后,以暴力的方式实现整体性的去暴力化,已经不再是有效的动员手段,超越的道路需要多样性的探索。面对当代问题,新的变革形式在多样的新社会运动中蔓延开来了,它们不仅批判资本主义带来的剥削和压迫,而且批判资本主义带来的环境灾难,揭示当代人类生存在资本主义条件下遭遇自我毁灭的危机。历史唯物主义要成为当代意识,必须能有效地包容这些形式。也就是在自由解放叙事的基础上,补充守护人类存在的存在论使命。

这样一种对历史唯物主义的补充以人作为类说话,是否背离了历史唯物主义的阶级原则?它似乎以抽象的类概念掩盖了存在论差异,越出了历史唯物主义的具体的人的范畴?从人类出发,而不是从社会分化的一个阶级立场出发,将守护与解放置于一体,不会是一种生硬的拼接吧?因为我们知道,无限放大连接点,任何理论之间都可以搭接,不过是一种无意义的搭接。存在论与历史唯物主义,守护存在与追求解放之间是否就是这样一种搭接呢?这种理论引入,是否会把马克思弄得面目全非,历史唯物主义的昂扬激情是否会松懈为温情脉脉的抚慰,失去斗志?我们知道,启蒙的普遍理性以先验的天赋原则确立抽象同一的人本概念,实现了思想解放和政治解放。历史唯物主义则以生产中社会的分化强调差异和对立,突出人的社会性、阶级性,人类解放以作为基础部分的阶级解放的方式得以推进和实现,它坚持的是冲突和斗争原则。以人类毁灭的名义引出"守护存在"似乎模糊了这种分化,并由此把斗争给和谐了。总之,用救亡和守护来补充历史唯物主义,离历史唯物主义本身是否过于遥远了,以至于它不再是补充,而是置换甚至于背离?

我们前面已经阐释过,历史唯物主义对未来的理解源于资本批判,即对现代存在之存在论批判,资本规定的存在异化乃是现代的基本状况。这一状况通过剥削压迫等范畴得到揭示。之所以在历史唯物主义中引入死亡范畴,是因为资本的单纯逻辑给不出未来,恰恰是在消耗和毁灭着人类的存在。正是资本急剧拓展这一存在事实将人类毁灭的可能性展示出来,背离了自然规定的时间界限。引入死亡范畴,进一步揭示资本统治的极端历史后果,显然是在资本导致存在异化的叙事基础上将资本为核心的现代存在论批判推到彻底,不是背离,而是在逻辑上补充了历史唯物主义的叙事前提。资本批判不再只是停留于人与人之间的剥削和压迫概念,而是深入到人作为类生死存亡这一更为根本的层面。

在解放叙事中植入救亡,实践主体性由创造而带入守护。对主体性的反思并不意味着放弃主体性,其紧迫性恰恰在这样的反思中从根本上凸显出来了。主体存在之自我担当,不只是超越现实,走向自由,而且是在现实的残酷中守护存在,获得救赎,走向生存的自由。这是呼应存在的呼唤:异化和毁灭的双重驱使。历史唯物主义超越资本的未来诉求将立于这种双重的论证视角。不论是解放还是救亡都以资本批判为基础。以资本范畴为核心的现代性存在论批判,坚持历史性和时间性,超越了非时间的先验现象学逻辑和个体主义的存在体悟,它是在社会历史的层面将救亡和解放领会为基本的存在论任务,并由此阐释未来。

在资本规定的存在中,马克思揭示了人的分化,有产者获得被巩固和被实现的生存外表,无产者才能承担解放重任,以部分解放的形式实现人类解放。历史唯物主义的阶级范畴具有人类的担当。那种你死我活的斗争概念离马克思的思想原则太远了,似乎一谈论人类,就是没有阶级性的抽象,就是背叛历史唯物主义的阶级理论。人类创造中的毁灭可能性作为一个总体性事件,呼唤守护存在。救亡指向的当然是作为类的总体,它根源于资本作为普遍的存在论规定这一事实,不是先验逻辑,而是历史,是可能经验的经验。这一叙事当然超越了社会的人群分化,但并不否定分化,而是将剥削、压迫、危机等等内含分化的概念所揭示的异化理论彻底地推进了,是异化之极端,从"非人的存在"到"人的非存在"。就对守护存在之呼声的呼应来说,作为"现代社会之溃烂区"的无产阶级会来得积极和深切一些,因为它与自由解放依据同一个资本批判的逻辑,本质上要求超越资本,超越现代。这不只是说以阶级解放实现人类之解放,而是说人类存在的救亡巩固了超越资本的解放诉求,并为它奠定存在论基础。

当实践被阐释为救亡和解放双重内涵的时候,创造未来的斗争概念不是被弱化,而是被强化和普遍为一个基本的存在范畴,它从典型的政治形态向所有存在的领域扩散开来了。但是,作为一种生存活动,其基本性质将发生改变,不再是以敌我二元论为前提的肉搏,不再是以绝对自我为核心的你死我活的单向挺进,而是以相关性和有机性思维在守护中创造,创造中守护。斗争不是消灭对方,也不是取代对方,而是消解双方之敌对关系存在的历史条件和前提。生存斗争将无处不在,而不是被理解为唯一的决定性的一战。这是斗争真正的激进化,斗争是在对存在的守护中完善存在,去存在,发生于我们生存的每一个艰难的瞬间。

在这样的理解中,小叙事不是被排斥,而是被包容,它将壮丽的宏大叙事消融于日常生存实践,变成现实主义。连续、渐变乃是历史常态,但这并不否定历史突变和跃迁的可能性。相反,它在这种可能性中获得意义、动力,要求在每一个当下实现和领会存在的意义,并强化着主体性普遍的存在论担当。这一担当,比解放和革命来得更沉、更重、更深广和基本!它不只是主体的向往和渴求,本质上是存在的召唤,是一种逼迫,是斗争!

在资本规定的存在异化与毁灭之现实可能性中,另一个世界——不管它被如何称谓,并不绝对必然,但对于人类作为类能够存在而言,它是必须的,其可能性依赖于主体性之守护与创造。于存在临近的深渊守护存在,在存在中追寻意义和价值,才有自由的、解放的历史。这种"向死而在"的存在意识,将使自我创造的解放叙事在稳健和谦卑的自我限定中获得力量,并坚定地指向未来。

第十一章　发展的存在论根据及其本质①

　　人类在生存的实践中面对存在与超越实存,不仅改变着环境而且改变着自身的存在,于是有了超越物性实存并不断自我超越的社会历史,有了生产社会历史本身的革命实践。实践表现为超越实存的创造。日常用发展这个概念来表达这样一种不断超越实存的过程。前面我们已经阐释,在创造性实践带来的自我毁灭的现实可能性中,守护存在成为存在论的基本意识。在这样的存在论处境中,如何在线性的历史观之外、在发展主义的观念之外规定和讨论发展概念就具有重要的意义。在创造中守护,在守护中创造,存在的超越不再被单纯地理解为线性的发展。为此,本章将在与海德格尔存在主义相互关联却又存在基本差异的存在论视域中阐释发展。这一阐释,将发展与后形而上学的存在概念内在地联系起来,像前面已经得到讨论的现代、政治、革命等等一样,发展成为重要的存在论范畴。对于发展作为存在论范畴的讨论,从本质上就是讨论"面对存在与超越实存"这一存在论命题。立足于后形而上学的存在论基础,在对发展的存在论条件和存在论限制的阐释中,真正的发展被规定为生存实践中超越实存的自由及其限度。

---

　　①　本章的内容曾经作为参会论文提交"哲学与社会科学跨学科高端对话会"第五次对话,对话会主题是《发展观:理论与方法》。对话会由《中国社会科学》杂志社和吉林大学哲学基础理论研究中心主办,2012 年 1 月 7 日于吉林大学举行。

第一节　发展并非不言而喻

我们不仅说事物是发展的,并且我们本身也要发展,我们好像总已经在发展之中了,在存在论和价值论的意义上都在发展之中了。发展成了根本的观点,成为谈论存在和生存的主导原则。这是怎么回事? 这件事是怎么发生的呢? 这件事情,牵涉的不只是要不要发展,如何发展,发展得怎么样等等,而且本质上牵涉的是发展本身,是发展之为发展,也就是发展的根据和本质问题。我们何以将存在看成是发展的,并且将自身的生存也归入发展的先行领会之中? 这样一种状况,也就是发展成为原则,是历史地发生的吗? 如果是,这种历史地发生的存在领会,对于存在之历史发生了何种历史性的影响,以至于我们今天非得要讨论这样一种领会,讨论发展不可? 而且吊诡的是,这样一种关于发展的讨论又先行地将发展作为目的了。要不是为了发展,我们又何必讨论发展呢!

为什么我们好像总已经在发展之中? 我们存在,我们发展。如果发展不在存在中有其根据,我们的生存怎么会是发展呢? 生存不可以是原地踏步,甚至根本就站着不动吗? 存在为什么是发展的,并且我们期待着发展? 这些问题问得好无道理! 发展作为事实,不是明摆在我们面前吗? 然而,哲学作为存在之思,就是在这些问得突兀且似无道理的问题上费尽思量。

从赫拉克利特的"动"和巴门尼德的"静"之间的较量开始,西方哲学家们就为世界的"动静"费尽思量。"流变"与"存在"之关系始终以变化着的形态构成西方哲学主轴,比如说在现象与本质,意见与真理,相对与绝对等等一系列相互对待中都可以看到这一关系的身影。我们现在说的"存在"与"发展",是否也只是"存在—流变"这一主轴的变体呢? "存在"与"发展"之间的连接,或者说在"存在—发展"这一表达中,是一种什么性质的关联? 很明显,它绝不是电工讲的"并联"或"串联",把两个不同的东西以某种物理的方式联在一起,使它们成为"一体"。这个连接符号,似乎更像一个等号,因为现在看来,思存在似乎就是思发展,存在和发展简直成了一回事情:"我存在,我发展",而且不发展则不如不在。细想来,这个连接似乎又更像"隔断",它告诉我们,存在和发展并不是一回事,是"我们"把它们拧在一起,看成一回事,把存在看成发展了。

看来,把存在看成发展的过程并不是一件不言而喻的事情,我们需要进一步破解存在与发展之间的连接。发展之为发展,或者说发展的根据,隐隐约约就在这个奇奇怪怪的连接中。我们将循着以下几个步骤"破解"这个连接:第一,发展是事物自身的自在自动,还是依循人的"意向性"对存在的领会,因此在人的生存中有其根据? 第二,发展作为历史地生成的存在之领会,是如何在生存中有其根据并且成为根本原则的? 第三,成为存在之领会的发展如何在历史性的存在论语境中得到讨论? 最后,通过前面的讨论,我们是否可以进一步明确,发展之本质乃是生存的自由,是自由之实现及其限度?

很显然,"破解"中的这几步追问,已经有所透露,将有待去思考的东西作为可能的结论预告出来了。不过也没关系,因为这个破解本来就不是揭秘,不是侦探文学,需要留下悬念,而是深入对象中,顺其纹路而理解的重思。重思当然不是原地踏步,也不是更多、更高、更深意义上的思之"发展"。像海德格尔比喻的那样,重思如农民的耕犁,反复地来回,将期待作物在上面生长的土地翻掘一遍。土地当然还是那片土地。对发展的重思,这个思之反复,根本上不是进步,不是发展的,它倒是回跳到了原始的状态,回跳到了发展成其为发展的存在领域。重思,意在掘开这个领域,并翻检这个领域,唯有在这个领域中发展才发展着,存在才是发展,发展才成为存在论上的基本观念。

第二节　从变易到发展

我们好像总已经在发展之中。但事实上,发展成为一种"存在观",一种价值取向,并非始终存在,而是一件十分晚近的事,大体说来应该是现代的事情。也就是说,发展历史地成为原则,发展成为发展观,成为存在论意义上的世界观是历史的产物,它本身是时间性的。

我们知道,赫拉克利特的"流变"与巴门尼德的"存在"让西方思想陷入了"争执"和"对立"。不过十分显然,西方哲学史的这个发端,讲的还只是"不变者"之"变",或者说"变"中的"不变者"。这个"变"只是变易,只是运动,根本没有发展的意思。早先在赫拉克利特那里,世界是一团永恒燃烧着的活火,并且在一定的分寸上燃烧和熄灭,他要讲的是"一切流变,无物存在"。然而,在这个流变的燃烧中烧不掉的是什么呢?是"尺寸",是逻各斯,是变化中的不变者。黑格尔于是便说,赫拉克利特的辩证法乃是客观的辩证法,是事物在它们自身内的过渡。事实上,这个过渡是毁灭与再生的轮回循环,没有意外和缺口。这位辩证法的鼻祖以绝对"运动"虚化了本身不变的本体或"始基",却在运动中安置了不变的绝对"逻辑"。巴门尼德讲存在静止,永恒,讲的是作为本质的实体,而不是流变中的现象,"存在"也是变中的不变者。这样看来,绝对逻辑像绝对本体一样都是自在。这个"逻辑"和"本体"是不变的绝对,它们本身不被生成,因此是不会进步,不会成长的。运动只是与现象有关,本质上是轮回和循环。

这一观念更直接地表达在希腊哲学的"本体"概念中。本体乃是万物由之出并向之归的绝对存在。存在过程不是超出,不是本来没有的事物产生了,而是"实现",是既有的东西的展开和复归,本质上不是新的,而是"已有的"。过程本质上是逻辑的,必然的,因此是一种"演绎",它有内在的节奏、秩序和尺度。在新柏拉图主义那里有了"流溢"这样一个形象的概念。在基督教神学那里,有了作为动力因和目的因的上帝。过程是先验地决定的。决定过程的"命运"是在过程之外,还是贯穿到过程之中倒不重要,重要的是,过程本身不会被看成是发展,而是循环,是封闭的轮回。事物如此被理解,人类存在也如此被理解。现象界的事物,只是一种过渡,自身没有意义,是与本质相对立的"异在"。事物存在的意义和本质便不在自身的过程之中,而是指向了超越具体的普遍绝对。在这样的基本观念中,不会有作为存在之基本领会的"发展",更不会有将发展作为"目的"的发展观了。

"变易"如何发展成为"发展"了呢?只是将这个问题置于思想史中进行

探索,放到"变化"与"存在"争执的思想困窘之中,好像是没有结果的。这样一种回顾不过是告诉我们,原来古人那里没有"发展",至少是发展没有成为根本观点。这就是说,不是存在本身发不发展,而是人们根本没有用发展的观点看待存在。这就意味着发展是一种对世界的看法而且这种看法是历史地形成的。这样两层意思,将发展这个问题引到了人的身上,它似乎是一个观念的问题。发展好像在我们的观念中有其根源,是我们的一种指认。我们将某种存在的状态或过程称为发展,存在本身无所谓发展。

这种观点似乎不错,但不过就像说"人是动物一样"不错。因为问题在于,存在存在着,我们如何就将存在看成发展了,不但发展成为了我们看待存在的根本观点,而且我们还依据这样的观点来生活,来要求我们自己? 我们要发展,只是一个纯粹观念的问题吗? 在古代人那里,发展观点不具有本质意义,是不是他们理智上有问题,他们的智力和知识还不够? 如果真是这样,发展也就不会成为所谓根本原则。一方面,发展或者与"运动"一样成为一个描述性概念,是事物本身的状态。是不是认识到事物的发展是一个客观指向的认识问题;另一方面,发展或者变成了一种纯主观的判断,我们这样还是那样来领会事物,指认事物,就单纯地是一种主观的随意,事物本身无所谓发展,仅仅是我们认为事物在发展,当然也可能认为事物没有发展。从这种"或者……或者……"表明的不确定性来看,我们的分析并没有多少成果,反而暴露出问题。关于发展,我们只是在对象性与主体性两极之间跳跃,打转,发展不是被看成客观的事情,就是主观的随意指认。

事实上,不需要多费劲,我们就会发现"发展"日常意义上的几重规定,我们来看看这几重规定:第一,发展是谓词,是对于存在者状态的描述,作为现象,它是存在者的特定历演;第二,发展属于运动,不论如何,静止中没有发展。如果静止也是一种特殊运动,它至少特殊在静止中存在者不发展;第三,因此,发展有超出、越界的意思,意味着非同一性,意味着差异,质变或者量变中的"差异"。一个东西原地打转,有运动,但我们说它没有发展;第四,存在者沿着一个方向动起来了,并且超出原有的规定和界限,但这一运动却可能被称为堕落、衰退、枯萎等等,而不是发展。不过,堕落衰退等已经先行地将发展的领会设定为前提了,已经"有"发展了。通过这样一种否定的形式,发展是指"正向"的运动,是"前进",是"上升",堕落衰退反其道而行之。看来,发展这个概念要说的不是存在,而是存在之一种形态;或者说,发展这个概念不是对存在的一般描述,而是指向某种形式的存在状态和存在过程。这几重规定,层层递进,揭示了通常的发展概念。事情确实好像是这样的,发展是一个描述性的概念,它描述和指向一种特殊运动。

但是,发展是一种描述吗? 人如何将存在看成是发展的,而不是不动,或者说只是一般的动? "发展"指的运动特殊在哪里? 如果只是描述,动与静,变与不变就足够了,发展至多是一个别名而已。不过很显然,发展比"运动"和"变化"讲的东西要多一些。它多出的含义是什么呢? 为什么会多出这些含义来? 也就是说,运动和变化如何就升格变成"发展"了? 人们将哪样的运动和变化叫做发展呢? 发展是不是单纯的增多、加速,乃至于变粗、变长等等?

事情好像是:运动中似乎存在着"正—反","前进—后退","先进—落后","逆历史潮流而动—顺历史潮流而动"等等,有了这些区别,才有了"发展"的领会。但是,我们却只能"看到"运动,看到变化,而看不到这些区别。我们只是看到了不同方向,但看不到方向的"正"和"反"。这个正反是被规定的,不是自在事实,不能被直观。因此,我们"看不到"发展,本身由"正"方向规定的"发展"不是一个客观描述,而是一种已经把"我们"的存在放进去了的领会,就像"上下前后"总是围绕着我们转,被我们的"处身"给出一样。有一个笑话:战争的统帅在强大的敌人面前高喊:"向后转——前进!"这之所以成为笑话,是因为在战争中,前进的方向是由敌人的位置规定的,前进是与敌人相向而行,因此是胜利的方向,希望的方向,进步的方向。朝相反的方向奔跑不是前进,是溃败,是逃跑。

我们用发展来说存在时,已经预设了特定"方向",有的方向"很合意"、"很应该",甚至"很必然",存在者走在这一方向上,存在者的存在就被叫做"发展"。站着不动,或者走到反方向去了,就叫停滞或者衰退。这个"停滞"或"衰退"已经在发展的规定之中了,已经将"发展"预设的那个方向的"方向性"作为前提了。没有方向性规定的方向作为尺度,就没有发展! 某种情况叫做发展,因为它符合了那个"合意"的方向。这也就意味着可能存在这种情况:我认为这是发展,而他认为是衰退,我认为"合意",他却认为不"合意"。贪生怕死的败将把逃跑看成"前进",老子似乎就将通常的发展看成堕落,因为他留恋小国寡民的无为淡然。

这种差异性,甚至是随意性总是存在的。不过,在这种随意性中,真正需要深思的倒不是哪样一种方向是正确的,因此,哪样一种状态才真正是发展,从而在经验上去辨认发展。关键倒在于:方向的方向性在哪里有其根据,这种方向性如何使"发展"成为发展,使发展成为一种对于存在的根本领会。

第三节　发展在生存中有其根据

地球上"有"东西南北,这个"有"在我们的生存中,源出于我们的生存。到了北极点或南极点上,这个方位框架就动摇了。在更大的空间尺度中,简直没有东西南北。使这个方位框架得以可能的是方向性,方向性是生存的架构,是人的在世方式,属于"人"的生存。在人的生存之外无法得到理解。方向本身是不成其为方向的,使方向成为方向的"方向性"倒是我们生存的一个架构。比如"中东"、"南方国家"、"东西半球"等等,就更加显著地表明了方向性从属于生存,从属于生存的历史性,是生存"架构"。① 南方国家显然不是从赤道将地球分成两半来讲的,况且赤道本身也只是现代社会中一种"方便的设想"。国际日期变更线之所以像今天这样被规定,不仅是说由"谁"规定,并且之所以如此规定,都在人的生存中有其根据。

没有人这样一种特殊的存在,没有生存,就没有方向性,当然也就不存在空间上的方位。生存是有指向的,是有方向性的,或者说方向性属于人的生存。以方向性为前提的发展也必在人的存在中有其根据。这里说的方向性还

---

① 关于这个问题,也就是方向的历史性和实践性问题,在葛兰西的《狱中札记》中有初始讨论。(参见[意]葛兰西:《狱中札记》,曹雷雨等译,中国社会科学出版社 2000 年版,第 364—365 页)

不止是说生存给出空间方位,而是说生存本身就是"意向性"的,如果没有人,就没有"目的",没有"合意"与否,没有要这样而不要那样等等,根本就没有方向性,当然就没有发展。发展讲的就是生存这个"意向性"的超越领域。这里说的"意向性"不是指认识总有对象,而是指生存总有其目的。在生存之外,存在自在,无目的可言,亦无发展可言。不过,"实践—认识"之外的存在,不是真正的现实存在,而是观念的抽象①。存在总已经在生存超越这样一个领域中了,因此总已经在发展之中了。思考"存在—发展"就是思考"生存—超越",思考人。因此,这里"作为生存的发展"要讲的不是发展的一种样态,好像还有"不作为生存的发展";也不是说我们要讨论人生观,提供一种生活指导,使得人生之路走得更好更顺一些;而是说,发展只有在人的存在,即在生存中才谈得上,生存是讨论发展的存在论视域。

这样一个看法,又将发展的问题引到了人的方面了。不过这一次,不是引到观念上,而是引到了更源始的生存之中。"思生存"就是为"思发展"开掘空间,避免在观念与存在之间跳跃,在指认和描述之间跳跃。

发展在人的生存中,人的生存也就在发展之中。我们说庄稼地、放牧场、矿区、休闲的沙滩等等,我们讲的不是自在之物,而是生存的场域。人在物质的世界中生存,世界的物质也就在人的生存之中了。人在,就是人为,就是"意向性"地对实在的更改、添加、删除和修补。"人为"不是事物的自身涌现和绽放,而是超出,是"做作",是"无中生有"。赤脚的孩子在沙滩上堆了一座小房子,少女挽了一个漂亮的发髻对镜遐想,主妇为晚归丈夫准备的可口饭菜……这不是物性的自在,而是洋溢着人韵的超越,是创造,是人"在",是人为。这种"在"之陶醉、遐思和期待,悄然地透露生存之方向性的端倪。因为"无中生有"的超越,是从实存中超拔出来的改变实存并赋予实存意义的"创造"。由于这个无中生有的"创造",物性的世界变成了意义生成的空间。这

---

① 这样一种存在观念,对象性的存在观念,在马克思、海德格尔等后形而上学的思想家那里是显而易见的。在思想发展的道路上,甚至可以说,这一存在观念是西方哲学反思思辨形而上学的基本成果。我们置身于这样的普遍成果之中,因此,在这里就不再去堆积"语录"作形式上的论证了。

个不确定的意义空间,就是生成方向的方向性之存在论境域。这个境域,本质上就是生存,就是人的存在。

在海德格尔那里,生存是"能在",萨特称之为"超越"。"存在先于本质"这个命题的意思就是说人的存在是超越。马克思说动物的存在与它们自身是直接同一的,讲的也是这个意思。生存的原则不是实存、实有,而是应在和能在,因此是"改变",是"提高""升华",是"合意"的创造。人生存于物性的实在之中,使实在超出直接的物性,超出既有的实存。自在的同一性在生存超越中进入非同一的敞开状态,成为持续的否定过程。生存就是否定的辩证法。自在的联系和变化,在人的生存中失去自在性。这个"敞开状态",这个"持续否定",作为生存,是方向性的原始根据,将方向性赋予存在,同时也赋予生存本身。因为生存,作为否定的超越,亦即是意向性的实践,本质地意味着"创造",意味着不断到来的"新",意味着根源于人的生存实践的改变。改变因其"目的性""设定"方向,创造中的改变因其"合意"而成为发展。因此,发展在汉语中也用作动词,我们发展什么,我们使什么发展起来。我们生存,我们发展,发展就是在合意的方向上存在和去存在。

发展向来就属于人的生存,发展在人的生存中有其根据,并且发展讲的就是生存。生存作为超越,具有方向性,在"可意"方向上的生成涌现被领会为发展。自在,自动,自变,也只是因为"合意"而被领会为发展,被置于超越的、也就是生存的意义空间中了。

无人,花自飘零水自流,一片沉寂,何来发展? 对人来说,才有"羊大则美",因为在人的生存中,发生着一系列重要的事情:首先是人"看得见"对象,对象成为对象这样一件事;然后是对象作为"超感觉的物"在意义空间中生成;最后是创造,以意义的领会为前提,人使对象满足自己,因此在改变对象的同时也改变我们自身。当然,这里的"首先"、"然后"、"最后",不是时间中的先后,甚至也不是并列的,而是在生存中相互构成。

存在者或存在物的概念已经意味着存在的差异。差异中才有对象性。存在总是对象性存在,亦即是马克思所谓的"非对象性的存在物是非存在物"。但就一般的存在者和存在物而言,对象不是作为对象存在的,它本身也不会作为自己的对象。物不与世界发生关系,或者说物与世界的关系不是作为关系存在的,它是自在存在,是其所是,与自身和环境直接同一。在人的生存中,对象成为对象,关系作为关系存在。因为人还具有"意识",所以马克思有这样的说法:"我对我的环境的关系是我的意识","意识不过是被意识到了的存在"等等。马克思要讲的就是,在意识的对象性中对象成为对象这样一个存在论的根本事实。意识是存在物存在的场域,存在在意识之中、通过意识而存在。这是在人的生存中,也唯有在人的生存领域中才发生的基本事情。

在对象成为对象的这种对象性关系中,形成"超感觉"的意义世界。人不只是在意识中再现、"看见"对象,而且领会对象与生存的意义关联,看它"合不合意","有没有用"。生存就是意义和价值的可能性空间,生存空间因此有方向性,方向性确定方向。猎物是狮子的方向,但狮子的捕猎不在具有意义关联的对象性关系中。人认为猎物对狮子有意义,狮子本身只是直接扑向猎物。

世界不会满足人,人决心以自己的行动来改变世界,一方面是人改造自然,另一方面是人改造人,不断消灭"存在的规定性",新事物、新状态在生存中涌现。这种消灭,因此这种改造,这种意向性的活动,就是发展,就是使存在走在对生存有意义的、合意的方向上。发展包含了"取向",目的先行了。方向确定超越。不仅是说我看到对象的变化合我的意,我称它为"发展",而且说,我决心按照我的"需求"改变事物,创造事物,将不存在的东西发展出来。发展不只是"从人来看",而且是"由人来做"。生存是意向性的超越,因此是发展。

发展在人生存中有其根据,有其存在论上的根据,而且有其价值论上的根据。我们通常说发展为了人,发展依赖人,发展属于人,讲的都是这个意思。讲生存就是讲发展,发展由此成为根本的观点,也就是根本的意识形态。不求发展,不思进取,就是自毁前程,自甘堕落。发展成了生存的真相!

在这里,有两件根本性事情发生了:第一,人被看成了目的,成为意义的根源,它规定变化的方向性;第二,人被看成动力,成为存在的动因,它推动现实朝着有益的方向变化。这就是说,在双重的意义上"人成为主体"。发展成为根本观点和"人成为主体",实际上是一回事。发展主义和主体主义拧在一起,就不必大惊小怪了。

我们说,人安居在世界上,人总已经在世界之中;反之亦然,世界总已经在人的生存之中。在这种对象性的生存关系中才有发展,发展总已经是从人的方面来看了。但是,就像人作为主体是现代的事情一样,发展成为根本的观点也只能是现代的事情。在现代之前,不是"自然"就是"上帝"是主体,人们谈论运动变化的时候是从外在于人的"客观"角度出发的,敬畏绝对必然的"命运",人要使自身贴近、顺从命运的安排。人不是上帝的仆人,就是自然的仆人;人没有成为目的,也没有成为动力,因此,使对象符合于人的需要而改变对象的发展不可能成为根本的意识。

马克思有一个略显抽象的说法:"对象如何对他来说成为他的对象,这取决于对象的性质以及与之相适应的本质力量的性质——因为我的对象只能是我的一种本质力量的确证。"①人的生存使世界变成不断超越的可能性空间,在这个空间中有发展的根据。但人成为主体,发展成为根本的观点,则是历史性地生成的、现代的事情,是人的本质力量历史地发展的结果。没有这种本质力量的历史性生成,或者说,这种力量还没有成为本质力量,就没有发展,也没有发展成为根本的观点,成为根本的意识形态。只有到了现代,人成为主体,在人的生存中有其根据的发展才成为根本观点。所以,在前现代思想中,我们还不能本质地看到"发展",只是发现运动,发现轮回等等,而现代,发展就是生存,二者已经被看成一回事。

第四节　发展的存在论条件和限制

前面的思考,让我们获得了这样的看法:发展在人的生存中有其根据,有其存在论和价值论上的根据。因此,发展成为根本的观点又与现代主体之确立联系在一起。也就是说,发展观本质上是一种现代性的存在意识,是一种现

---

① 《马克思恩格斯全集》第3卷,人民出版社2002年版,第268页。

代的根本观念。因此,作为一种生存的发展现象需要在人的现代生存论境域中得到讨论。我们如何领会生存,意味着如何领会发展,如何发展。在生存中,就有死亡并且有异化。不过,死亡和异化却是在现代才成为根本的存在论事件,也就是说,才成为生存领会的根本原则,成为意义形成的根本条件。作为生存超越的发展,也在由死亡和异化构成的这个意义空间之中发展,因此受到这个生存论领会的根本限制。于是,我们的问题便成了:在生存之"死亡"和"异化"中,发展如何发展? 这个质问中的"如何"问的是发展怎么还可能,它是因此从根基上动摇了呢,还是被巩固起来了? 今天,发展本身及其领会,都需要在"死亡"与"异化"这一根本的存在论境域中进行,死亡和异化是生存发展的存在论条件。

　　不仅是在个体的意义上,而且在类的意义上,"死"都是现代的事情。过去人曾经是"不死"的,肉体"死亡"是灵魂从物质中获得解脱,灵魂作为"本质"会开始新的历程,因此"死"是走向新生的过渡。在这样的领会中,哀悼死亡同时也就是庆典,是祝福,是对来生的期盼。现世不具有本质意义,它为来生积德,为下世祈福,也即是所谓的"修阴功"。生存的意义不是源自肉体的满足、享乐、占有,而是由超验的永恒性赋予的。人贬低肉体,重灵魂和精神。今天,人是动物,物质性被确立为根本,于是,死亡根本地发生了。死亡变成了物质事件,生理学命题,不再只是生命的一部分死了,而是生命根本地、彻底地终结瓦解,死就是无,入于虚无。生命的神圣性和超越性垮塌了。

　　人的"有死"成为生存领会的根本因素,成为意义生存的根本前提。现代人的主体性就是从不死的虚幻中惊醒过来,从死亡的绝对性开始,因此是从生物人的确立开始的。人是有死的,人本身成为目的,成为意义的来源。意义不再由超验给出,而是指向了世俗生存本身,各种欲望、利益、需求都钻出来,挣脱了超验力量的管束成为生存的正当动力。生存回到了世俗基础,回到了地上。生存就是不断地改变现实,满足自己不断生成的需求,如马克思所言,"已经得到满足的第一个需要本身、满足需要的活动和已经获得的为满足需要而用的工具又引起新的需要。"在这种生存的进步强制中,发展成为意识形态,成为存在论的根本原则,于是有了"生存—发展"这样的本质关联。

曾经是"不死"给出意义,现在是"死亡"给出意义。没有死亡也就无所谓活着,活着就不会具有根本的意义,活着就不在根本上成为活着。我们忙这忙那,要这要那,不忙不要就没有时间了,因为我们会死,我们要死。人的这个要死,消灭了作为意义生成空间的超验世界,尼采命名为虚无主义的到来。"上帝死了",也就是说给出意义的不死的"绝对"都已经死了,人必死!死亡成为了根本的存在论条件,生存从死亡攫取意义。生命在自身的生存之外不再有超越的意义。生命成了自己的生存,成了现世的活着。于是,人决心自己满足自己,不仅成为目的,而且成为动力。生存就是发展,就是这样一种自我推动和自我满足的过程。就这样,在现代,人在死亡的领会中成为人,生存也因此成为发展。

海德格尔也曾经给我们讲述了死亡,讲述了死亡的存在论意义。不过,海德格尔的"死亡"没有"时间性",它不是历史地发生的。人总是有死的,但"死"进入意识,成为领会存在的根本原则,成为生存意义的根据则是"历史性的",是现代的事情。它与人在现代成为主体,是一回事。这件事情,也就是人会死和人成为主体,规定了发展在现代成为根本观点和生存的根本原则。

从人类的角度来讲,死亡非但是现代的产物,而且是最近历史的产物。也就是说,从人作为类之毁灭,来领会历史实践的意义这件根本的存在论事情,如今才成为事实,才进入意识成为存在论事件的。即便在恩格斯那里被看到了,人类的死亡和毁灭仍然没有成为存在论事件,只是被看成遥远的事情淡淡地抹掉,因为他只是看到了毁灭的自然界限,因此认为"我们离社会历史开始下降的转折点还相当远"。如今,作为 20 世纪的历史后果,作为认识(天文学等等)和实践(战争、核武等等)的后果,人作为类的死亡,不管是自然规定的大限,还是人类自身造成的彻底毁灭,已经进入意识,成为根本的存在论事件,人们已经从人类的生死存亡来考虑人类活动的后果及其意义了。因为,人类彻底毁灭,不再是遥远的未来,而是每一个当下可能发生的现实的可能性,在自然规定的存在限度之内,人类的发展在缓慢或一触即发地促成自己的死亡。

在这样的死亡境域中,我们如何思生存,思发展?我们如何存在—发展?这是生存的根本问题,因此是思想的根本问题。我们对于发展的对话、反思,事实上已经立于这个根本的境域之中了。在生存之"死亡"这一根本存在论境域之外,任何关于发展的思考恐怕都刨不到根子。发展不仅是"死亡"这一存在论事件的后果,我们关于发展的思考也是在发展导致毁灭这样一个基本事实中提出来的。因此,死亡作为存在论条件就是发展的存在论限制。

　　不过,在日常的意识看来,非但类的死亡显得如此遥远和宏大,即便个人的死亡好像也总不是那么"现实"。我们生活在日常中,死亡不是手边的事情。我们见不到我们的死亡,更见不到人作为类的死亡。所以有"我死后哪管洪水滔天"的说法。死亡成为发展的存在论限制,好像这只是哲学家搞出来的观念。发展在人的生存中有其根据,因此以"死亡"为前提得到领会。但死亡常常在日常的意识"之外",在活着"之外",孔圣人讲的"未知生,焉知死"就成了常人的随口之论。发展在日常的生存"之中"有其存在论上的限制吗? 我们如何理解这个限制?

　　对象化变成异化是一种普遍的存在状况,并且成为了现代生存领会的根本原则。前面我们已经阐释过,马克思在对现代劳动的领会中,亦即是在对现代之生存领会中,对异化已经有了深刻揭示。"异化"这个概念,通过马克思,本质上成为现代生存状况的基本领会。不过,马克思的这个"异化"倒不像海德格尔阐释的那样,同他的"无家可归状态"连在一起,并且由此深入到了存在历史的一度中。① 马克思说的只是现代,并且是与资本批判联系在一起的。卢卡奇的确有理由批评海德格尔,说他将一种社会的异化转变为成了永恒的"人类状况",变成一个"纯粹的哲学问题"。卢卡奇的意思是说,"异化"只是在现代才成为存在论上的事实。

　　在现代,人成为主体,也就是既成为目的也成为动力。异化就产生在人作为目的和动力的关联和背离中。在这个关联和背离中,"对象化表现为对象的丧失和被对象奴役",表现为异化②。在生存中,我们决心使对象满足自己,

----

　　① 海德格尔在《关于人道主义的书信》中评述马克思,说他因为对于异化的体会而深入到历史的一度中去了,并且肯定,因为没有深入这历史的一度,胡塞尔和萨特都还没有资格和马克思对话。(参见《海德格尔选集》,上海三联书店 1996 年版,第 383 页)

　　② 参见《马克思恩格斯全集》第 3 卷,人民出版社 2002 年版,第 268 页。

因此改变对象也改变自己。对象化的结果虽由我发动,并由我促成,但本身作为"外化"在我之外与我共在。这个共我而在,是非同一性的同一,差异中的同一。对象化作为生存活动,由差异产生,并产生差异。"异化"就产生在这个差异之中,主体内在意志的对象化结果违背了主体的意志,成为反对主体的客观力量。从人的存在本身作为超越,作为可能性的存在,亦即是作为生存来说,异化已本质上属于人的存在,根植于生存的对象化活动中。超越的生存是异化发生的可能性空间,没有对象化的生存超越,就没有发展,也就根本没有异化。因此甚至可以说,异化不只是超越发展的结果,本身就是发展的一种样态,是生存之发展中与主体作为目的的"意向性"背道而驰的发展。

　　生存总在创造性的超越中,因此,异化始终如一地是生存的现实性和可能性,像死亡一样,异化是发展在存在论上的界限。生存的发展带来异化并且扬弃异化。发展离不开异化,在异化之中。任何发展都以与人的生存相适宜为前提,但作为主体的人的"意向"本身是流动的,超越的,它作为尺度和方向,总已经规定了"异化"这样一种存在领会的根本性,规定了发展作为异化之克服和避免异化的超越性。青年马克思曾经以赫拉克利特一样的口吻说过,"异化和异化的扬弃走的是同一条路"。生存发展中产生了作为发展褫夺形式的异化,最极端的形式当然就是危及生存的"死亡"和毁灭。死亡和毁灭是异化的极端界限。这个界限在现代成为存在论的事实,与日常生活的异化一样成为存在论事实。死亡与异化一并成为发展之存在论上的条件和限度。生存和死亡是同一条路,发展和异化也是这一条生死存亡之路。因此,发展以及对于发展的思考必须以死亡和异化作为根本条件和根本限制。就是说,在死亡和异化中我们领会发展并且限制我们的发展。

第五节　发展作为存在论范畴的自由本质

　　我们前面讲的是:发展的根据在人的生存中,因此,作为生存领会的死亡和异化在现代成为发展的存在论限制。这是想从根本上表明,发展是生存自由的实现及其限度。如果说自由概念中本身包含着限度意识的话,发展的本质就是生存自由。发展源出于生存自由并归入生存自由。这个"出入"讲的是发展的根源和目的,没有空间和时间中的先后意思。生存自由是发展的"由于",也是发展的"为了"。生存就是发展,就是自由的实现过程。这个所谓的"实现过程",不是说先有一种确定的自由状态,自由原则,然后展开出来;而是说,"生存—发展"乃是超越中不确定性的敞开,是可能性的创造,是在规定中打破规定,而不是必然性的绝对进程。"生存—发展"是否定的辩证法,是自由创造的历史。

　　生存是超越实存的自由,在生存的自由中才有发展。然而,人类曾经看不到发展,因为他还没有成为主体,看不到自由,主体性的自由是现代原则。运动曾经被看成是存在的自在自动,因为,存在和过程是"没有人"的,辩证法就被理解为事物自身的逻辑,不管这个事物指的是"观念"还是"物质",存在过程是绝对必然性和规律性的展开,认识就是抓住这种必然性。人的生存没有成为根本的视域,对于存在的领会就不可能进入一个可能性的空间,流动的过程就是封闭的,因此,就没有发展,所有的结论和后果都已经蕴含在在先的原则中了。生存是自由创造,是超越实存,因此是发展,是使存在的可能性变成现实的过程。在这种对象化的生存中,发展才是辩证法的根本观点,因为"辩证法是人的活动的逻辑"(萨特语)。人的生存作为实践中超越实存的自由,是发展的根源。发展指向的不是事物自身的自在运动,而是超越实存的创造,是赋予实存意义并且改变实存的生存。发展在生存之中,因此是在一个可能性的领域之中,它不崇拜自在的必然性和绝对性,而是产生于人的生存中超越必然的自由,是使实存敞开并且自我敞开的否定性的开放。

　　生存就是自由的开放性。然而我们都知道,卢梭有一句流传甚广的伤感名言,人生而自由,但无往不在枷锁之中。伤感总归只是伤感,但自由的前提就是限制。生存自由是在限制中打破限制并且始终在限制之中。这是生存的内在结构,也就是发展的逻辑。发展始终在生存自由的限度中有其限度:一方面,发展是作为自由的创造和实现,意味着发展是限制中的超越,异化与发展形影不离。因此,发展的限度本质上是说,自由的实现是过程,不会有完满的自由,"自由全面的发展"只能被理解为毁灭前提下永远开放的过程;因此,另一方面,在走向"确知的不确定性"之死亡途中,亦即是在生存超越中,自由没有终结,发展也没有终结,或者说毁灭才是它的终结,是它的最后的可能性,是它的存在论上的根本限制。

生存作为超越的自由,发展作为自由的实现,将存在带进可能性之中了,带进异化和死亡的可能性中了。"生存—发展"作为超越,打破了自在的必然性和确定性,存在不再只是在自然的规定上存在,而是被带进人的实践之中,带进了不确定性之中,因此带进了风险之中。不仅现实的束缚,而且现实的风险,甚至是人类的毁灭,本身都变成了生存发展现实的或可能的结果。我们不仅在观念上,而且在生存中已经置身于漂泊和流动中,置身于亦此亦彼,或此或彼的生存可能性中。不再有绝对的绝对性,确定性作为保证。这是根本的无家可归状态,因为根据到了"我们"身上,根据与"我们"一道随风而动,随风而逝。"我们"成为根据,因此不再有根据,不再有"牧羊人"。在生存发展中,风险也好,责任也好,异化也好,不论就其根源还是就其结果都只能找到"我们"身上。因此我们说,发展在人的生存中有其根据,死亡和异化是发展的存在论限制。

发展就是面对现实与超越实存的自由创造。面对现实说的是发展必有其限制,超越实存说的是发展必有其创造。据此,我们将发展的本质领会为生存的自由及其限度。

第十二章　历史唯物主义的当代阐释

历史是思想的土壤,理论走在存在的途中。具有历史意义的理论和思想不仅产生在特定的历史处境中,而且在历史的发展中不断地生长,因为它本身包含了在历史中不断生长的潜在可能性。思想只有向实践开放,因此向特定的时间和空间开放,才能获得自己的历史性,并且获得生机。在实践思维开创的后形而上学思想视域中,历史唯物主义的创始人从来不将自己的理论看成是绝对的真理和抽象的教条,而是向实践开放并且向未来开放的存在真理,实践性和历史性成为其自我理解的根本原则。今天,我们对于历史唯物主义的存在论阐释也只能是一种理解,一种特定的历史形式。在我们这里,意味着"中国"和"当代"成为历史唯物主义阐释的基本语境。立足于当代人类生存处境和中国实践对历史唯物主义的阐释,实际上就是这一理论的当代化和中国化尝试。本书的所有努力都在于在这种双重的语境中推进历史唯物主义的理论转型,为思想和实践探索新的可能性。因此,作为具有总结意义的最后一章,我们将在前面各章探索的基础上,结合社会历史的变迁和中国实践的具体语境,探讨历史唯物主义的当代转型,赋予历史唯物主义新的时代内涵和存在论功能,为面对存在与超越实存的历史实践提供思想的根据。

第一节　主体性的历史概念

马尔库塞曾经指出,黑格尔是最后一位将世界解释为理性的哲学家,他认为现实要受到理性的主宰,历史是思维与存在、主体与客体统一的理性实现过程。黑格尔哲学表达了启蒙的主体性精神。不过在黑格尔看来,将启蒙理性做成实在的法国大革命还只是处于"想象理性"的阶段①,没有达到真正辩证的理性和普遍精神的实现。从理性主义的立场出发,黑格尔认为,经验的世界历史不过是世界精神的实现过程。在世界精神的自我实现中,世界历史性的民族具有依次执行世界精神特定环节的使命。日耳曼民族代表和展现了真正的理性,负有调和客观真理和自由的历史使命②,日耳曼世界知道"全体"是自由的③,所以,黑格尔的《历史哲学》从处于"幼稚时期"的中华帝国开始,而以日耳曼民族结束。

上世纪 30、40 年代纳粹德国横扫欧洲的时候,欧美理论界有人认为,黑格尔理性主义哲学对日耳曼民族的赞美和颂扬在纳粹国家中变成了现实,法西斯主义的国家意识形态是黑格尔哲学的历史后果④。有趣的是,作为犹太人的马尔库塞却批判了这种观点,重新肯定黑格尔的理性精神,指出马克思主义才是黑格尔批判理性的真正继承人,实现了理性哲学向社会批判理论的转变。马克思的革命范畴实际上是"否定理性"在社会历史领域内的转化。没有黑格尔"否定"的理性精神,就不会有马克思批判的革命理论。马尔库塞在《理性和革命》中建立起来的这种思想关联,是在西方马克思主义的思想路线上试图拯救历史唯物主义主体性精神的一次重要努力,构成了对历史自发论和机械决定论的反驳。在马尔库塞看来,马克思的理论是与命定论的决定论完全不相容的。⑤

历史唯物主义显然具有启蒙主体性的根源,马克思将这样一种理性的主体性精神转化为创造历史和改变现实的实践主体性。在这条思想路线上,革命被提升为政治哲学和历史哲学的核心范畴。这一转化,既克服了理性主义

---

① 见黑格尔:《法哲学原理》,商务印书馆 1996 年版,第 255 页。
② 见黑格尔:《法哲学原理》,商务印书馆 1996 年版,第 359 页。
③ 黑格尔:《历史哲学》,上海世纪出版集团 2006 年版,第 96 页。
④ 罗伯特·戈尔曼:《"新马克思主义"传记辞典》,重庆出版社 1990 年版,第 567 页。
⑤ 马尔库塞:《理性和革命》,重庆出版社 1993 年版,第 288 页。

哲学观念主体内部的自我旋转,同时也克服了面对现实的非批判的实证主义。历史唯物主义将被唯心主义抽象地、观念地发展了的能动性引进现实,现实不再是纯粹客观的外在性和消极存在,而是实践中主客体的交互作用①。所谓交互作用就是双向制约和相互构成。这种实践意识消解了命定论(包括上帝决定和自然决定的历史观念)和唯意志论的历史概念。抓不住这种实践思维的批判意义和内在精神,就可能从被其扬弃了的两个极端理解历史唯物主义。我们知道,机械决定论与乌托邦构想、实体主义与主体主义解释原则之间的对立和纷争在马克思主义阐释史中构成主线。在这种抽象对立中,真正丢掉了的恰好是本质重要的实践思维和历史意识,将对历史的理解导向了神秘的主观主义或客观主义。其实,历史并不按照抽象的原则进行,而是现实的生成,是多种因素交织的实践领域。历史中各种因素作用的大小并不是一个恒定的常数,而是以时间、地点和条件为转移的,因此不能将某一抽象的极端作为解释原则,陷入非实践的神秘主义。

通过实践思维,历史唯物主义将历史概念建立在现代主体性原则的基础之上,"历史不过是追求着自己的目的的人的活动而已。"②立足于这样的思想视域,《关于费尔巴哈的提纲》才能指出:"哲学家们只是以不同的方式解释世界,问题在于改变世界。"③真正说来,发现和确认历史进程不以人的意志为转移的客观经济规律并不是历史唯物主义的根本任务和目的所在,历史唯物主义作为一种革命的发生学,它关注的是思想与现实之间辩证的实践关联,以期通过主体性的实践促成现实的改变。那种无人的"历史概念"与自然唯物主义的"物质"一样,只是纯粹抽象,它对历史客观性的强调只构成与宗教历史观和唯心主义历史观的对立,而没有包含对其主体能动性因素的吸收。

对历史唯物主义的机械决定论理解可以说是这种客观主义历史概念的典型。在这种理解中,人类社会被看成是由不同板块机械地构成并且沿着不同

---

① 这一由《关于费尔巴哈的提纲》第一条所揭示出来的存在论视域,它超越了任何一种脱离实践关系的"本体论",意味着后形而上学思想视域的开启。

② 《马克思恩格斯文集》第 1 卷,人民出版社 2009 年版,第 295 页。

③ 《马克思恩格斯选集》第 1 卷,人民出版社 1995 年版,第 86、61 页。

阶段机械地运动,在空间和时间上受因果规律支配的自在系统,历史中的人不过是形式上自由而实质上盲目的棋子。事情好像是,历史发展存在着一种自然的必然性,并且唯有这样的必然性才能为人的信仰和行动提供基础。这种解释框架从根本上排除了精神,排除了意志,历史的属人的主体性掩埋在冰冷的客观性进程之中。依据这种理解框架,历史唯物主义常常被阐释为一种直观现实的实证科学,它所揭示的规律就是绝对必然的客观规律。

由于这种绝对必然性担保了未来,具体的历史事件不是被看成必然性过程的有利例证,就是被看成展示这一必然过程的偶然偏离和例外。因此,对于俄国十月革命这样重大的历史事件,有人把它看成是科学社会主义必然胜利的铁证,使科学社会主义由理论变成实践,而有人又把它看成历史的畸形,背离了经济基础决定上层建筑的历史唯物主义原理,是一种违背历史客观进程的"主观冲动",它注定了后来苏东剧变中的失败。这种"必然失败"和所谓的"必然胜利"都排除了历史的可能性,没有将历史看成是建构性的、因而也是充满不确定因素的开放过程,历史中人类实践的主体能动性从根本上被掩盖了。人类历史立足于自然存在的基础上,像自然一样存在着规律性,但并不存在像自然一样的规律性,因为历史不过是有意志的人类主体活动的过程和结果而已。当然,意志本身又是在历史的过程中形成的。历史作为人类对象化的客观过程,虽然不可能有纯粹的自由意志,却也绝对不是意志之外的自在进展。

虽然历史始终是人类活动的过程,但是只有到了近代,人类才达到了创造历史的主体性自觉。随着人类实践力量的增强,创造历史的主体性和历史发展的不确定性已经成了一个基本事实。历史实践更加需要思想指导,以摆脱盲目必然性的支配和主观随意带来的灾难。在这个充满了各种不确定性因素的时代,人类社会面临巨大的困境和挑战,它需要一种坚强的实践意志和主体性精神,才可能维系人类的生存并导向一种更加美好的文明状态。对历史自发性的崇拜,不论是以历史发展绝对必然性的名义,还是以纯粹偶然性的名义,都容易倒退到蒙昧主义。历史唯物主义推进了启蒙主义的主体性精神,要求以革命改造现实,创造历史,实现人的自由解放,是现代自由、民主、平等原则积极的推进者和贯彻者,体现了一种昂扬的开创历史的主体性精神。正是这一精神指导下的历史实践,塑造了 20 世纪人类社会的基本面貌,我们至今仍然生活在其历史后果之中。

　　然而,随着 20 世纪末社会主义运动的变形和衰退,这种改造历史的主体性精神遭遇了致命打击,改造现实、构想未来被指责为无知者无畏的主体性僭越。在这样的氛围中,曾经被看成是变革现实之先导的理论,自嘲地成为话语游戏和思想体操,成为闹哄哄的文本和醉醺醺的学术。于是,话语的激进主义与实践的保守主义联手言欢,对现实的肯定主义认同和犬儒主义反讽相安无事、自得其乐。思想从实践中撤退,变革现实的激情转化为话语中的激进。思想与现实,学术与政治边界的自觉再一次颠倒了马克思曾经实现的倒转。马克思曾经批判青年黑格尔派整天喊着"震撼世界的词句",今天的新青年黑格尔派也许会回答说:"不错,我们要的就是词句的震撼!"马克思说,改变现实的是革命实践,而不是词句批判;今天的新青年黑格尔派也许会说,革命的实践改变不了现实,我们要的是批判的词句和文本的愉悦,政治家只是以不同的方式改变世界,而问题在于解释世界。

　　在这种实践主体性衰退的思想氛围中,人们以各种方式"告别马克思",将他悬置为一个不在场的"上帝"供奉,或者作为"教人造反"的教主进行批判,他俨然成了和平时期建设实践的敌对者。在当代中国的建设实践中,如何对待历史唯物主义革命理论及其蕴含的主体性精神成了关键问题,思想与现实之间辩证的历史连接还有待进一步形成和巩固。我们认为,正是历史唯物主义为中国历史的发展带来了这种主体性的积极因素,使中国当代建设实践可能通过民族文化复兴的方式开创世界历史的未来。为此必须守护创造历史的主体性精神。问题只在于,历史唯物主义改造现实的主体性精神必须从革命形式转化为建构性实践的精神动力,并使这一实践指向对现代的反思和超越,从而保持与马克思主义的内在联系。唯有如此,才能加重当代中国建设实践的分量,使其具有世界性的历史意义,而不是简单地成为一个现代国家,甚至在民族灾难的痛楚记忆中期待按照现代霸权主义的原则,挑战甚至接管美国的霸权等等。

第二节 过程性的历史意识

中国历史与马克思主义的创造性相遇,使当代中国建设实践具备以建构性的方式克服现代困境的可能性。然而,认为中国革命和建设背离了现代文明道路,如今的建设实践就是要回归现代文明大家庭的观念和行径正在无声地摧毁这种可能性,它把成为"现代"、成为"美国"作为发展的根本目标。在这种对现代文明非批判的盲目崇拜中,不仅历史唯物主义超越资本的立场,而且西方资本主义近百年来自我调整的经验都显得无足轻重,我们看到的是市场原教旨主义主导下的各种拜物教的盛行。难道中国改革开放的建设实践就是放弃超越现代的意志,重新肯定现代资本主义文明的必然性和永恒性吗?如果实质上是这样一种非批判立场,中国的建设实践必将失去它可能具有的超越现代的开创性意义,并且无论如何,实际上离自己话语体系的宣称都会渐行渐远。因此,革命后的中国如何确立后革命的建设实践理念事关大体,而其核心在于对革命逻辑和建设逻辑差异与联系的体认。

恩格斯在给查苏理奇的一封信中提出了"革命的第二天"问题。恩格斯指出,那些自夸制造出革命的人,在革命的第二天总是看到,制造出的革命根本不像他们原来打算的那个样子。[1] 其实,革命第二天面临的问题与革命本不一样。从狭义的角度来看,革命运动主要涉及政权归属,夺取政权并没有真正解决如何治理,如何利用革命政权实现革命的目的问题[2]。在这个意义上,革命取得政权只是万里长征走完了第一步,它只是手段、前提。治天下与打天下原则不同并且更难,用革命战争的原则和方式来治理国家和进行建设,即便取得暂时胜利,甚至是巨大成功,但常常是难以持久的。因此,革命政权如何

---

[1] 《马克思恩格斯选集》第4卷,人民出版社1995年版,第670—671页。

[2] 对此,我们可以看到阿尔都塞对国家政权和国家机器的区分是有意义的。打碎一个旧世界只是意味着夺取了政权,而不是说全面砸烂实现政权职能的国家机器。(参见《哲学与政治:阿尔都塞读本》,吉林人民出版社2003年版,第332页及以下)

把革命激情有效地转化为建设中的持久理性,将渐进的实践稳步地指向革命目标,非常时期的革命手段不能被推崇为绝对方式,而常规的建设方式必须被提升为实现革命目的的手段,这是问题的关键。

革命飞跃只是历史瞬间,渐进发展才是历史的常态。任何革命政权都必须将革命理念转化为建设的内在原则,在渐进的实践中消灭革命爆发的条件,以避免革命的政权最后复又成为另一次革命的对象。在这个意义上,任何革命的动机都是"反革命的"。历史唯物主义认为,以往的革命都是一个阶级取代另一个阶级的统治,因而不可能真正消除革命产生的前提,只是重新积累革命发生的可能性罢了;而共产主义革命要消灭剥削和压迫本身,最终实现人类彻底的总体性解放。从本质上讲,历史唯物主义更加重视革命后的政权通过建设实践消灭导致革命的历史前提本身,而不是唯革命论。这就是马克思突出强调"无产阶级专政"的意义所在。在任何意义上,历史唯物主义主张的无产阶级专政都不是以剥削和压迫为前提的部分人的专政和独裁,而是消除这一前提的建设实践过程。

有一种观点认为,历史唯物主义只是一种暴力革命理论,建设实践需要与这种鼓动造反的理论进行彻底切割。的确,马克思主义经典作家较多地突出以革命方式推翻资本主义,也就是说,即便马克思主义经典作家并不否定和平发展和改良道路的可能性,但这条道路并没有成为他们关注的重点;另一方面,由于缺乏建设实践的经验,他们也不可能建立关于社会主义建设的系统理论,只能提出一些大致的原则。这使历史唯物主义留给人们"暴力革命论"的形象。这一形象产生了两个教条,并导致了两种对立:历史唯物主义主张暴力,因此与和平发展道路相对立;历史唯物主义只是一种革命理论,因此与建设需要相矛盾。前者严重地影响了马克思主义与国际工人运动的关系,将大量的社会变革运动排斥在社会主义之外,甚至推到了自己的敌对面,本质上是一种关门主义;后者势必导致将马克思主义与当代建设中的改革道路、构建和谐社会的实践对立起来。这一双重教条和双重对立,最终结果是直接或间接地去马克思化,背离超越现代资本主义的实践方向;对于中国而言,就是堵死中华民族通过文明复兴开创人类未来的可能性。

　　将历史唯物主义仅仅看成是革命理论来坚持的教条主义者,与某些把历史唯物主义看成是危险的造反理论的既得利益者一样,没有看到——后者更可能是不愿看到:对于历史唯物主义来说,革命后的建设需要并且可能保证其正确方向,它像夺取政权一样重要,但更加艰难,需要长期的坚持,而不仅是瞬间的激情。人总是容易在长途的跋涉中模糊最初的方向、失去持久的毅力,因此常常是善始者众,善终者寡。建设实践需要牢记革命理想,将革命理念有效地转化为建设实践的内在原则,潜移默化地影响具体的日常行动。从激进的革命向建构性实践的转化,不仅是任何革命政权的需要,尤其是中国建设实践的需要,因为中国革命和建设实践都是在特殊的历史条件下发生和进行的,它根本就不具备超越现代的现实条件,因此在漫长的实践中更加需要主体性的建构精神。按照邓小平的说法就是:"巩固和发展社会主义制度,还需要一个很长的历史阶段,需要我们几代人、十几代人,甚至几十代人坚持不懈地努力奋斗,决不能掉以轻心。"①

　　在历史唯物主义的创始人那里,共产主义革命理论有两个基本假定,一个是同时革命说,它认为共产主义革命是一种全球性的革命,是各民族一下子同时发生的行动,单独的革命会被普遍的交往所消灭;一个是先进革命说,即社会主义革命将发生在资本主义高度发达的基础上,应该在先进的发达国家率先发生,至少在英国、美国、法国、德国同时发生。② 马克思晚年虽然有关于东方国家跨越卡夫丁峡谷的讨论,但带有明显的限制性条件③,而不是更改和放弃了早年的基本观点。列宁主义被认为打破了这两个假定,将科学社会主义从理论变成了现实,当然因此也有人认为列宁领导的十月革命背离了历史唯物主义的革命理论,而后来的苏东剧变再次印证了这两个观点的正确性。其

---

　　①　《邓小平文选》第3卷,人民出版社1993年版,第379—380页。

　　②　《马克思恩格斯选集》第1卷,人民出版社,第86、246页。

　　③　如在马克思和恩格斯共同署名的《资本论》第1卷《1882年俄文版序言》中说,关于俄国公社是否能够直接过渡到共产主义公共占有形式,唯一可能的答复是:"假如俄国革命将成为西方无产阶级革命的信号而双方互相补充的话,那么现今的俄国土地公有制便能成为共产主义发展的起点。"(见《马克思恩格斯选集》第1卷,人民出版社1995年版,第251页)这一思想同马克思给查苏里奇的信中看法是一致的。

实,历史唯物主义革命理论的两个观点显然不是单纯指夺取政权,而是指成功地建立共产主义社会。就夺取政权来说,作为具体的历史事件是部分的、偶然的,它并不必然需要满足这两个条件。但就实现人类解放的共产主义社会建成来说,它必须具备这两个条件。所以,单纯取得统治、夺取政权既不证实也没有证伪这个理论,这是两个层面的问题。

在不具备实现共产主义社会的条件下,完全可以产生指向于实现共产主义的革命,诸如十月革命或中国革命等并不存在所谓的早产问题。早产问题的提出源于机械决定论的历史观念。问题关键只在于,夺取的政权是否秉承革命创造历史的主体性精神,在渐进的建设实践中遵循革命理念,将理想熔铸到日常建设之中,不断地开创超越现实的历史条件。对于社会历史条件相对落后但取得革命政权的国家来说,这种开创历史的主体性精神就显得至关重要,它是避免坠落的动力源泉。以自觉的主体性精神克服机械决定论的历史意识,才能将建设实践导向理论洞穿的历史方向。十月革命开始的社会主义实践,包括中国革命实践,虽然吸取并极大地得益于马克思主义的革命理论,但其面临的条件、任务都不具有马克思恩格斯所言的实现共产主义的原则高度,唯一出路是在实践中渐进地实现理论与现实之间辩证的关联。光是思想力求成为现实是不够的,现实本身应当力求趋向思想①。具备了这种辩证的实践姿态,才不至于陷入抽象现实主义或者抽象理想主义对真实历史的割裂,以现实拒绝理想,或简单以理想剪裁现实。

邓小平同志曾经指出:"在革命成功后,各国必须根据自己的条件建设社会主义。固定的模式是没有的,也不可能有。墨守成规的观点只能导致落后,甚至失败。"②今天中国的社会主义建设实践面临着既"苦于资本主义之不发展"也"苦于资本主义之发展"的双重处境,它不可能依据任何一种纯而又纯的理论模式进行。一方面,面对资本主义之不发展这一实情,它必须接纳商品资本原则,并通过政治强有力的组织尽快推动社会全面发展;但另一方面,这

---

① 《马克思恩格斯选集》第 1 卷,人民出版社 1995 年版,第 11 页。
② 《邓小平文选》第 3 卷,人民出版社 1993 年版,第 291—292 页。

种接纳必须是有限度的、有原则的，不仅革命的历史渊源，现实状况也不再容许盲目崇拜资本，而必须是凭"远见卓识"将超越资本现代性作为内在的目标，否则，在任何其他意义上都不可能是社会主义性质的。

在这样复杂的历史处境中，只有辩证的历史智慧才能成为连接理想和现实的本质力量，既不是以所谓历史理性的名誉粗暴地否定革命历史，忽视社会的结构性矛盾和对抗始终是革命的基础和原因，从而麻木地陷入虚幻的"和谐"；也不以夸张的激情重复革命高调，对实践中出现的问题缺乏渐进解决的耐心和宽容，陷入抽象批判而缺乏建设性的意见。否定当代建设实践同革命的历史联系，就可能失去开创未来的方向；而忽视历史发展渐进的过程性，用属于未来的理想剪裁现实，盲目崇尚革命的暴力，同样会带来现实的灾难。

以先验决定论为前提的历史目的论，在唤醒主体激情高涨的同时也会导致这种激情的迅速崩溃。在那种最初由必然性提供动力的革命意志的衰退中，中国实践智慧应该而且能够成为传承和执行革命遗志的积极因素，在不声不响的大度和超然中悄然推动历史进程。只有理性的精神才可能洞穿历史并且引领历史，类似于本能反映的试错法不是历史实践的基本原则。模仿列宁关于革命的说法①，我们也可以说没有建设的理论，就不会有建设的实践。牢固地树立过程性的历史意识，就是要从历史目的论的决定论框架中解放出来，突出主体实践建构的可能性。同时，不是从终点和预设的目的出发，以宏大的目标否定微观进步，而是在过程的进展中理解建构实践的意义，将每一次进步都看成是构成历史实践总体的积极构成要素。②

建构性观念基于这种过程性历史意识，继承了革命理论改造现实的主体

---

① 列宁在《怎么办?》中深刻地揭示里理论与实践之间的辩证关系，突出理论对于实践的指导作用，提出了一个著名的论断："没有革命的理论，就不会有革命的运动。在醉心于最狭隘的实际活动的偏向同时髦的机会主义说教结合在一起的情况下，必须始终坚持这种思想。"(《列宁选集》第 1 卷，人民出版社 1995 年版，第 311 页)

② 马克思和恩格斯曾经说过，共产主义不是应当确立的状况，不是现实应当与之相适应的理想，而是消灭现存状况的现实的运动。后期历史并不是前期历史的目的，决定并推动前期历史向自己进展。在历史唯物主义看来，前期历史具有的所谓目的、使命等等不过是从它对后期历史的影响中得出的抽象。(参见《马克思恩格斯选集》第 1 卷，人民出版社 1995 年版，第 87、88 页等处的相关论述)

性精神,培育连接理想与现实的真正的历史理性,积极地介入社会的全面建设,努力在复杂的处境中以坚定的意志将现实导向预期的未来,而不是自缚手脚,放弃实践建构的主体性力量,全面认可社会发展的自发性,甚至重新肯定现代资本原则的永恒性。凭借这样一种建构性的主体性精神,中国实践就有可能成为引领时代的积极因素,我们就有理由期待这一实践引领人类社会告别自发性发展和暴力驱动的恶性轮回,由必然王国走进自由王国,告别"人类社会的史前时期"。

第三节　解放与救亡的双重主题

　　建构性实践对历史理性的诉求,绝对不是抽象地否定革命,简单将革命看成带来灾难的非理性的历史抽搐。但是,随着现代社会历史状况的改变,历史主体性的实现方式也发生了根本变化,暴力革命作为历史主体性的表现方式,日益显示出了历史的限度。中国当代建设理论必须理解历史的这种变化,推动历史唯物主义内涵和功能的必要转型,以形成适应历史进程和民族国家需要的独特形态。由于中国当代建构性实践不仅具有革命取得政权的历史前提,而且具有历史唯物主义内在的历史主体性精神,它更有能力和机会担当这一促进历史唯物主义当代转化的重任,成为马克思主义在当代的传承者和改进者。

　　历史唯物主义认为,由于受到资本主义生产方式这一存在论基础的规定,现代解放只是形式的、抽象的解放。资本主义生产中的剥削关系意味着资本统治体系是不公正的,而不断爆发的危机意味着资本统治是不科学、不合理的。为了打破这种不正当性和不科学性,历史唯物主义主张通过暴力革命推翻了资本主义,实现人的真正解放,使人从现代异化状态进入全面自由的发展。以资本为核心的批判理论深刻地揭示了现代解放的历史局限,抵达了当时的历史条件和思想条件所许可的理论高度。

　　然而,相对于马克思所处的时代,如今资本原则的全面实现达到了登峰造极的程度,由资本原则主导的社会发展已经触及了人类存在的自然底线和社会底线,问题不再只是存在的异化,而且是人类是否能够继续存在。这是迄今为止最为根本的存在论事件,说它是存在论或生存论的事件,乃是因为它不是自然生成的,而是由人类存在引发并危及人类存在的事件。在这一重大的存在论事件中,一种人类毁灭意义上的"死亡"观念成为基本的历史意识,重构人们对于历史和人类存在的理解。历史唯物主义的经典作家们没有面临人类自我毁灭的现实可能性,因为当时资本主义的发展还没有达到摧毁人类存在的程度。如今,人类自我毁灭的现实可能性不仅通过战争能力表现出来,而且日益显现在环境资源的不断破坏和消耗中了。历史唯物主义只有结合这一当代处境实现理论和实践上的自我转化,才可能成为时代精神的精华,成为切中当今时代主题的当今之思想。

在这种人类可能自我毁灭的历史境况中,面临常规暴力的泛滥和超常暴力(核武器、化学武器等等)的威慑,暴力革命不再具有普遍的号召力,人们更多考虑以非暴力的和平方式推动历史的可能性。教条的暴力革命论者没有重视这一历史变化,无法有效整合各种反资本主义的力量,反而将他们拒绝在自己的阵营之外,结果不是自怨自艾革命的衰退,就是闭眼夸张革命的高调。当然,这种时代的变迁并不意味着暴力革命的可能性永久地消失了,更不意味着革命要解决的问题被历史地解决了。只要社会的对立和冲突继续存在并且有极端化的可能,革命仍然一如既往地是"潜在"的。同样,只要存在渐进性改良的可能,暴力革命就不会成为首要的、甚至必然的选项。问题只在于,渐进方式在多大程度上能够解决本来期待由革命解决的问题,从而消除了革命的现实可能和必要。

20 世纪上半叶,西方资本主义的自我调整在一定程度上的确缓解了资本主义矛盾,革命被一再地延宕了。不过,这一调整并没有突破资本的限度,而是有效地维持在资本的限度之内。即便近两年,应对经济危机的基本方案仍然在资本的框架之内,虽然各种游行罢工此起彼伏,但并无暴力革命的迹象。是否可能通过非暴力的方式实现对现代资本主义文明的超越,是一个巨大的历史难题。面对人类社会进程的这一难题,历史待中国不薄,中国当代建设实践的革命前提及其与历史唯物主义的关联,在得到有效发挥的情况下,就有可能使我们不再面临西方改良还是革命的痛苦,通过保持政权的革命性,以强有力的意志将建设实践建立在反思资本和扬弃资本的历史方向上。虽然我们仍要面临发挥资本历史作用的现实压力,但在这种实践理念的指导下,资本原则就降格为一个必要的"工具"了。

随着资本文明导致的人类毁灭的现实可能性,将人类从现实的束缚中解放出来,过一种更好的生活不再是人类面临的唯一主题,甚至不是基本主题,亦即是说,单纯的革命叙事已经不能全面回应历史的呼唤。今天人类当然要继续追求自由、获得解放,但更要维系人类存在,进行一种人类的救亡。面对资源危机、生态危机、能源危机、战争摧毁等存在危机,人不只是创造历史的革命者,更应该是历史存在的守护者,将维系人类的生存作为基本的存在论任务。人类自身必须担当挽救危亡的责任,根本不存在能够拯救人类的超验力量。因此,历史唯物主义必须在人类解放外补充这种人类救亡的主题,创造历史的主体性与守护存在的主体性并重,才能适应历史变迁。中国当代建设实践必须抓住和贯彻这一主题,才能占领时代精神的制高点,提升自身对于人类文明的世界历史性意义,并在经验的层面回应时下流行的各种"中国威胁论",将和平运动、环保运动等待纳入自己的叙事逻辑。

历史唯物主义在资本的发端和上升阶段就洞见了人类存在的异化,但这一理论的创始人并没有面临资本的全面实现导致人类自我毁灭这一存在困境,因此共产主义理论建立在以阶级革命寻求人类解放的目标上。马克思期待资本主义自发产生的经济危机成为革命的基本前提。然而,仅凭资本自身的扩张逻辑,而没有主体性的介入和干预,到来的可能不是理想社会,而是人作为类的毁灭。人类如今面临的自我毁灭的现实可能性不过是资本本质力量极端化的结果罢了。因此,在历史唯物主义的理论叙事中补充救亡视角,是对资本可能带来的人类历史后果的深入理解,更直接地抓住了当代人类存在的主题。

通过这一补充,超越资本主义文明的理论叙事就具备了双重基础,历史唯物主义就可以回应各种阶级还原论的指责,它不再只是以阶级革命的方式实现人类解放的理论,也是一种唤醒人类超越资本主义文明形态以维系人类存在的救亡理论,阶级革命内涵的人类取向以一种人类的立场直接地凸显出来。不管是解放还是救亡,未来理想社会的出现都不能建立在自发的客观必然性之上,被看成机械的自然必然性。未来是一种充满危险的可能性,不仅为了自由,而且为了存在,人类必须以坚强的实践意志指向应然的可能性,促成理想的实现。可能性意识作为对机械必然性的取代,不仅不会消解实践意志,而且能够激起历史担当的激情。

中国当代的建设实践需要这种激情,需要形成一种创造历史、守护人类的主体性精神。在这种精神指引下,中华民族的伟大复兴才不只是一个民族自己的事业,而是借助传统的积极因素构成对传统和现代的双重超越。实践具备了这样一种超越的视角和理念,站在历史的、人类道义的高度上才能获得世界历史性的意义,展示出一个泱泱大国理应具备的超凡气度和风范。这不是随便任何一个民族都可能具有的。中国有独特而悠久的灿烂文化为底蕴,有自己相当的体量为后盾,而且有历史唯物主义这一具有世界历史影响的思想资源为引导,开创历史的机遇已经逐渐呈现在我们面前了。试想一下,高扬实践之主体性精神的历史唯物主义与中华悠久文明的相遇,可能产生何种世界历史性的后果呢?这是无论如何也不可低估的重大历史事件,它提供了中国走向世界历史独特的,或许也是唯一具有世界历史意义的方式。

如今这一事件被初步地称为中国特色社会主义建设实践。这一实践面临的挑战和机遇已经蕴含在这个特殊的命名中了。面临这种挑战和机遇并存的复杂处境,我们强调树立主体性意识和内在理念,力图将这一实践规定并巩固在开创人类未来的生存方式、维系人类生存这样一条道路上,以加重其分量。在这里,历史唯物主义的革命动员功能必须转化为超越现代的建构性意识,并在对资本历史后果的最新领会中,突出救亡和守护的历史重任。

这种转变为中华文明的当代复兴指明了前进的方向。对现代资本原则的批判与反思同优秀的中国传统精神的相遇,有利于克服传统文化的消极因素,将中华文明的伟大复兴与超越现代资本之限度这一重任历史性地结合起来,避免传统原则对现代的反思变成简单的保守主义。反过来说,中国传统文化在实现历史唯物主义功能的当代转化中,具备难得的丰富思想资源,有利于克服历史唯物主义在西方现代文明内部批判现代文明可能携带的限度和盲点。

第四节　叙事主体的多重化

救亡主题把超越阶级的人类视角纳入到了历史唯物主义范畴,民族复兴又将与国际主义不同的民族因素纳入历史唯物主义。这一改变是否放弃甚至背叛了历史唯物主义的阶级主体性立场,本身只是抽象人类主义和狭隘民族主义的结合呢?如果不是这样,那么,这一转变将赋予历史唯物主义主体性理论哪些当代内涵,这些新的内涵如何与当代人类历史状况,尤其是与中国当代建设实践的内在需要相一致,从而成为马克思主义当代化和中国化的内在需求,就成了必须探索的理论问题。理论理性乃是建构实践主体性的内在要求。

事实上,马克思的无产阶级革命理论并不是抽象的唯阶级论,它所阐释的阶级斗争也不是源于主观厌恨的人群之间的肉搏,而是一种以经济关系为基础的社会历史状态。阶级革命绝对不是把统治阶级打翻在地,取而代之,实现统治与被统治身份的倒转,而是根本消除形成统治关系的社会历史条件,瓦解产生统治的历史前提。因此,无产阶级解放,不是解放无产阶级成为资产阶级,而是消除产生无产阶级和资产阶级的资本主义生产方式。无产阶级不解放人类,就不能解放它自己。历史唯物主义的这种人类解放理论,继承了现代西方人本主义的解放学说,将新的解放奠定在批判资本主义的基础之上。

历史唯物主义认为现代的解放只是人类社会的部分的解放,一方面,它只是人类生活中的部分领域的解放,主要是思想言论和政治领域的解放,而在现实的物质生活领域还存在资本的剥削和压迫;因此,另一方面,这种部分的解放就表现为只是社会中部分阶级获得解放,只是代表市民社会主导地位的资产阶级取得统治地位,获得解放。当然,由于现代社会是以资本主义生产方式为基础,不仅无产阶级没有获得自由,即使在资本关系中居于主导的、似乎是被满足和被巩固的有产者其实也只获得了一种人的生存的外观,同样受到资本原则的支配和束缚。共产主义革命不是解放无产阶级，而是打破资本主义生产方式，改变以此为基础的人类文明形态，因此是人类总体的解放，是以阶级解放的形式实现的全人类的解放。历史唯物主义的阶级立场并不是狭隘的部分的立场，本身就包含了人类取向。

将历史唯物主义的阶级视角转化为一种狭义的人与人之间的争斗理论，甚至一种肉体上的消灭关系，是一种极其庸俗的理解，似乎只有无情打击，只有六亲不认才叫阶级觉悟，好像一谈到全人类，谈到人道精神就是资产阶级抽象的人道主义，就是背离历史唯物主义。其实，历史唯物主义批判的不是现代人类整体解放的立场，而是揭示现代解放没有实现人类整体解放的历史局限性，它只是将部分的阶级解放当成了人类总体的解放。今天，资本统治全面推进所带来的生存挑战要求将救亡主题纳入历史唯物主义范畴，非但没有背离历史唯物主义，而是将内涵于历史唯物主义的人类立场鲜明地突出出来了。在人类解放的诉求中补充人类救亡，强化人类对自身存在的历史性担当，是历史唯物主义适应当代历史变迁的必然要求。从资本统治导致存在的普遍异化，到资本带来人类整体的生存危机，救亡视角将历史唯物主义的资本批判彻底化了，不是远离或转移，而是推进和深化。

罗素在《西方哲学史》中说，马克思的历史哲学不过是将黑格尔的民族主体换成了阶级①。在中国当代建设实践中，将中华民族伟大复兴的主题与历史唯物主义结合起来，是不是将阶级的主体叙事复又转化成了民族叙事，从而远离了无产阶级的国际主义原则呢？恩格斯在《共产党宣言》的意大利文版序言中曾经指出，没有民族国家的独立和统一，就既不可能有无产阶级的国际联合，也不可能有各民族为达到共同目的必须实行的和睦和自觉合作②。民族立场与人类的整体立场并不是对立的，只有狭隘的民族主义才同总体性的人类立场相矛盾。

不过，在力挺中华文明伟大复兴的当代思潮中，的确存在一种狭隘民族主义与文化保守主义结合的趋势，非反思地迷恋中国的传统文化，试图以此作为

---

① ［英］罗素：《西方哲学史》（下），商务印书馆2008年版，第343页。
② 《马克思恩格斯选集》第1卷，人民出版社1995年版，第269页。

现代文明的批判者和超越者。由于狭隘的排外立场,甚至将同样批判现代资本主义的马克思主义当作外来者排斥。这种立场与人类历史发展的总体化趋势背道而驰。我们认为,中华传统文化中具有某些可以克服现代资本主义局限的因素,但这些因素不可能从自身的内部被有效地转化出来,它需要外在因素的激活,需要一种走向未来、超越现代的历史视角。对此,历史唯物主义具有难以超越的理论优势。把民族文明的伟大复兴同超越现代的历史唯物主义有机地熔铸在一起,以民族文明复兴的形式承续阶级理论承担的人类使命,就可能获得一种世界历史性的开创意义,而不是简单地成就一个现代世界的强者,甚至只是对历史上的辉煌抱残守缺。

在当代中国社会主义建设实践中,人类视角和民族视角的突出,要求我们成为自觉的历史创造者和守护者,重新理解作为主体的人类存在状态和存在关系。历史唯物主义反对抽象的普遍的人性,将人看成是特定社会历史条件的产物。如果说启蒙哲学和德国古典哲学都从理性出发,认为人是理性的存在,那么,历史唯物主义主要将人理解为特定社会关系的承担者和体现者,尤其是生产关系中的阶级的人,因此,革命的根本任务就是颠覆和打破束缚人类自由发展的物质生产方式。共产党人可以把自己的理论概括为一句话,消灭私有制。① 虽然《共产党宣言》也指出了共产主义革命要同传统的观念实行彻底的决裂②,但是革命主要还是被理解为经济的、政治的社会革命。

在一定程度上可以说,历史唯物主义在批判资产阶级经济学"经济人"假定的同时,逻辑上仍然是从经济人、物质人出发的,本身也受到现代资本主义生产方式的历史规定。因此,人内在精神的超越维度没有被充分的关注,人自身的生产,包括精神的生产和解放隐藏在物质逻辑强大的阴影下面。这一点被后来的实践和理论无限地放大了,导致一些理论家攻击历史唯物主义是"庸俗唯物主义"或"经济唯物主义"。的确,不论革命动机还是革命内容都不可能局限于物质的、经济的方面,物质性本身不可能成为人的主体能动性和超

---

① 《马克思恩格斯选集》第 1 卷,人民出版社 1995 年版,第 286 页。
② 《马克思恩格斯选集》第 1 卷,人民出版社 1995 年版,第 293 页。

越性的直接根源,而是一个自然的前提,具有主体能动性的人的本质恰好在于对自然前提的超越。中国古代早就有"一箪食,一瓢饮,人也不堪其忧,而回也不改其乐"的超越人格,君子重义,小人重利的道德区分。

历史唯物主义不能非历史地落到"自然"一端,仅仅将人看成是经济的,从而物质性的自在存在。创造历史的主体性来源于立足"物质"基础的超越性的内在精神,它需要理性的建构,而不是自然的必然性。随物质生产力的发展,立足于物质需求和物质关系的解放话语至少不再是唯一的动员手段,文化的、观念的、精神的,乃至于本能的解放变得越来越重要和迫切。这些解放本身不是在宏观制度的变迁中能够直接实现的,因此更需要多维度的、渐进的建构性实践。历史唯物主义不能只停留于人的物质性需求的一端,忽视物质丰裕社会条件下人的多样性需求和解放的必要性,而应该对消费社会中人的存在的多样性及其异化形式进行考察,探索新的解放主题和途径,以实现人的全面自由和整体发展。

在社会矛盾和冲突激烈的革命时期,在作为生存基础的物质经济关系中,人们往往处于紧张对立状态,因此,革命理论总是强调分清敌我,突出对立统一中对立和斗争的方面。而在渐进的和平建设环境之中,在人类救亡的背景中,主体之间的存在关系以同一、以共存为主,各种社会关系和矛盾处在可以调节的状态,整个社会认同和谐的理念,能够宽容矛盾,具备耐性。人与人之间、集团与集团之间能够相对妥协,可以通过程序化的交流和沟通实现诉求,即便可以看成斗争,突出的也是"和平共处",而不是"你死我活"了。因此,相对于革命战争年代对斗争和冲突的强调,建设实践更需要倡导一种和平的历史理性,构建和谐社会和和谐世界,以促成人类主体关系的巨大变革。中华文明源远流长的共生和谐精神之复兴,可能以雍容大度的包容性实现对霸权原则的超越,打破强则必霸的逻辑①。

_____

① 2010年9月23日,中国国务院总理温家宝参加了第65届联合国大会一般性辩论,在《认识一个真实的中国》的演讲中指出:"中国在追求自身发展的进程中,将继续以促进人类的共同发展和繁荣为己任。中国将继续寻求和扩大同世界各国的利益交汇点。中国的发展,不会损害任何人,也不会威胁任何人。中国绝不走'国强必霸'的路子。"

当然,这样一种"高姿态"是以复兴和崛起为前提的,没有坚强意志的庸俗和谐只会导致民族精神的瘫软和懦弱,又遑论为人类开创历史呢? 那种将"和谐"与"斗争"对立起来批判历史唯物主义"好斗"的"和谐哲学",恐怕也只是哲学而已! 也许还是"好斗"的毛泽东显得辩证,模仿他关于斗争与团结关系的说法,我们也可以说,斗争是和谐的手段,和谐是斗争的目的,以斗争求和谐则和谐存,以退让求和谐则和谐亡。① 只有自强、自立、自信的主体意志才能主持公道,捍卫和谐的共生原则。

第五节　建构性的能动实践

建构性实践以强烈的历史担当意识指向未来,同时又明确立足于现实的客观条件,与现实达成一种有原则的妥协。这样一种内在于历史的理性精神,如果不是"无身体的理性",它在哪里可以获得实体性的支撑并发挥作用呢? 革命年代可以期待群众瞬间的热情,因为结果是可以直观的政权转移,是立马翻身的解放。当革命的激情退潮之后,人们重新回到了日常生活,那种需要几代甚至几十代人才可能实现的"遥远未来"不可能成为日常理想,创造历史和守护存在的担当意识更不可能成为普罗大众的观念。个人总是生活在历史之中,但历史并不总是生活在个人之中,普通个人不会总是自觉地以历史性的原则安排生活,将生命指向宏观的历史叙事,诸如历史方向、历史责任、伟大理想等等,果真如此的话,所有这一切也就变成廉价的口号了。

因此,在革命后的建设实践中,要发挥主体性的建构力量,掌控政权的先进社会集团必须将自己树立为社会的标杆和尺度,培育深邃的历史意识、强烈的历史责任感和坚强的实践意志,而不是降低到市民社会成员的一般水平上,甚

---

① 毛泽东在《目前抗日统一战线中的策略问题》中说:"斗争是团结的手段,团结是斗争的目的。以斗争求团结则团结存,以退让求团结则团结亡。"(《毛泽东选集》第 2 卷,人民出版社 1991 年版,第 745 页)在目前的中日冲突中,有人将它改写为"以斗争求和平则和平存,以妥协求和平则和平亡"。

至因为权力的腐蚀坠落到社会一般水平之下。它必须具备道义高度,而且要能代表历史的前进方向,能够凝聚社会力量,不再以革命的方式,而是以日常政治的方式改造现实,建构历史。也就是说,革命政治实现飞跃之后,必须转变成建构性政治,以促进常态的进展。文化大革命之后,中国转向以经济为中心的现代化建设是一种历史发展的客观要求。但是,革命继承者掌握的国家政权应该成为推动社会政治、经济、文化各方面全面进步的杠杆,而不是围绕它形成一个瓜分革命红利的特权阶层,将部分利益提升为普遍利益,从而成为新的统治力量。

这样一种建构性政治是对现代自由主义消极政治的扬弃,对历史唯物主义革命政治的继承和发展,从根本上改变了传统的政治理念和政治职能。建构性政治概念充分体现了革命后的建设实践必须具备的历史主体性精神,既不是一般地将政治看成是一种消极的需要约束的力量,也不是将非常态的革命推崇为政治的本质形式。[①] 实现了现代解放的西方自由主义政治将政治活动看成是对资本主义市场的补充,只是起到维护性的作用。规范和制约公共权力是为了限制权力对社会生活的介入和干预,确保个体的自由。政治从根本上被看成一种不得而已的存在之恶,而不是导向完满存在的善,因此从古典的德性政治变成了一种中性的技术操作。在揭示了现代解放的实质和限度之后,马克思主义高扬创造历史和改变现实的主体性精神,将革命提升为政治最为核心的概念,赋予政治活动显著的存在论担当而改写了政治形象。

中国当代建设实践受惠于历史唯物主义的革命政治,只有坚持创造历史的主体性精神才能使自己获得开启未来的动力。显而易见,如果政治只是按照西方传统被理解为一种规范性的活动,甚至只是被看成消极性的力量,那么,对于后发的中国来说,政治力量就不能发挥巨大的助跳作用,高扬创造性的政治实践就会衰退为自我阉割的权力限制和力量制衡,从而失去历史唯物主义具有的那种开创历史的担当风骨和实践意志;但是另一方面,如果政治只

------

① 对此我在几篇文章中有过前期探讨,以下的阐释都以这些探讨为基础的。见《马克思的政治概念》,载《马克思主义与现实》2009 年第 2 期;《中国实践需要什么样的政治理念》,载《中国社会科学院报》2009 年 6 月 9 日;《政治功能的当代演化——兼评尚塔尔·墨菲的〈政治的回归〉》,载《中国人民大学学报》2009 年第 5 期。

被看成革命政治,看成阶级斗争,人们只是留恋瞬间的激情而陷入"革命的教条主义",理性化、秩序化被排斥在政治活动之外,革命取得的政权就可能陷入自我折腾。事实上,社会在无序和冲突中不可能获得真正的发展,革命只是搭建前进的平台,真正的发展是在漫长的积累之中。随着历史唯物主义从革命的发生学转变为渐进性实践的精神动力,建构性政治应该成为以革命方式取得政权的当代中国建设实践理所当然的形式。

中国建构性政治立足于当代人类存在状况,通过建设实践渐进地超越和克服现代存在困境,将超越现代资本主义看成是一个长期的并且是通过建设实践可以不断推进的过程,推进这一过程的是能够代表历史方向的坚强有力的先进政治团体,它代表了"社会的普遍良心",凝聚而不是分散社会意志。这一过程打破自发性的社会历史观,政治被赋予了沉重的使命,而不是游戏般的轮流坐庄,对政治权力进行消极的限制和防范。然而,由于市场经济的引入带来了某些对资本原则的抽象崇拜,政治不仅有被实证主义化为一种中性技术的可能,也有被依据现代消极政治理念进行改革的可能,更存在同资本结合成为一种极端败坏力量的危险。最后这种极端的可能性,不仅远离了历史唯物主义的历史担当和道义正当,甚至还远远坠落到现代消极政治所达到的水平之下,因此成为前两种可能性变成现实的持论依据。不论是哪一种可能变成真正的实践,都将使政治从存在论的高度跌落。

从当代中国建设实践的主体性自觉这样一个原则性的高度出发,需将建构性政治作为重要环节加以突出,形成一种全新的政治理念,使之成为历史唯物主义在当代中国语境中发展出来的政治哲学,并进而获得普遍性的意义。

"建构性政治"在辩证的实践概念中将社会历史理解为主客体交互作用的存在论领域,政治被把握为贯彻实践主体性的根本可能性条件,不仅是人类自我解放、自我完善,而且是人类维系自身存在的必要依赖,因此政治实践必须具有历史的担当意识。对政治的这一理解不仅继承了古典政治至高的德性,而且赋予政治庄严的存在论使命,它不再被消极地看成是无法根除、应严加管治的领域。建构性政治立足于对现代资本主义文明的反思,要求它发挥改造社会存在论基础的作用。在冲突和动荡的当今世界,建构性政治承担的不仅是解除人类的自我束缚,而且是**挽救人类自我毁灭的重大使命**。限制而不是强化这一使命,人类不但难以寻找到应对当代存在危机的可能力量,而且将因为它在历史存在中的不作为而为恶。

事实上,自从经济自由主义的自发性概念被理论和实践击破以后,即便在发达资本主义国家,政治一定程度上也已经被迫承担了调节社会存在基础的职能,只不过还没有从人类存在论的高度将这种承担升华为自觉意识,并进抵理论的层面罢了。当代中国建设实践为形成这种建构性的政治提供了经验基础,也将在这种政治理念的指引下获得理论的自觉。在有所转变的意义上,历史唯物主义为中国的当代实践带来了主体性的精神,克服了自发性的历史概念以及建立在此种概念基础上的消极的政治,因此能够成为这一实践最为核心的思想基础。在我看来,中国建设实践的主体性精神不仅应该自觉地建立在历史唯物主义的理论基础之上,而且必然包含对待历史唯物主义思想体系的多重关系,诸如继承、重申、改写和转换等等。一方面,只有站在历史唯物主义反思现代、开创未来的历史高度上,中国以文明复兴为基本主题的当代建设实践才可能获得世界历史性的意义;另一方面,历史唯物主义只有结合当今时代变化,结合民族国家的具体实践才可能实现自我转化,获得鲜活的生命,而不至于在顾影自怜的哀怨中命运般地消逝于历史的深处。

黑格尔在《历史哲学》中说历史要从中华帝国说起,这不仅因为中国是最古老的国家,最主要的原因在于他认为,中国历史代表的是"客观性"的"幼年时期",客观存在和主观运动之间还没有发展成对峙,所以无从发生任何变化,还没有真正历史的东西,只能说是"非历史的历史"。[1] 在黑格尔看来,中国和印度都还处于世界历史的局外,只有期待若干因素的结合才能取得活泼生动的进步。[2] 他的意思是说,中国历史的进展还是源于纯客观的自发性。

----

[1]　相关论述见黑格尔的《历史哲学》(上海世纪出版集团 2006 年版,第 97、110 页等处)。

[2]　马克思 1853 关于印度殖民地的评论,也谈到了印度主观精神的缺失,谈到了印度社会根本没有历史(见《马克思恩格斯选集》第 1 卷,人民出版社 1995 年版,第 765—766、767 页)中国和印度历史的"非历史性"在黑格尔和马克思那里并无二致,略微不同的是,黑格尔从原则上把印度的历史看得比中国进步一些。

如今,经历了一百多年的内忧外患和各种艰苦卓绝的努力,中国是否已经从沉睡的客观性中觉醒,形成了创造历史的主体性自觉呢? 中国当下蓬勃的建设实践是否已经达到了高度的理性自觉,并且具备了参与世界历史的思想准备,而不是停留于纯粹客观的自发性,这实在是一个至关重要的问题。

无论如何,在以西方为标志和主导的现代文明体系中,一个占有全球四分之一人口的国家以何种方式走进世界历史,是重复现代西方国家的道路,还是搬出古老的传统来应对现代文明的困境,抑或是经过创造性的实践,为人类文明探索一种新的存在形态,不仅对于中国自身,而且对于整个人类社会的发展来说都是极其重大的历史事件。当代中国建设实践面临复杂的多种可能性,原因在于当代中国是一个前现代、现代和后现代多重因素并置的复合体系,各种因素的优势和限度相互交织,相互作用,思想原则的差异也是显而易见、并且理所当然的。当代中国实践成功的关键就在于,它是否能够在这种差异提供的机遇和挑战中,熔铸一种内在巩固的原则和理念,形成意志,开创未来,而不是简单的复古或对现代文明的模仿。海纳百川,有容乃大,中国当下百花齐放的思想局面只要不局限于抽象的对立甚至"怨恨",而是真正站在历史的、时代的、人类的高度思考中国现实,就完全有可能在对话与沟通中实现超越,形成独具中国风格、中国特色和中国气派的时代精神,引领实践,并使这一实践获得世界历史性的意义,成为参与世界历史进程的建设性因素。

刚刚写完《精神现象学》的黑格尔形象地称呼打进耶拿的拿破仑为骑在马背上的世界精神①。据说,正是这个叱咤风云的拿破仑将中华帝国形象地比喻为"东方睡狮"。黑格尔在《历史哲学》中对中国历史还缺少主体性、期待多种积极因素的深刻论述不可能被人们普遍听到,然而,拿破仑这一具有异曲同工之妙的睡狮比喻倒是家喻户晓了,我们甚至在流行歌曲中都可以听到"昏睡百年,睡狮渐醒"的呼喊。不管"睡狮"比喻是表达一种对慵懒的轻蔑,对过去的敬畏,还是对西方的警示,它都说出了与黑格尔相同的内涵。这就

---

① 黑格尔说:"我看见拿破仑,这个世界精神,在巡视全城。当我看见这样一个伟大人物时,真令我发生一种奇异的感觉。他骑在马背上,他在这里,集中在这一点上他要达到全世界、统治全世界。"(见《精神现象学》上卷《译者导言》,商务印书馆 1997 年版,第3—4 页)

是,沉睡中的中华帝国缺乏内在精神和主体意志,需待醒来才能震撼世界。据说当时被囚禁的拿破仑曾经警告英国不要惊动这头东方睡狮。然而,接下来的一百多年还是成了这头睡狮备受欺凌的屈辱史。马克思主义来到中国,以革命的方式为中国带来了创造历史的主体性精神,真正唤醒了这头东方巨狮,开创了民族国家发展的新局面。承担中华民族伟大复兴的历史使命,面临人类的生存困境和挑战,中国今天的建设实践仍然需要发扬这种精神,树立担当意识,将历史唯物主义从革命的发生学转变成支持后革命建设的思想动力,以一种昂扬的姿态实现中华民族的伟大复兴,并通过这种复兴开创人类文明的新纪元。果真如此的话,中华民族也就能够屹立于黑格尔所谓的世界历史性民族之林了。

这就是一个具有人类情怀和民族情怀的思想者的梦想!

主要参考文献

1.《马克思恩格斯选集》第 1 卷,人民出版社 1995 年版。

2.《马克思恩格斯选集》第 2 卷,人民出版社 1995 年版。

3.《马克思恩格斯选集》第 3 卷,人民出版社 1995 年版。

4.《马克思恩格斯选集》第 4 卷,人民出版社 1995 年版。

5.《马克思恩格斯文集》第 1 卷,人民出版社 2009 年版。

6.《马克思恩格斯文集》第 8 卷,人民出版社 2009 年版。

7.《马克思恩格斯文集》第 10 卷,人民出版社 2009 年版。

8.《马克思恩格斯全集》第 3 卷,人民出版社 2002 年版。

9.《马克思恩格斯全集》第 7 卷,人民出版社 1959 年版。

10.《马克思恩格斯全集》第 10 卷,人民出版社 1998 年版。

11.《马克思恩格斯全集》第 30 卷,人民出版社 1995 年版。

12.《马克思恩格斯全集》第 31 卷,人民出版社 1998 年版。

13.《马克思恩格斯全集》第 42 卷,人民出版社 1979 年版。

14.《马克思恩格斯全集》第 44 卷,人民出版社 2001 版。

15.《马克思恩格斯全集》第 46 卷,人民出版社 2003 年版。

16.《列宁选集》第 1 卷,人民出版社 1995 年版。

17.《列宁选集》第 2 卷,人民出版社 1995 年版。

18.《列宁选集》第 3 卷,人民出版社 1995 年版。

19.《毛泽东选集》第 2 卷,人民出版社 1991 年版。

20.《邓小平文选》第 3 卷,人民出版社 1993 年版。

21.[德]梅林:《马克思传》,人民出版社 1965 年版。

22.[德]罗莎·卢森堡:《论俄国革命》,殷叙彝等译,贵州人民出版社 2001 年版。

23.[匈]卢卡奇:《历史与阶级意识》,杜章智等译,商务印书馆 1996 年版。

24.[匈]卢卡奇:《社会存在本体论导论》,沈耕、毛怡红等译,华夏出版社 1989 年版。

25.[匈]卢卡奇:《卢卡奇自传》,李渚青等译,社会科学文献出版社 1986 年版。

26.［德］卡尔·科尔施:《马克思主义和哲学》,王南湜等译,重庆出版社 1989 年版。

27.［德］卡尔·科尔施:《卡尔·马克思——马克思主义的理论和阶级运动》,熊子云等译,重庆出版社 1993 年版。

28.［意］葛兰西:《狱中札记》,曹雷雨等译,中国社会出版社 2000 年版。

29.［德］马尔库塞:《理性与革命》,程志民等译,重庆出版社 1993 年版。

30.［德］霍克海默、阿多诺:《启蒙辩证法》,渠敬东、曹卫东译,上海人民出版社 2003 年版。

31.［德］阿多诺:《否定的辩证法》,张峰译,重庆出版社 1993 年版。

32.［捷］科西克:《具体的辩证法》,傅小平译,社会科学文献出版社 1989 年版。

33.［法］阿尔都塞:《哲学与政治:阿尔都塞读本》,吉林人民出版社 2003 年版。

34.［法］埃蒂安·巴利巴尔:《马克思的哲学》,王吉会译,中国人民大学出版社 2007 年版。

35.［德］阿尔弗雷德·施密特:《马克思的自然概念》,欧力同等译,商务印书馆 1988 年版。

36.［德］哈贝马斯:《后形而上学的思想》,曹卫东等译,译林出版社 2001 年版。

37.［德］哈贝马斯:《现代性的哲学话语》,曹卫东等译,译文出版社 2004 年版。

38.［德］哈贝马斯:《合法化危机》,刘北成等译,上海人民出版社 2000 年版。

39.［美］威廉姆·肖:《马克思的历史理论》,阮仁慧等译,重庆出版社 1989 年版。

40.《亚里斯多德全集》第九卷,苗力田主编,中国人民大学出版社 1994 年版。

41.《亚里斯多德全集》第八卷,苗力田主编,中国人民大学出版社 1994 年版。

42.［德］康德:《未来形而上学导论》,商务印书馆 1997 年版。

43.［德］康德:《历史理性批判文集》,何兆武译,商务印书馆 1997 年版。

44.［德］黑格尔:《精神现象学》,贺麟、王太庆译,商务印书馆 1997 年版。

45.［德］黑格尔:《法哲学原理》,商务印书馆 1996 年版。

46.［德］黑格尔:《历史哲学》,上海世纪出版集团 2006 年版。

47.［德］黑格尔:《哲学史讲演录》(第 4 卷),贺麟、王太庆译,商务印书馆 1978 年版。

48.［德］叔本华:《作为意志和表象的世界》,商务印书馆 1982 年版。

49.［德］文德尔班:《哲学史教程》,商务印书馆 1993 年版。

50.［英］罗素:《西方哲学史》,商务印书馆 2008 年版。

51.［德］胡塞尔:《生活世界现象学》,倪梁康等译,上海译文出版社 2002 年版。

52.［德］狄尔泰:《历史中的意义》,艾颜等译,中国城市出版社 2002 年版。

53.［德］海德格尔:《存在与时间》,陈嘉映等译,三联书店 1999 年版。

54.［德］海德格尔:《海德格尔选集》,孙周兴选编,上海三联书店 1996 年版。

55.［德］海德格尔:《尼采》,孙周兴译,商务印书馆 2004 年版。

56.［德］海德格尔:《形而上学导论》,熊伟等译,商务印书馆 1996 年版。

57.［美］《蒂里希选集》,上海三联书店 1999 年版。

58.[德]汉娜·阿伦特:《论革命》,凤凰传媒集团、译林出版社2007年版。

59.[美]福山:《历史的终结和最后的人》,呼和浩特:远方出版社1998年版。

60.[英]卡尔·波普尔:《历史主义贫困论》,赵平等译,中国社会科学出版社1998年版。

61.[英]哈耶克:《通向奴役之路》,王明毅等译,中国社会科学出版社1997年版。

62.[法]福柯:《主体解释学》,佘碧平译,上海人民出版社2005年版。

63.[法]德里达:《解构与思想的未来》,夏可君编,吉林人出版社2006年版。

64.[法]德里达:《〈友爱的政治学〉及其他》,夏可君编,吉林人出版社2006年版。

65.[斯]斯拉沃热·齐泽克:《敏感的主体——政治本体论的缺席中心》,应奇等译,江苏人民出版社2006年版。

66.[日]城塚登:《青年马克思的思想》尚晶晶等译,团结出版社1988年版。

67.[美]埃尔斯特:《理解马克思》,何怀远等译,中国人民大学出版社2008年版。

68.[英]特里-伊格尔顿:《历史中的政治、哲学、爱欲》,马海良译,中国社会科学出版社1999年版。

69.[英]特里·伊格尔顿:《后现代主义的幻象》,华明译,商务印书馆2000年版。

70.[英]吉登斯:《现代性:吉登斯访谈录》,新华出版社2001年版。

71.[美]理查德·沃林:《文化批评的观念》,张国清译,商务印书馆2000年版。

72.[美]卡林内斯库:《现代性的五副面孔》,顾爱彬等译,商务印书馆2003年版。

73.[美]戴维·哈维:《后现代的状况》,阎嘉译,商务印书馆2003年版。

74.[英]雷蒙·威廉斯:《关键词》,刘建基译,三联书店2005年版。

75.[德]卡尔·洛维特:《世界历史与救赎历史》,李秋零等译,上海世纪出版集团2006年版。

76.[德]卡尔·施米特:《政治的浪漫派》,冯克利等译,上海世纪出版集团2004年版。

77.[英]卡尔佛特:《革命与反革命》,吉林人民出版社2005年版。

78.[英]埃德蒙·柏克:《自由与传统》,蒋庆等译,商务印书馆2001年版。

79.[美]弗朗西斯·福山:《历史的终结及最后的人》,黄胜强、许铭原译,中国社会科学出版社2003年版。

80.[法]雷蒙·阿隆:《想象的马克思主义》,姜志辉译,上海世纪出版集团2007年版。

81.[法]利奥塔:《后现代性与公正游戏》,谈瀛洲译,上海人民出版社1997年版。

82.[波]亚当·沙夫:《论共产主义运动的若干问题》,奚戚等译,人民出版社1983年版。

83.[英]梅革纳德·德赛:《马克思的复仇》,汪澄清译,中国人民大学出版社2006年版。

84.[美]埃里克·沃尔夫在《欧洲与没有历史的人民》,上海世纪出版集团2006年版。

85.[加]威尔·金里卡:《当代政治哲学》,刘莘译,上海三联书店2005年版。

86.[加]威廉·莱斯:《自然的控制》,岳长龄、李建华译,重庆出版社1993年版。

87.[英]齐格蒙特·鲍曼:《现代性与矛盾性》,邵迎生译,商务印书馆 2003 年版。

88.[美]罗伯特·戈尔曼:《"新马克思主义"传记辞典》,重庆出版社 1990 年版。

89.孙伯鍨:《卢卡奇与马克思》,南京大学出版社 1999 年版。

90.陈先达:《走向历史的深处》,中国人民大学出版社 2010 年版。

91.俞吾金:《问题域的转换》,人民出版社 2007 年版。

92.俞吾金:《实践诠释学》,云南人民出版社 2002 年版。

93.俞吾金等:《现代性现象学》,上海社会会科学院出版社 2002 年版。

94.陈学明:《永远的马克思》,人民出版社 2007 年版。

95.陈学明:《谁是罪魁祸首》,人民出版社 2012 年版。

96.张一兵:《无调式的辩证想象》,三联书店 2001 年版。

97.张一兵:《回到马克思》,凤凰出版传媒集团 2009 年版。

98.杨耕:《为马克思辩护》,中国人民大学出版社 2010 年版。

99.吴晓明:《形而上学的没落》,人民出版社 2006 年版。

100.张志扬:《偶在论》,三联书店 2002 年版。

101.张西平:《历史哲学的重建》,三联书店 1997 年版。

102.黄瑞祺:《马学与现代性》,允晨文化 2001 年版。

103.贺照田主编:《西方现代性的曲折与展开》,吉林人民出版社 2000 年版。

104.俞吾金主编:《当代国外马克思主义评论》第 4 辑,人民出版社 2004 年版。

105.周凡主编:《后马克思主义》,中央编译出版社 2007 年版。

106.Marcuse, *Heideggerian Marxism*, edited by Richard Wolin and John Abromeit, Lincoln and London: University of Nebraska Press, 2005.

107.Jürgen Habermas, *The Philosophical Discourse of Modernity*, translated by Frederick Lawrence, Polity Press, 1987.

108. Joseph V. Femia, *Marxism and Democracy*. New York: Oxford University press Inc., 1993.

109.Karl LÖwith, *Marx Weber and Karl Marx*, translated by Hans Fantel, George Allen & Unwin(Publishers)Ltd., 1982.

110. N. Scott Arnold, *Marx's Radical Critique of Capitalist Society*, Oxford University Press, 1990.

111. *Marxism, Mysticism and Modern Theory*, edited by Suke Wolton, Macmillan Press Ltd, 1996.

112.Jean Baudrillard, *The System of Objects*, verso, 1996.

113.Anthony Giddens, "A Contemporary Critique of Historical Materialism", *Power, property and the state*, Vol. 1, The Macmillan Press Ltd., 1981.

114. Anthony Giddens, *The Consequences of Modernity*, Stanford: Stanford University Press, 1990.

115.Max Weber, *The Protestant Ethic and the Spirit of Capitalism*, Translated by Talcott Parsons, Charles Scribner's Sons, 1958.

116.Henri Lefebver, *Introduction to Modernity*, translated by John Moore, Verso, 1995.

索　引

后　记

　　我常常想,很多情况下,人文科学中的思想和理论其实只是换一个说法。说法变了,所说的往往是同一回事,同一个问题。也许可以说,说法的变化本身就是创新。思想就像走路,只有认真重走别人走过的路,这条路才能成为你自己的路。在思想的道路上,你永远不可能没有重复和模仿,不能像接力赛那样,直接站在别人的终点上起跑。本书只是学习和思考马克思主义哲学的记录,其中充满重复和模仿。学习的本质就是重复和模仿。所谓的创新,大体也就是学习模仿中的改写和重构而已。尽管做出了自己的努力,我还是要事先恳请读者诸君,不要因为您的期待太高而责备它的平凡。作品就是作者生命的表现,是他的情感,他的意志,他的思想,是他作为作者的存在方式本身,因而总显得那么的不平凡而备受自己珍爱。出版作品,不过是期待着传递并分享这份珍爱而已。

　　本书的导论和所有正文各章,都部分或全部公开发表过。需要说明的是,现在成书的内容与各部分的原发版本存在一定的差异,这总是难免的。主要有两个原因:一个是此次成书时使用的是原稿电子版,而不是发表出来的版本;另一个是这次又做了必要的修改,这种修改当然不会改变原来的思想,只是更加突出它们各自在一个思想总体中的位置及其相互关联。在此,对发表过本书相关内容的学术出版物和出版单位表示衷心的感谢。它们是学术期刊《西南大学学报》、《贵州社会科学》、《天津市委党校学报》、《江苏社会科学》、《马克思主义研究》、《马克思主义与现实》、《毛泽东邓小平理论研究》、《教学与研究》、《江苏大学学报》,以及学术辑刊《哲学家》、《当代国外马克思主义研究》和《哲学基础理论研究》。

　　本书的出版,得到了人民出版社崔继新先生的大力支持,出版社的孔欢博士和其他同志付出了艰辛的努力,在此表示最诚挚的谢意。

罗　骞

2014 年 1 月 10 日

责任编辑:孔　欢
版式设计:于丽娟
责任校对:史　伟

图书在版编目(CIP)数据

面对存在与超越实存——历史唯物主义的当代阐释/罗　骞　著.
　-北京:人民出版社,2014.3(2021.7 重印)
ISBN 978－7－01－013169－6

Ⅰ.①面…　Ⅱ.①罗…　Ⅲ.①马克思主义哲学-历史唯物主义-研究
　Ⅳ.①B03

中国版本图书馆 CIP 数据核字(2014)第 025694 号

面对存在与超越实存
MIANDUI CUNZAI YU CHAOYUE SHICUN
——历史唯物主义的当代阐释

罗　骞　著

人 民 出 版 社 出版发行
(100706　北京市东城区隆福寺街 99 号)

环球东方(北京)印务有限公司印刷　新华书店经销

2014 年 3 月第 1 版　2021 年 7 月北京第 2 次印刷
开本:710 毫米×1000 毫米 1/16　印张:17.75
字数:278 千字　印数:3,001-4,000 册

ISBN 978－7－01－013169－6　定价:56.00 元

邮购地址 100706　北京市东城区隆福寺街 99 号
人民东方图书销售中心　电话 (010)65250042　65289539